차와
선의 세계

차茶와 선禪의 세계

초판 1쇄 발행 2018년 2월 20일

지은이 정순일
발행인 한대기
편집 강보라, 한대기
삽화 이수정
교정 조헌철
디자인 이정현

발행처 골든북스
주소 경기도 양평군 양평읍 천변길 60번길 7
대표전화 050-6050-0550 l **팩스** 055-909-0550
출판등록 제 2018-000011호
이메일 happydaegi@hanmail.net
홈페이지 http://goldenbooks.co.kr

ISBN 979-11-958514-3-0(93150)
값 22,000원

차와 茶
선의 세계 禪

정순일 지음

골든북스

II 선의 정신

III 조주선사와 끽차거

Ⅳ 차선일미 사유의 산책

V 일기일회와 화경청적

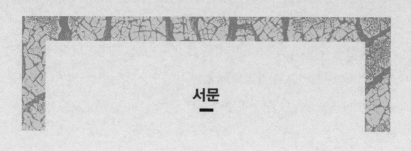

서문

"목숨을 끊어야 하나, 아니면 커피를 마셔야 하나" 이건 유명한 철학자며 소설가인 알베르트 카뮈(1913~1960)가 한 말이다. 삶이란 매 순간이 죽음과 삶의 판가름이라는, 그래서 순간순간이 결단의 연속임을 암시하는 실존주의자다운 말이다.

그런데 여기에서 주목되는 점은 카뮈가 커피와 죽음을 같은 무게로 비유하고 있는 점이다. 카뮈가 말하는 커피는 삶 전체와 비중이 맞먹는다. 한 잔의 커피에서 온 생애의 삶을 동일시하는 점은 실존주의자라기보다는 오히려 선사禪師다운 사유가 아닐 수 없다.

같은 말을 조선에서 조금 일찍 살다 간 초의(草衣 意恂, 1786~1866)가 했다면 어떻게 말했을까? "참선을 해야 하나, 아니면 차를 마셔야 하나" 이렇게 말했을 것임에 틀림없다. 그것은 차의 무게와 선禪의 중량이 같다는 말이다. 동아시아에서는 차와 선을 하나로 보는 차선일미

茶禪一味의 전통이 있었다.

차의 성분이란 게 별 것이 아니다. H_2O 99.99%에다가 약간의 색소와 카페인, 그리고 미량의 카테킨과 비타민, 거기에 더 따진다면 몇 가지 미네랄 등도 있겠지만 그것들이 한 인간의 삶과 비교될 만큼 엄청난 것들은 아니다.

그러나 그것들이 카멜리아 시넨시스*Camellia sinensis*라는 찻잎으로 조합되고, 한 잔의 차로 우리의 눈앞에 현전했을 때는 놀라움으로 다가온다. 이것이 자연의 신비이며, 그러한 것들을 눈치 챈 철학자들은 삶과 견줄 만한 가치를 부여한 것이다.

나의 차 생활은 1970년대로 거슬러 올라간다. 은사이신 진산 한기두(震山 韓基斗, 1935~2016) 교수님을 뵙기 위해 연구실에 갈 때마다 조그만 사기차관에다 찻잎을 넣어서 우려 주시면서, 이런저런 말씀을 해 주셨던 것이 차와 인연이 된 계기였다. 그 당시의 차관은 오늘날의 차관들에 비교해 보면 그다지 고급스럽지도 않았던 물건이었고, 우전雨前 같은 차와는 비교할 수 없는 조잡한 수준의 녹차였지만 그것은 나에게 신세계였다.

스승님은 당시 이름 높은 불교학자이셨고, 특히 초의 선사상禪思想의 대가이셨으며 오랜 차인이셨는데, 아무것도 모르는 대학 1학년짜리를 앞에 놓고 차와 선에 대하여 이런 저런 말씀을 해 주시곤 하였던 것이다. 그런 인연 때문인지 나는 그 후 전공을 불교학으로 정하고, 화엄학華嚴學과 선학禪學에 대하여 공부하게 되었다.

문제는 그 당시 그런 모습들, 그런 분위기들이 매우 그럴듯해 보였다는 점이다. 나는 그 후에 혼자서 차를 마시면서 "세상 사람들아 이 신선이 노는 모습을 보거라!" 하는 심경으로 차를 즐기곤 하였다. 그 시절이야 차가 오늘날처럼 보급되지도 못했고, 나 자신 젊은 시절이었기 때문에, 그렇게 차를 마셨던 단 하나의 이유는 아마도 '뭔가 그럴듯해 보여서'였지 않았을까 싶다. 젊은 시절 내가 많이 마신 차는 굵고 조잡한 덖음차였다.

그 후 나는 차인들의 모임이나 단체 활동 등 외부적인 모임에는 참여하지 않았다. 다만 전공으로 불교학을 선택하였고, 개인적으로 참선을 즐기다 보니, 자연히 차 생활은 나의 일부가 되었고, 가끔 차를 마시며, 나름대로 이런 것이 차의 정신이지 하는 정도의 생각을 하면서 지냈던 것이다.

내가 차에 대한 관심이 갑자기 커진 계기는 2000년대에 원광대학교 대학원에 예다학과禮茶學科가 개설되면서였다. 내가 공부해 온 분야는 원래 화엄과 선불교를 중심으로 한 불교학이었는데, 차와 관련한 강의를 해야 하는 입장에 서게 되었고, 차에 관한 연구를 자연스럽게 수행하게 되었다.

나는 예다학과 주임을 맡게 되면서 매 학기 초 학생들에게 특강을 해 왔는데 그 내용은 주로 선불교와 차도의 사상에 관한 것이었다. 이제 정년을 눈앞에 두게 되었는데, 그동안의 원고들을 모아 『차와 선의 세계』라는 제목으로 묶어본다.

이 책이 전반적으로 지향하는 바는 "차선철학이란 무엇인가?" 하는 것이다. 예로부터 차茶와 관계를 가지는 사람은 대부분이 차도茶道의 정신을 논하고 있으며, 그 대표적인 것이 차선일미茶禪一味사상이다.

그런데 차선철학을 논하면서 주의해야 할 사항들이 있다.

첫째, 차선철학의 연원은 당唐의 육우(陸羽, 733~803)로부터 설정해야 한다.

차성茶聖이라 불리는 육우는 『차경茶經』을 저술하여 차에 관한 거의 모든 것을 정리한 뛰어난 인물이다. 뿐만 아니라 그곳에서 '검儉의 철학'으로 요약되는 차의 정신에 대한 시사도 하고 있다고 판단된다.

검의 철학은 이후에 형성되는 차선일미 철학과 상통하는 점을 지니고 있으므로 그 연원이 되는 데에 모자람이 없다. 그러나 차도정신을 논하는 사람들 가운데 육우에게 연원을 정하려는 시도는 거의 없었다. 나는 차선일미 철학은 육우의 검의 철학에 선의 정신이 결합한 것으로 본다.

둘째, 차선철학은 유불도儒佛道 삼교의 사상 전반과 관련지어 접근해야 한다. 그러한 요소가 육우의 사상 속에 들어 있음은 물론이다.

일부의 차인들은 차도를 선불교禪佛敎의 전유물처럼 생각해 온 경향이 있다. 그러나 선불교 자체도 불교와 도교적 사유와의 조합이라는 사실을 염두에 두어야만 한다. 유교적 요소도 육우의 정신 속에는 포함되어 있다.

셋째, 차선철학은 동아시아 전반의 사상적 전통과 교류하면서 찾을 필요가 있다. 주지하다시피 차는 중국에서 성하였고 동아시아 전역에 전해졌다. 일본인들은 오랫동안 훌륭한 차도의 전통을 형성하여 왔으며 그것을 이에모토家元 제도로 정착하여 오랫동안 차문화를 유지하여왔다. 우리나라의 경우도 초의의 『동차송』 등 귀한 자료가 전해지면서 차의 그윽한 정신세계를 향유하는 것이 가능하게 되었다.

문화는 흘러 상호 영향을 미치는 것이며 융합되어 새로운 성향으로 변화하는 속성을 지녔다. 따라서 한 나라의 특색을 고집하려는 것보다 동아시아 전체를 구도에 넣고 차의 문화와 철학을 모색하려는 열린 태도를 지니는 것이 중요하다고 생각한다.

넷째, 차선철학은 사실 엘리트를 중심으로 형성된 사상이며 그것을 일반사람들이 이해하기는 쉬운 일이 아니다. 그러나 현실과 유리된 철학은 의미가 적으며, 특히 차와 관련한 사유는 차를 마시는 사람들에 의하여 향유되어야만 한다. 차선철학이 실제로 차 마시는 사람들에게 어떻게 적용되어야 할 것인가를 항상 염두에 두어야 한다는 말이다.

이상의 생각들은 이 책의 전반에 깔려 있다. 본 원고는 원래 강연을 위해 준비된 것이지만 전체 균형을 위하여 학술논문도 적절히 편집하였다. 그래서 어떤 면은 지나치게 학술적인 분위기도 많이 나는 곳이 있는가 하면 어떤 부분은 구어체로 전개되는 곳도 있다.

뿐만 아니라 각 강연은 원래 하나의 주제아래 계획된 것이 아니었으므로 내용이 일관되지도 않을 뿐더러 차선철학에 관한 체계적인 서술이 충분치 못했다.

그러나 전체적으로 볼 때는 차와 선이라는 두 가지 범주를 과히 넘어서는 것은 아니어서, 이 책을 읽게 되면 내가 지향하는 '차선철학'의 세계를 대체적으로는 엿 볼 수 있을 것으로 생각된다.

책의 형식은 하나의 강연 전체를 그대로 실을 경우 지루할 수 있어서 그 맥락에 따라 짧게 잘라 편집하였지만 크게는 하나의 주제로 연결되도록 염두에 두고 정리하였다. 따라서 독자들은 무작위로 한 쪽지씩 골라서 읽어도 좋고, 하나의 주제로 연결되는 소주제들을 이어가며 읽어도 좋을 것 같다.

아쉬운 것은 이 책에서는 한국차도의 전통과 일본차도의 정신에 대한 부분을 거의 다루지 못했다는 점이다. 앞으로 그 부분에 대하여 보완해 나가고자 한다.

그동안 나의 강연을 경청하여 준 모든 모든 분들에게 감사함을 전하고, 이 책의 출간을 통하여 차선철학이 하나의 사상으로 정립되는 데에도 작은 도움이 되기를 기대한다.

2018년 1월 9일
정순일

I

차의 정신

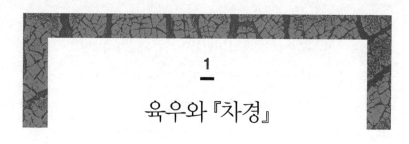

1
육우와 『차경』

육우와 차의 만남

○

육우의 생애에 대해서는 이미 많이 알려져 있으므로 상세한 논구는 하지 않겠지만, 그의 철학적 기반을 다루기 위하여 육우의 사유와 연관된 부분에 대해서는 살펴볼 필요가 있을 것이다.

육우가 살았던 시기는 성당盛唐의 후반부이면서 수隋나라 때에 남북으로 통하는 대운하가 개통됨으로 인하여 물자가 왕래됨에 따라 풍속이 교류되고 끽차 또한 성하게 되던 시기였다. 『봉씨견문기封氏見聞記』에는 다음과 같은 내용이 나와 있다.

개원開元 연간(713~741)에 태산泰山의 영암사靈巖寺에 항마사降魔師라고 하는 선승이 있었는데, 좌선을 할 때는 잠이 오지 않게 하기 위하여 제자들에게 저녁식사도 하지 못하게 하였다. 그러나 차를 마시는 것만은 허락하였다. 거기에서 발전하여 일반 사람들도 차를 가지고 다니면서 머무는 곳에서 차를 마셨으며 이것이 확산되어 하나의 풍습이 되었다.

그리하여 산동성에서 하북성 방면으로 전파되어 장안長安까지 도달하였다. 많은 성시城市에는 찻집이 생겨 차를 달여 팔게 되었다. 도인과 속인을 불문하고 돈을 내고 차를 마셨다. 그 차는 장강·회수 방면으로부터 대운하를 통하여 배 또는 수레로 북쪽으로 운송되어 짐을 푸는 곳마다 차가 산처럼 쌓였다. 차의 종류도 양도 엄청났다.

…차는 예전부터 마시기는 했지만 오늘날의 사람들처럼 차에 빠질 정도로 마셔대지는 않았으니, 연일 밤낮으로 마셔대 급기야 풍속으로까지 자리 잡게 되었다.

또한 차 마시는 것은 중국 본토로부터 멀리 새외塞外의 유목민족에게까지 전파되어 작년 회골回鶻이 입조入朝한 이래 많은 명마를 끌고 와서 그것으로 차를 사서 돌아갔다.

『봉씨견문기』에는 8세기 당나라의 차 문화와 교역에 대한 다양한 분위기를 알려주고 있다. 그것으로 미루어 생각해 본다면 육우가 『차경』을 집필한 것은 결코 우연한 일이 아니며, 사회 전반에서 차가 성행함에 따라 그에 관한 저술이 출현할 문화적 기반이 마련된 위에 시행된 것으로 보아야 할 것이다.

당시 수나라에 의해 천하가 통일되고 남북으로 운하가 연결되면서 물자교류가 성하게 되었고 그에 따라 남쪽의 차가 북방에도 퍼지게 되었다. 그로 인하여 육우가 활약하던 8세기 무렵은 중국 북부에도 차가 성하게 되던 시절이었다.

육우와 같은 당대 지성의 눈에 차가 들어왔고, 차에 대한 모든 것을 담아 당시로서는 엄청난 수준의 차에 관한 교과서가 출현한 것이다. 그것이 『차경』이다.

▼ 『봉씨견문기』

당나라 조산대부의 벼슬을 한 봉연封演이 천보연간(742~756)에 전제典制와 풍습, 고적과 전설 등을 본대로 들은 대로 기록하여 저술한 견문기이다. 총10권으로 되어있다.

▼ 성당盛唐

당 현종에서 숙종까지의 시기(713~761)로 중국 당나라 때 시문학이 발달한다. 이를 초당初唐, 성당盛唐, 중당中唐, 만당晩唐 네 가지로 구분한다. 성당 시기는 특히 시문학이 융성해서, 이백李白, 두보杜甫, 맹호연孟浩然, 왕유王維, 고적高適, 왕창령王昌齡 등이 두각을 나타내었다.

육우의 이름과 유교

○

육우는 고아였다. 『신당서』「육우전」에서는 "스님이 있어 그를 물가에서 얻어 길렀다."고 적고 있다. 『신당서』「육우전」의 이본異本에서는 "스님이 있어 새벽에 일어나 한 무리의 기러기들이 모여 울면서 날개로 한 영아를 덮고 있는 것을 발견하고 이를 거두어 길렀다"고 기록되어 있다. 물가에서 아이를 얻은 것이다.

그 장소는 당의 복주復州 경릉현(竟陵縣 혹은 景陵縣, 오늘날의 허베이성)이었는데 그곳은 장강에 연결되는 한수漢水의 유수지대로 호수가 많은 지역이다. '물가'는 아마도 서쪽 호수의 연안일 것이다. 오늘날에는 거의 메워져서 물가는 아니지만 어린 육우를 발견한 장소는 '안교雁橋' 혹은 '고안교古雁橋'라 하여 지금도 남아 있다.

그의 성이 '육陸'씨인 것은 육우를 주워 기른 용개사(龍蓋寺, 뒤에 西塔寺로 개칭)의 지적선사智積禪師의 성姓이 육씨였으므로 그 성을 붙인 것이다. 당대의 법에 따르면 생부모가 분명치 않을 경우 기른 부모의 성을 따르게 되어 있었다.

그는 이름이 우羽이며 자字는 홍점鴻漸이라고 하였다. 날개를 의미하는 '우'자나 기러기를 의미하는 '홍'자 모두가 창공을 나는 큰 새와 관련이 있다. 이처럼 이름을 부여한 것은 육陸은 육지를 뜻하는 말이지만 여기에서는 기러기가 주어主語이므로 새를 염두에 둔 명명이었던 것을 알 수 있다.

끝없이 펼쳐진 구름 위를 서서히 날갯짓하며 오랜 시간을 나는 것으로는 기러기만한 새가 없다. 이처럼 기러기는 가을을 알리는 새로서, 소식을 전해주는 새로서, 또한 정의가 두텁고 사랑이 지극한 새로서 우리에게 인식되고 있다. 우리나라에서도 이런 연유로 전통혼례식에서는 기러기가 등장하는 것이다.

아마도 지적선사가 육우의 이름을 지을 때, 자신의 성인 육陸을 염두에 두고서 『주역』의 괘상을 찾았고, '풍산점(風山漸, ䷴)'괘의 상구九三 손괘(巽卦, ☴)에서 큰 기러기가 하늘을 나는 모습을 묘사한 '그 날갯짓에 질서가 있다(鴻漸于陸 其羽可用爲儀)'라는 대목에서 나오는 '우'를 이름으로 지었음에 틀림없다. 그의 자字가 홍점인 것도 자연스러운 일이다. 이 경우 육陸은 육지를 뜻하지만 여기에서는 기러기가 주어이므로 구름 위의 하늘로 보는 것이 통상적인 해석이다.

그 사실에서 우리는 무엇인가를 엿볼 수 있다. 우선 불교 선사인 지적선사가 『주역』의 괘를 빌어 이름을 지었다는 점에서 유가와 불가를 넘나드는 당시의 사상적 경향을 엿볼 수 있다. 나아가 육우가 전통 중국 사상을 자유롭게 접할 수 있는 환경에서 자랐다는 점도 유추할 수 있다. 그러한 점은 후일 육우의 사상이 형성되는 데에 중요한 시사점을 제공하고 있다 하겠다.

> ◯ 주역周易의 괘상卦象
>
> 주역은 동주시대부터 사용되었다고 추정된다. 언어 전달력의 한계를 극복하기 위해 괘라는 상징적 기호를 만들어 인간계와 자연계의 변화를 설명한다. 『주역』 원문에는 64괘의 괘사(사상四象, 팔괘八卦, 육십사괘六十四卦)가 있고 십익十翼은 보조수단이다. 양효(陽爻, —)와 음효(陰爻, --)를 사용하여 이를 3개씩 조합(합이 홀수이면 양효, 짝수이면 음효)을 해서 하늘, 땅, 우레, 바람, 물, 불, 산, 연못을 상징하는 건(乾 ☰)·곤(坤 ☷)·진(震 ☳)·손(巽 ☴)·감(坎 ☵)·이(離 ☲)·간(艮 ☶)·태(兌 ☱) 8괘를 만들고, 다시 이를 이중으로 덧대어서 64괘를 만들었다. 이 64괘 중 건괘가 중첩되어 있는 중천건괘(重天乾卦, ䷀)를 예를 들면 이 괘는 하늘과 아버지를 상징한다. 이렇듯 모든 괘상은 각기 뜻을 지니고 있어, 자연의 순환과 음양의 원리, 길흉화복을 이 괘를 통해 풀고자 했다.

육우의 어린 시절

◯

『육문학자전陸文學自傳』에서는 "처음 3세에 경로俒露로서 경능境陵의 태사적공太師積公이 선禪으로 길렀는데 9세부터 글에 대한 것을 배웠다."

고 되어 있다. 이를 보면 육우의 생애에 처음 사상적으로 접한 것은 일단 선불교이었음을 알 수 있다.

당시 불교계는 선종禪宗이 위세를 떨치고 있었고, 따라서 그의 학문은 지적선사의 문하에서 당연히 선학과 불전을 먼저 공부하였을 가능성이 높다. 그러나 육우는 불전을 읽기 시작하면서 바로 고뇌에 빠졌던 것 같다.

그것은 유가적儒家的 사유에 바탕을 둔 고뇌였던 것으로 사료된다. 즉 자신은 고아의 몸이므로 만약 승려가 된다면 형제도 없고 후사도 없는 셈이 되어 효도를 소홀히 하는 것이 된다는 인식을 하게 된 것이다. 그러므로 공자의 글을 배우겠다고 선사에게 원하였던 것 같다.

이를 통하여 육우가 비록 불가에서 자랐다 할지라도 그의 성향이 매우 유가적이었다는 것을 알 수 있다. 그러한 성향은 후일 그의 저술인 『차경』에도 나타난다. 『차경』을 분석하면 불교적인 흔적이 유가나 도가에 비하여 상대적으로 적은 것을 알 수 있다. 아마도 '도선불후道先佛後'를 표방하였던 당나라의 종교정책이 영향을 미쳤을지도 모르는 일이다.

아무튼 육우는 어린 시절 지적선사 아래에서 불전을 먼저 공부하였을 것이다. 육우가 유가에 기울자 선사는 강력하게 불법의 도를 배울 것을 권하였다. 그렇지만 육우는 공자의 유학을 어떻게든 공부하겠다는 생각이 변함없었다.

그에 대한 벌로써 지적선사는 육우에게 절 안의 허드렛일을 명하고 풀베기와 화장실 청소, 토역작업과 지붕고치기 등 힘든 일을 시켰으며, 게다가 30두의 가축 기르는 것까지 시켰다.

그러나 육우는 그러한 일들을 하는 사이에도 유학을 비롯한 학문에 힘쓰자 선사는 육우를 절 밖에 나가지 못하게 하고 제자 중에 연장자로 하여금 그것을 감독하게 하였지만 그는 문학에 빠지는 일을 멈추지 않았다. 그러한 그를 감독자는 자주 때렸는데, 그러다가 몽둥이가 부러지는 일까지 있었다.

마침내 육우는 감독자의 눈을 피해 절을 탈출하여 영당伶黨에 들어가서 지내며 「학담謔談」 3편을 저술하기도 하였다. 영당은 광대패 무리이며 학담은 연극의 시나리오에 해당하는 것이다.

아마도 그 방면에 육우의 재능이 뛰어났던 모양이다. 그로 인하여 육우는 '영정伶正'이 되었다. 영정이란 관직 이름이 아니고 지방 연극단의 시나리오 작가·무대감독·주연 등을 겸한 것으로 생각된다.

> 🥛 도선불후
> 당 황실은 노자를 숭상해서 도교를 불교보다 중요하게 생각했다. 그것은 당 왕조의 성씨가 노자와 같은 李씨라는 점에서 노자의 후광을 업고 왕실의 권위를 높이려는 의도였던 것으로 이해된다. 625년 도선불후의 의전예식을 규정해서, 공식석상에서는 도교를 우선하고 불교를 다음으로 삼았다.

육우와 불교

○

불교인으로 육우가 가장 깊게 교류하였던 사람은 교연(皎然, 720~798?)

이다. 교연은 스님이고 본성은 사謝씨이며 호주 사람이다. 그는 출가하여 스님이 되었는데 호주 서남쪽에 있는 저산杼山의 묘희사妙喜寺에서 지냈다.

교연은 스님으로보다 시인으로 더 유명하여 시승詩僧으로 불렸으며, 그의 작품은 『주상인집晝上人集』 10권으로 지금도 전해지고 있다. 그 시 가운데에는 송별送別·수증酬贈·산수유상山水遊賞 등에 관한 시가 많다. 또한 『시식詩式』이라는 당대의 시집에는 시론에 대한 진귀한 그의 저작도 있다.

교연과는 후일 육우가 "치소망년緇素忘年의 교交를 하였다"고 쓰고 있을 정도로 가까운 표현을 하고 있는 인물이다. 치소망년이란 승려와 속인, 나이 차이 따위를 잊고 깊은 교제를 하였다는 의미이다.

교연의 생몰년으로 보아 교연 쪽이 육우보다 13세 연장자였던 것 같다. 교연의 시詩 제목에 육우와 관련된 것이 아홉 번이나 나오고 있는 것은 육우와 교연의 사이가 막역하였던 것을 증명하는 데 유용하다. 그럼에도 불구하고 육우의 불교에 대한 사상적 편린은 교연의 시에도 거의 나타나지 않는다.

불교와 관련된 흔적으로는 『차경』에서 차를 음료로서 비유할 때 제호醍醐나 감로甘露 등 불교적 용어를 사용하고 있다는 점뿐이다.

그러나 다른 측면에서 생각해 본다면 그가 『차경』에서 차도사상의 핵심으로 생각할 수 있는 '정행검덕精行儉德'을 제시하고 있는 것을 미루어 보면, 그의 불교에 대한 대접이 소홀했던 것은 결코 아니라는 판단을 할 수도 있다. 정행검덕을 불교적으로 해석할 수 있는 부분이 적지 않다는 말이다.

　그러나 『차경』에 『주역』이나 『도덕경』의 내용을 유추할 수 있는 부분들이 상당수 출현하는 것에 비한다면 육우의 『차경』에 상대적으로 불교에 대한 비중이 약했던 것은 사실인 것 같다.

삼보와 제호

불법승 삼보 중 으뜸이 붓다에 대한 믿음이다. 다음이 가르침法에 대한 믿음이다. 세 번째가 승僧에 대한 믿음이다. 초기불교에서 승은 아라한급의 승(제호는 이 승을 일컫는다)을 일렀으나, 대승 이후 불가에 귀의한 승려로 범위가 커진다. 이 승을 일러 '제호'라고 하였다. 감로와 제호라는 용어는 인도 신화에서 유래한 것으로 보인다. 증일아함 『삼보품三寶品』에 불법승 삼보 중 승僧에 대한 믿음의 공덕을 설명한다.

마치 소에서 젖을 얻고 우유에서 낙酪을 얻으며, 낙에서 소酥를 얻고 소에서 제호醍醐를 얻지만, 그 중에서 제호가 가장 존귀하고 최상이라 그 어느 것도 제호의 맛을 따를 수 없는 것처럼, 성중이라고는 것은 형상이 있는 대중들이 많이 모여 사는 것으로, 그 중생 가운데 여래의 대중인 승가가 가장 존귀하고 최상이니, 어느 누구도 성중에 미칠 이 없다.

육우와 도교

○

육우의 용모는 추하게 생겼으며 게다가 말까지 더듬었다고 한다. 그러나 "사람됨이 재변才辯이 있고 성격은 급하였으나 사소한 일은 느긋하게 넘겼다. 그가 성격이 급하였다고 하는 것은 사람들과 놀다가도, 자신이 무엇인가 하고자 생각이 들면 바로 가버렸기 때문에 성격이 급하다고 한 것 같다. 그러나 사람들과 일단 약속을 하면 설사 먼 길에 호랑이나 늑대가 있는 길이라도 망설이지 않았다."고 하는 내용으로 미루어 뚝심 있고 신의가 있는 인물이었음을 알 수 있다.

한편 육우의 자료와 관련된 인물로 권덕여(權德輿, 759~818)가 있는데, 그는 덕종·헌종 조에 재상까지 올랐던 인물이다.

그에게는 「소시어蕭侍御, 육태축陸太祝이 신주信州로부터 홍주洪州 옥지 관玉芝觀으로 이거移居함을 기뻐하는 시의 서序」라고 하는 글이 있다. 여기에서 육태축陸太祝이라는 말은 육우를 가리키는 말이다.

태축은 아마도 관직을 의미하는 것 같은데, 어떠한 직책인지 확실 치 않지만 도교와 관련이 있는 것으로 생각된다. 또한 『신당서新唐書』 본전에서는 육우에 대하여 '직책에 나아가지 않았다'고 되어 있으므 로 태축이 분명히 관직을 가리키는지도 확실치 않다. 한편 관직에 나 아가기 위하여 육우가 장안에 간 것도 사료에는 보이지 않는다.

다만 이 글의 제명에 나와 있는 옥지관이라든지 하는 용어에 도교 적 체취가 물씬 풍기는 것으로 미루어 육우가 당시 성행하였던 도교 와도 모종의 관계를 맺고 있음을 알 수 있다. 그의 『차경』에 도가적 사유가 많이 함축되어 있는 것도 분명히 연유가 있었음을 유추할 수 있겠다.

『차경』과 안진경
○

『차경』과 관련하여 가장 큰 영향을 육우에게 미친 인물은 소위 안진 경 서체書體로 유명한 안진경(顏眞卿, 709~788)이다.

안진경은 대력 7년(772)에 호주자사로 임명되었는데, 다음해 정월 호주(湖州, 吳興)에 부임한다. 그 때 안진경의 나이 65세였다. 부임한 해에 안진경은 교연이 있던 저산杼山의 묘희사에서 전중시어사殿中侍御史 원고袁高의 순시를 기념하는 정자를 건립한다.

안진경이 정자를 건립한 명분은 원고 때문이라 하였지만, 실은 육우를 위하여 건립한 것으로 보인다. 그것은 그의「삼계정시三癸亭詩」에서 "금세 삼계정을 지었으니 실로 오직 육생陸生 때문이라"라고 말하고 있음에서 알 수 있다.

육우가 이 정자에 이름을 붙였는데, 그 해가 계축癸丑년이고 그 10월이 계축월이며, 건립일인 21일이 계해일이었으므로 그 정자를 '삼계정三癸亭'이라고 명명하였다. 이 내용은 안진경이 육우를 얼마나 아꼈는지를 짐작할 수 있는 사건이라 하겠다.

아무튼 안진경의 호주자사부임과 더불어 육우는 그의 휘하에 들어갔으며 안진경은 육우를 귀히 여겼다. 안진경은『운해경원韻海鏡源』이라고 하는 방대한 사전을 이전부터 편집하여오고 있었다. 이 책은 '절운切韻'이라고 하는 한자 발음의 마지막 울림에 따라 순서를 정리·배열하여 그 글자에 해당하는 숙어의 출전을 밝힌 일종의 백과사전이었다.

안진경은 호주에 부임하면서 그곳에 있는 많은 학자들의 협력을 얻어 5백 권의 책을 완성하려 하였는데, 육우도 협력자 가운데 재야인 중에서 천거된 인물이었다. 안진경의 휘하에서 엄청난 양의 백과사전을 만드는 과정에서 육우는『차경』을 저술하는 데에 필요한 상당한 지식을 직·간접적으로 보충하였을 것임은 당연하였을 것이다.

『운해경원』의 편집에는 다양한 부분에 참고할만한 장서가 구비되지 않으면 안 되었으므로 육우는 그러한 자료들을 열람할 기회를 얻게 되었다. 육우는 이때까지 『차경』의 초고를 완성하고 있었으며, 그 기회에 가필과 증보를 하였던 것으로 추정된다.

삼계정에 관련된 일이나 『운해경원』의 일 등은 안진경의 「저산묘희사비」라고 하는 글에 상세히 나타나 있다. 또한 안진경은 호주에서 여러 사람이 모여서 한 편의 시를 완성하는 연구聯句 짓는 것을 즐겨하였는데 그 작가 중에 교연과 더불어 육우의 이름도 자주 등장한다.

『차경』에 나오는 많은 지명들도 육우가 직접 여행하면서 목록에 올렸던 것이 아니고 백과사전의 편찬과정에서 익힌 것일 가능성이 높다.

안진경은 안유정顏惟貞의 아들로 태어났다. 당 덕종德宗 건중建中 4년(783년), 회서淮西에서 이희열李希烈이 반란을 일으키자, 황제의 명으로 이희열을 설득하러 허주에 갔으나 3년 동안이나 감금당한다. 그 뒤 이희열이 황제에 오른 후, 밧줄로 교살 당한다. 그의 강직한 성품이 잘 나타난 안진경체는 구양순체와 더불어 대표적인 한자서체로 꼽힌다. 해서楷書의 창시자이다. 구양순 · 우세남 · 저수량 등과 함께 당나라 4대 서예가로 불린다.

왼쪽은 안진경의 글씨인 『안근예비顏勤礼碑』의 일부분에 대한 탁본이다. (사진출처 ; wikipedia)

『차경』의 구성

○

경經이라고 하면 우리는 종교 경전을 떠올린다. 물론 경전의 경우 당연히 경이라는 말을 사용하지만, 원래 중국의 전통에서 경서經書는 위서緯書와 대비되는 말이었다. 경은 가로를 가리키는 말이며 위는 세로를 가리키는 바와 같이, 경서는 주로 정통 교리나 원리를 밝히는 서적을 가리키며, 위서는 응용 혹은 술수 등을 다루는 책으로 대비될 수 있다.

육우가 『차경』을 경이라 이름붙인 것에는 그것이 차에 관한 정통원리를 밝힌 것이라는 자부심이 묻어 있다.

『차경』은 중국에서 저작된 차에 대한 최초의 전문서이며 그 내용에 있어서도 그에 필적할 만한 차서는 그 후에도 출현하지 않았을 정도로 차에 관한 정통 교과서라 할 수 있으므로 '경'이라는 이름이 붙을 자격은 충분히 있다 하겠다.

『차경』은 「일지원(一之源 : 차의 기원)」「이지구(二之具 : 제차기구)」「삼지조(三之造 : 제차법)」「사지기(四之器 : 차기)」「오지자(五之煮 : 차를 달이는 법)」「육지음(六之飮 : 차를 마시는 법)」「칠지사(七之事 : 차의 사료집)」「팔지출(八之出 : 차의 산지)」「구지략(九之略 : 약식의 차)」「십지도(十之圖 : 차경을 한 폭으로 써서 걸어놓는 것)」등의 10부로 구성되어 있다.

『차경』에서와 같이 '일지一之' '이지二之'… 하는 식으로 편집된 것은 유례를 찾아볼 수 없는 독특한 저술방식이다. 당대에 편집된 책은 역사서나 제도에 관한 책을 제외하고는 대부분 에세이 형식을 취하고

Ⅰ 차의 정신

있어, 전체를 체계적으로 구성하고 있는 것은 적다. 이를 보아도 육우의 지견이 시대를 넘어서는 바를 엿볼 수 있다.

『차경』은 「일지원」에서 차나무의 식물적 설명에서 시작하여 차를 나타내는 문자, 차를 생육하는 토양, 차의 종자를 파종하는 방법, 차의 효능 등에 대하여 말하며, 고려인삼과의 비교에 이르고 있다.

「이지구」「삼지조」에서는 제차기구를 열거하며 제차법을 말하고 있는데, 제차법은 후세에서는 몇 군데 농서農書를 중심으로 산견되고 있을 뿐이어서 『차경』의 선구적 위치를 짐작할 수 있다. 농서로 보더라도 그 시대에 『차경』만한 것은 없을 정도로 넓이와 깊이가 뛰어난 책이다.

「사지기」에서는 '차 마시기는 기구' 즉 차기에 대하여 설명하며, 「오지자」「육지음」에서는 그 차기를 사용한 달이는 방법, 마시는 방법에 대하여 말한다. 「칠지사」는 『차경』 이전 차의 사료를 열거하고 있는데 그 자료들 중에는 오늘날에는 산일되어 전하지 않는 책들도 많이 있다.

「팔지출」에서는 당시 각지의 차 생산현황을 주와 현별로 말하고 있는데, 차의 산지가 이 정도로 포괄적이면서 간명하게 정리된 예는 후세에도 없다.

「구지략」에서는 약식의 차를 설명하고, 반면에 육우가 추천하는 정식의 차에 대한 진수를 보이고 있다. 「십지도」에서는 『차경』을 비단이나 종이에 써서 걸어놓으라고 말하며 특별히 주목할 만한 내용은 없다.

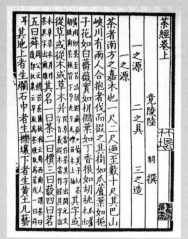

🍵 차의 역사적인 구분

일지원一之源 - 차의 기원
칠지사七之事 - 차의 역사
팔지출八之出 - 차 산지
구지략九之略 - 차의 분류
십지원十之圖 - 음차의 기원과 역사

🍵 차 생산과 음용

이지구二之具 - 차 만드는 도구
삼지조三之造 - 차 만들기
사지기四之器 - 차 달이는 도구
오지자五之煮 - 차 끓이기와 제다기술
육지음六之飲 - 차 마시는 방법과 자세

(사진출처 ; wikipedia)

2

『차경』과 검의 철학

정행검덕의 출현

○

『차경』은 열 개의 단원으로 구성된 차에 관한 백과전서이다. 그 중 첫 번째 단원인 「일지원」에서 육우는 "차의 성질이 차서 정행검덕^{精行儉德} 한 사람에게 어울린다."고 하는 내용이 나온다.

> 차의 효용은 맛이 지극히 차가우므로, 행이 정밀하고 검소한 덕을 지닌 사람이 마시면 가장 잘 어울린다. 만약 [사람들이] 열 목마름, 엉킨 번뇌, 머리가 아프거나 눈이 깔깔하거나 팔다리가 번거롭고 온 마디가 펴지지 않을 때, 너 댓 잔 마시면 제호나 감로에 맞설 만하다.

여기에서 주목되는 부분은, 차는 정행검덕 즉 '행이 정밀하고 검소

34

한 덕'이 있는 사람에게 적합한 음료라는 말이다. 차에 어울린다 함은 뒤에 나오는 구절들로 미루어 아마도 차의 성질이 차가우며, 그러한 차의 성질에 맞는 육체적·생리적 대응이라는 의미가 커 보인다.

그러나 정행이나 검덕은 그러한 생리적 표현만이 아닌 인품이나 성격과도 연결되는 해석이 가능하다.

또한 『차경』에서는 다섯 번째 단원인 「오지자」에서도 검에 대하여 말하고 있다.

차의 성품은 검儉한 것이니 많이 [또는 많은 숫자가] 마시는 것廣은 마땅치 않다. 그렇게 되면 그 맛은 암담暗澹하다. 또한 한 잔 가득한 것을 반을 마셔도 맛은 적어지는 데 어찌 많이 [또는 많은 숫자가] 마실 것인가.

여기서도 육우는 차의 성품을 다시 '검儉'이라고 요약하여 말하고 있다. 차의 쓰임새가 「일지원」에서는 '차가움'이므로 검박한 사람에게 적합하다고 보았고, 여기에서는 검박儉朴함이므로 사람을 넓히는 것을 경계하고 있는 것이다. 「일지원」에서의 검은 약리적 '차가움'과 연결되는 검이며, 「육지음」에서의 검은 '숫자의 축소됨'과 연결되는 검이다.

이 부분에서의 '검'은 한 차례에 만나 마시는 사람의 숫자가 적을 것을 바라는 것을 첫째 요건으로 해석할 수 있다. 즉 '너름'이란 일단은 사람 숫자가 많은 것을 가리키는 것이다."라고 해석할 수 있다는 말이다. 한편 위 인용문의 원문 "茶性儉 不宜廣 則其味暗澹 且如一滿盌 啜半而味寡 況其廣乎"이라는 문장만으로 살펴본다면 차茶의 양이 적어야 한다는 의미로 해석될 수도 있다. 그래야 다음의 '[색깔이] 암담하다'와의 관련됨을 수월하게 해석할 수 있다.

일단은 육우가 사치의 반대말인 검을 내세우고 있는 점으로 미루어 함께 마시는 사람의 숫자를 적게 해야 한다는 식으로 보는 것이 좋으나 나는 『차경』의 철학적 배경에 주목하고 있으므로 후자의 해석도 가능할 수 있다고 본다.

아무튼 '차가움'과 '축소됨'은 육우가 파악한 차가 지니는 두 가지의 성질이며, 차에 어울리는 인품 또한 두 가지로 파악해도 크게 어긋나지 않을 것이다. 요컨대 육우식의 차도정신이 있다고 하면 그것은 '정행검덕'이며 요약하자면 '검'의 철학이라고 해야 할 것이다.

후일 조선의 초의(草衣 意恂, 1786~1866)는 "홀로 마시는 차는 신비로움이요, 둘이 마시는 차는 수승함이며, 서넛이 마시는 차는 아취가 있다. 대여섯은 넘치는 것이며 칠팔 명이서 마시는 차는 그저 베푸는 것일 따름이다. (獨啜曰神 二客曰勝 三四曰趣 五六曰泛 七八曰施)"이라 말하고 있다.

그와 같이 초의 또한 마시는 사람의 숫자가 적을수록 높이 평가한 것은 일단 『차경』의 그러한 정신에 입각한 말이라고 생각할 수도 있다.

초의

조선후기의 승려로 전남 무안 출신이다. 15세에 운흥사雲興寺에서 출가해 19세에 대흥사大興寺의 완호玩虎에게서 구족계具足戒와 초의라는 호를 받는다. 조선후기의 대선사로 승속에 걸림이 없어 추사 김정희, 다산 정약용과 교분을 쌓고 유학에 능통했다. 이 무렵 조선 말기의 불교계 2대 논쟁 중 하나였던 백파선사와의 선禪 논쟁이 있었으며, 특히 『선문사변만어』를 통해 부질없는 논쟁을 불식시키고 선가본연의 모습을 드러냈다는 평가를 받고 있다. 저서로 『동차송東茶頌』과 『초의시고草衣詩稿』가 있다. 율맥律脈을 범해각안梵海覺岸에게 전했다. 『동차송』의 저술로 인해 그는 차성茶聖으로 불린다.

육우의 삶과 검

○

육우의 인생에서 볼 때 그의 삶은 검박을 추구해야만 하는 과정이었다. 즉 그의 인생은 검의 덕을 내세워야 살 수 있는 힘든 것이었다.

앞서 말한 바와 같이 그는 출신이 고아였으며 스님에 의해서 거두어져 불가에서 성장하였다. 자신이 불가의 분위기와 맞지 않음을 감지한 육우는 강한 출세의 욕망이 있었으나 그러한 욕구를 직접적으로 발산할 기회는 갖지 못하였다.

천보 11년(752) 육우 20세 때 예부랑중禮部郎中 최국보崔國輔가 경능의 사마로 좌천되어 부임하였다. 최국보의 재임 중에 육우는 3년에 걸쳐 학문의 세계에 눈을 새롭게 떴다. 중앙으로부터 부임해 온 이제물이나 최국보 등의 눈에 뜨임으로써 육우는 스스로의 재능에 자신을 가지게 되었으며 그러한 사건은 육우가 세상에 나오게 되는 단서가 되었다.

그러한 점에서 검박은 은둔의 윤리에 어울리며 차는 그러한 속성에 맞았던 것으로 짐작된다. 육우의 삶과 연결된 또 하나의 사건은 안사의 난(755~763)이었다. 천보 14년(755) 11월, 안록산安祿山과 사사명史思明에 의한 안사의 난은 당나라가 기울어지는 계기될 정도로 혹독한 것이었다. 육우도 그 과정에서 심한 좌절과 위기의식을 겪지 않을 수 없었다. 이때 육우가 생각하였던 군자의 덕은 세상에 나서기보다는 은둔하는 검덕이 적합하였을 것이다.

육우는 안사의 난을 피하여 피난하는 사람들의 무리에 섞여 강남으로 피하여 태호太湖 남쪽의 오흥吳興 부근의 초계苕溪에 도착한다.

육우의 자전에는 상원의 초 즉 760년경에 초계苕溪 부근에서 암자를 지었다고 하고 있다. 안사의 난을 피하여 강남에 정착한 장소가 초계인 것이다. 저장성의 천목산天目山에서 시작하여 북쪽으로 흐르는 동초계와 서초계가 호주시湖州市에서 합류하여 초계가 되며 태호太湖에 연결된다. 즉 오늘날의 호주시와 태호 사이에 육우는 주처를 정하였던 것이다. 이 때 오흥에서 깊게 교류하였던 사람은 앞서 언급한 바 있는 교연皎然이다.

안사의 난을 몸으로 겪으면서 그의 눈에 비친 시대는 『주역』 비괘에 나타나고 있는 "이는 천지가 서로 사귀지 못하고 만물이 서로 통하지 못한다. 상하가 사귀지 못하니 나라가 망한다.(象曰 否之匪人 不利君子 貞 大往小來 則是天地不交 而萬物不通也 上下不交 而天下無邦也. 『周易』 「否卦」)"는 모습과 부합하는 것이었을 것이다.

이러한 상황에서는 역시 『주역』 비괘에 나타난 바와 같은 "군자는 검박으로써 난을 피하고 벼슬을 추구해서는 안 된다."는 처신이 요청되었을 것이다. 자신과 같은 당대의 뛰어난 학자가 나서지 못하는 상황에서 차는 자신과의 동질성을 나타내는 것이었다.

육우의 이러한 삶의 궤적은 전반적으로 기복이 심한 일생이었다. 성장과정에서 힘든 과정을 거쳤을 뿐만 아니라 모든 상황을 극복하고 안정될 만하면 다시 어려워지는 인생의 변화를 겪는다.

이런 과정에서 육우는 자연스럽게 은둔이라는 처세의 도를 터득하였음에 틀림없다. 은둔의 과정에서 그와 동반한 것은 그에 매우 적합한 음료인 차였던 것이다.

즉 차는 자신의 처지를 대변하고 자신의 심경을 달래주는 중요한 기제였던 것으로 판단된다. 그런 점에서 차의 덕이나 자신의 처지나 모두가 검박함이라는 공통점을 지니고 있다고 본 것이다.

기미론으로 본 검

○

육우가 차의 덕을 정행검덕 즉 '검'으로 본 데에는 그 밖에도 몇 가지 이유가 있었다고 보인다.

우선 차의 성질이 차가운 데에 바탕을 두고 있는 식물이므로 그 성질에 대한 객관적인 판단에 입각하여 차의 덕을 제시하였다는 추정이 가능하다. 즉 기미론적氣味論的으로 볼 때 차는 찬 기운에 속한다고 본 것이다.

일반적으로 모든 식물에는 약성이 있다고 보았으며, 동양 특히 중국에서는 그러한 구분에 대한 역사가 깊다. 그러한 생각은 동양철학적 사유와 한의학의 바탕이 되기도 한다. 그것을 기미론氣味論이라 말하는데, 동양철학 및 의학의 범주에서 사용하는 기본 개념으로 사성오미四性五味가 된다.

사성이란 사기四氣라고도 하는데 한寒·열熱·온溫·량凉의 네 가지 특징으로 식재食材와 약재藥材가 가지고 있는 성질과 기능을 나타내는 총체적 개념을 말한다. 이 중에서 한·량한 재료들은 열을 제거하고 몸

속의 열을 내리는 치법인 청열사화淸熱瀉火의 기능을 가지며, 양혈凉血·해독解毒·자음滋陰 등의 효능을 가진다. 학자에 따라서는 한량온열의 네 가지 성질에 평平을 더하여 다섯 가지 성질로 보기도 한다.

한편 오미五味란 산酸·고苦·감甘·신辛·함鹹의 다섯 가지 맛을 말하는데, 이는 미각 즉 입에서만 느끼는 감각만이 아니라, 섭취 시 체내에 미치는 효능에 근거해서 결정되어진 것이다.

기미론으로 본 차의 성질은 한寒의 영역에 속한다고 본 것이 육우의 생각이었다. 일반적으로 차가움은 봄이나 여름 보다는 가을이나 겨울의 속성과 연결되는 속성이다. 가을이나 겨울의 경우 만물이나 사람이나 움추러들고 활동이 소극적이게 된다. 육우에게 차갑고 움츠러드는 모습의 철학적 표현은 '검'이었던 것이다.

일부 학자는 『차경』 「일지원」에서 말하는 내용이 단순한 맛을 가리키는 것이 아니라 사기四氣와 오미五味의 사성오미를 기본으로 삼은 것이라고 말한다. 그러므로 검을 차의 덕으로 삼은 것은 차의 한의학적 성질이 차다는 것을 기본으로 삼고 있는 것으로 해석할 수 있는 것이다.

물성의 검과 인성의 검
○

육우가 검을 중시한 것은 물성을 인성으로 전환한 것으로 보인다.
차의 덕에서 내향적인 검덕은 외향적인 정행과 자연스럽게 조화된다. 일반적으로 외부적인 활동이 적어지면 사람은 대체로 그 관심이 내면으로 이행하기 마련이므로 내외는 서로 연관이 있다.

일반적으로 사람의 관심이 밖이 아닌 안으로 이행하면 스스로의 행동을 점검하고 반성하는 데에 그 힘을 쏟게 된다. 그러므로 육우는 검덕과 더불어 정행精行을 차의 덕으로 내세우고 있는 것이다. 이는 물성을 인성으로 전환시킨 것으로 평가할 수 있겠다.

차의 재배에서 자음煮飮에 이르는 모든 과정이 검덕에 맞는 것이었다는 것이다. 육우의 말을 빌면 차는 가목嘉木이었다. 그것은 아름답되 결코 화려하거나 외향적인 것이 아닌, 검박하고 내향적인 아름다운 것을 지칭하고 있다. 뿐만 아니라 그것을 수확하고 제차製茶하고 점차點茶하는 모든 과정 또한 침착하면서도 정성스러운 손길이 필요하다.

그러한 상태를 '검'으로 요약할 수 있고, 그러한 성격에 어울리는 것이 차의 본질이었던 것이다. 그러므로 그러한 본질이 차를 사랑하는 사람을 통하여 나타날 때 검덕과 정행으로 나타나는 것은 자연스러운 일이었다. 차의 덕을 정행과 검덕으로 정한 것은 육우가 차의 본질Nature에 정통하고 있음을 알게 한다.

물성으로부터 인성으로 전환한 검의 철학은 자신의 내면을 향한 점검과 삼감을 우선으로 삼는 것이다. 유가에서 말하는 『대학』의 '그 홀로를 삼감愼其獨'과 상통하는 이념이라 하겠다.

그 이념은 내외로 전개될 수 있다. 검덕과 정행은 각각 내면과 외면의 마음가짐과 행동가짐을 의미하며 그것이 상호 깊은 관련을 가지고 있는 것으로 파악될 수 있다는 말이다.

따라서 검덕의 외면적 나타남은 정행이며, 정행의 내면적 마음가짐은 검덕이라 말할 수 있는 것이다. 정행은 화려함보다도 내실에 바탕을 둔 겸손과 관용을 의미한다. 그러므로 육우가 말하는 정행과 검덕은 결코 별개의 것이 아닌 하나의 윤리인 것을 알 수 있다.

이처럼 검의 철학은 중국적 사유에 기반을 둔 것이다. 그것은 육우의 사상적 기반인 『도덕경』과 『주역』 그리고 『논어』의 근본정신까지를 꿰뚫어 도출한, 의미 있는 것이었다. 즉 중국적 사유의 정수를 나름대로 검으로 요약한 것이 육우의 근본적 의도였던 것이다.

3

『주역』과 검의 철학

『주역』과 검

○

『차경』에서는 의도적 혹은 비의도적으로 『주역』의 사상 혹은 구절을 이용하여 자신의 철학세계를 표명하고 있다. 즉 육우는 『주역』으로부터 검의 철학을 수용하고 있다.

『차경』에서는 여러 곳에서 그러한 흔적을 볼 수 있는데, 그 중에서 비괘(否卦, ䷋)와 정괘(鼎卦, ䷱)를 제시하고 있는 부분이 대표적이다. 우선 비괘와 관련된 자료를 살펴보자.

육우는 차와 연결지어 글을 전개할 때에는 차 일반에 관한 것만을 서술하는 데에 그치지 않았다. 그는 항상 하늘의 근본 이치에 바탕을 두고 자신의 견해를 서술하였다.

깃 [짐승]은 날고 털 [짐승]은 달리며 입을 크게 벌려 [사람은] 말한다. 이 세 가지는 모두 천지간에서 사는데, [털 짐승은 물을]마시고 [깃 짐승은 물을] 쪼며 살아간다. [그 중에 사람은] 마시는 때에 [따라 그 의미가 다르니] [짐승과는]그 뜻을 멀리해야 한다. [사람은 모름지기] 만약 목마름을 그치게 하려면 물을 마셔야 하고, 만약 근심과 울분을 덜어내려면 술을 마셔야 하고, 만약 혼미한 정신과 졸음을 없애려면 차를 마셔야 한다.

이 내용은 『차경』 「육지음」의 일부로 사람이 차를 마시는 원인을 밝힘과 동시에 차의 효능을 말하고 있는 부분이다. 천지간에 존재하는 동물들은 모두 물을 마셔야 사는데 사람의 경우에는 그 물을 섭취하는 것이 경우에 따라 다르다는 것이다.

그냥 목마름을 다스릴 경우에는 여러 음료를 마시면 되지만 울분을 덜기 위해서는 술이 효과적이다. 그러나 혼미함과 졸음을 없애고 초롱초롱한 정신을 유지하기 위해서는 차를 마셔야 한다는 것이다. 이 부분도 사람의 본성에 가까운 것이 차임을 알게 하는 대목이다.

그런데 여기에서 주목되는 것은 "마실 때 그 뜻을 멀리해야 한다.(飮之時義遠矣哉)"라는 부분이다. 이 부분은 『주역』의 「수괘隨卦」에서 그 운을 따온 것임이 분명하다. 「수괘」에서는 "단전에서 말하기를, 수隨는 강이 와서 유약한 데에 이르러 낮추고 움직이고 기뻐함이 수이니, 크게 형통하고 바르게 하여 허물이 없어서 따를 때에 그 뜻을 크게 해야 하는 것이니, 수괘의 때의 의의가 크도다."라고 말하고 있다.

『차경』에서의 "마실 때 그 뜻을 멀리해야 한다(飮之時義遠矣哉)"와 『주역』의 "따를 때 그 뜻을 크게 해야 한다(隨之時義大矣哉)"는 그 운의 비슷함과 그것이 의미하고 있는 바의 상통함으로 미루어 『차경』이 『주역』의 글귀를 의식적이든 무의식적이든 채용하고 있다고 보아야 한다.

이것은 아마도 육우가 평소 『주역』에 통달하고 있음을 말해주는 것이며, 그의 이름이 『주역』과 관련이 있다는 사실과 연관 지어 생각해도 가능성이 있는 일이라 하겠다. 그러한 생각은 육우가 『차경』의 정신을 검으로 삼고 있는 부분을 통해서도 나타나 있다.

비괘와 검

○

『차경』에서 육우가 『주역』의 사유를 따르고 있는 것 가운데 대표적인 것이 비괘의 수용이다.

'검(儉)'은 『주역』에서는 '비(否)'의 괘(卦)에 나타나 있는데, 비괘는 『주역』 64개의 괘상 가운데 12번째의 천지비(天地否, ䷋)괘를 말한다. 이 괘상은 땅을 의미하는 곤괘(坤卦, ☷)와 하늘을 뜻하는 건괘(乾卦, ☰)가 마주하고 있는 형상을 하고 있다. 하늘과 땅이 서로 마주보고 있는 것은 주역의 외견상 여러 괘상 중에서 화려함을 자랑한다.

그러나 그 실제 내역은 그렇지 않다. 내괘가 음, 외괘가 양의 형상은, 안은 유약(柔弱)하면서 외면은 강강(剛强)함을 꾸미는 형세로 보기 때문이다. 따라서 이 비괘는 대표적인 흉괘 중의 하나이다. 비괘의 형상이 되면 하늘과 땅이 화합하지 아니하고 서로의 기운이 막혀버리는 것으로 보는 것이 전통적인 해석이다. 이를 사람으로 비유하여도 성격이 극양과 극음이 마주하면 화합하기가 대단히 어려운 것과 마찬가지이다.

그러면 그러한 사실을 알고 있는 군자는 이 괘의 상황을 만날 때 어떻게 행동할 것인가? 『주역』「비괘」의 괘상에는 다음과 같이 나타나 있다.

하늘과 땅이 화합하지 아니하고 서로의 기운이 막혀버린 것이 비괘이다. 군자는 이 괘상을 보고 자기의 유덕함을 숨기고 물러나와 난을 피한다. 관록을 영화로 생각하여 뜻이 동요되어서는 안 된다. 이는 천지가 서로 사귀지 못하고 만물이 서로 통하지 못한다. 상하가 사귀지 못하니 나라가 망한다.

안으로 음하고 밖으로 양하며, 안으로 유하고 밖으로 강하다. 안으로는 소인이면서 밖으로 군자인체 하니 소인의 도는 성하고 군자의 도는 사그라진다. 상에 이르기를 '천지가 사귀지 않음이 비ㅅ이니, 군자는 검덕으로써 난을 피하고, 영예로움을 녹으로써 추구하지 말아야 한다.

이 괘에 처한 군자의 행동은 숨는 것이어야 한다. 왜냐하면 그 나라는 소인이 성하고 군자의 입지는 사라져 장차 망할 운명이기 때문이다. 그러므로 군자가 스스로의 뜻을 펴려하지 않고 벼슬길에도 나아가려 하지도 않으며 은둔의 길을 도모해야만 하는 것을 권하는 괘인 것이다.

육우가 「일지원」에서 말하는 검덕이나 「육지자」에서 말하는 너름廣에 대비되는 개념으로서의 검은 모두 이 비괘의 상에서 말하는 검덕과 상통한다고 볼 수 있다. 역으로 육우가 그의 『차경』을 저술할 때에 『주역』의 비괘에서 그의 차도의 핵심에 대한 영감을 받았다고 볼 수도 있겠다.

『주역』의 비괘에서 말하는 검덕은 군자가 극한의 어려운 상황에서 취해야 할 행동에 대한 지침을 보여주고 있다. 군자가 자신의 뛰어남을 숨기고 물러나와 난을 피하는 형세를 『주역』에서는 정貞으로 표현하고 있는데, 그 정은 바로 『주역』의 「건괘」에서 나오며 『주역』의 대명사처럼 쓰이는 원형이정元亨利貞의 마지막 정을 지칭하는 것이다. 원형이정에서의 정은 계절로 비유하면 겨울이요, 겨울의 덕목은 '감춤'에 해당한다.

육우의 성장과정이나 지성수준으로 보아서 그가 중국적 지혜의 원천인 『주역』에 능통하였을 것임은 분명한 일이고, 차의 덕을 '검' 혹은 '검덕'이라 표현한 것은 『주역』의 비괘에 비견하여 차의 덕을 말하고 있다는 추정이 가능한 것이다.

주지하다시피 『주역』은 64괘로 구성되어 있고, 그 안에는 길괘가 많이 있다. 그런데 왜 육우는 『주역』에서도 하필 대표적인 흉괘에 비견하여 차의 덕을 암시하고 있는 것일까?

진정 차를 스스로의 목숨처럼 소중히 여겼던 차의 성인이 실제로는 차의 덕을 흉함으로 보았던 것일까? 결론부터 말한다면 그는 결코 차의 덕을 흉한 것으로 보고 싶은 생각이 없었다고 보인다.

그에 대한 명백한 증거는 그가 『차경』을 저술했다는 사실에서 알 수 있다. 차의 덕이 흉하여 숨기고 난을 피하는 것과 동일한 것이었다면 엄청난 힘을 기울여서 『차경』을 지을 필요가 없었을 것이다. 그렇다면 차에 대한 육우의 인식은 결코 부정적이지 않았음을 알 수 있다.

그것은 육우가 어렵고 위태로운 상황에서도 우환의식을 가지고 힘써 노력하면 위험한 상황을 안정된 상황으로 전환시킬 수 있다는 『주역』의 기본 철학을 철저히 인지하고 있었기 때문이 아닌가 생각된다. 이와 같이 차의 검덕의 사상은 깊은 뜻이 있었던 것이다.

『주역』은 인생사의 길흉에 대한 점복을 위해서 만들어진 것이며, 인생이란 전적인 길 혹은 전적인 흉은 없는 법이므로 그것을 어떻게 슬기롭게 적용하느냐에 인생사의 갈림길이 있는 것이다. 길 속에 흉이 있고 흉 속에 길이 있음을 나타내는 것이 『주역』의 가르침이다. 따라서 비괘가 흉괘라 할지라도 꼭 그런 것만은 아니라는 말이다.

겸괘와 검

○

"군자는 검덕으로써 난을 피하고, 영예로움을 녹으로써 추구하지 말아야 한다."는 것이 『주역』「비괘」의 본질이라면, 그것을 차의 검의 덕과 연결시킨 육우의 숨은 의도는 무엇일까. 그것은 사람들로 하여금 겸손으로 이끌고자 함에 있다. 즉 검의 덕은 겸손인 것이다.

겸손을 강조하는 것은 『주역』의 지산겸괘(地山謙卦, ䷎)이다. 겸손을 주제로 하는 겸괘는 『주역』의 괘 가운데 길괘 중의 하나이다.

겸은 형통하니 군자의 마침이 있다. 단에서 말하기를 겸이 형통하다는
것은 천도天道가 아래로 내려와 밝게 빛나고 지도地道가 낮은 데에서 위
로 향하는 것이니, 천도는 찬 것을 이지러뜨리고 겸손은 더해 주며, 지
도는 찬 것을 변화시켜 겸손으로 흐르고, 귀신은 찬 것을 해치고 겸손
에 복을 주며, 인도는 찬 것은 싫어하고 겸손을 좋아하니, 겸은 높아서
빛나고 낮아도 넘어갈 수 없으니 군자의 마침인 것이다.

수고로운 겸손이니 군자의 마침이 있으니 길하다. 수고로운 겸손한 군
자는 만민이 복종하는 것이다.

겸괘 또한 천이 내려오고 지가 위로 향하여 길함이 되는 구조가 되
고 있다. 아마도 육우는 『주역』의 이러한 구조를 충분히 숙지하고 있
었다고 생각된다. 그러므로 차의 덕을 한편으로는 비괘에 비견하여
힘들고 어려운 상황으로도 인지하였는가 하면, 다른 한편으로 정괘
에 비견하여 안정과 번영의 상황으로도 인도하고 있는 것이다.

이처럼 겸의 덕을 흉한 일과 길한 일에 동시에 적용하고자 하는 것
은 육우가 그 의미에 무지하거나 간과한 것이 아니고 『주역』의 이치
에 통달한 그의 은밀하며 주도면밀한 배려였을 것이다.

사실 삶이란 그 자체로서는 흉한 것도 길한 것도 아니다. 다만 사람
의 입장에 따라 그 삶에 나타난 사건들을 해석하고 적용할 때 흉 혹은

길로 규정될 따름이다. 육우가 생각하는 검덕의 터전은 흉도 깊어 있고, 길도 깊어 있는 삶의 원형 그 자체이다. 그곳에서 흉과 길을 불만 없이 수용하고 또한 그것을 지혜롭게 초극한 곳에 군자의 길이 있음을 안 사람이 육우였으며, 그의 차도 또한 거기에 있다는 것이다.

이처럼 육우의 통찰은 존재의 근원에 닿아있으며 세상의 길흉을 초월해 있다. 따라서 육우가 인간사나 차사茶事를 막론하고 '검'으로 요약한 것은, 흉하거나 길하거나 차갑거나 뜨겁거나 하는 희비喜悲와 고락苦樂을 한편으로는 지혜롭게 수용하고 다른 한편으로는 그것을 초탈하려는 '본성적 통찰'이었다.

건괘와 검
○

그러한 발상을 뒷받침하는 또 하나의 근거가 『주역』 건괘에 있다. 그것은 덕德에 대한 내용이다. 육우가 '검'에 '덕'을 붙여 하나의 용어로 만든 데에는 나름의 의도가 있었을 것이며 거기에는 건괘의 덕이 영향을 미쳤을 것으로 짐작된다.

"군자는 이 사덕을 행하는 사람이다. 그러므로 건에서 원형이정元亨利貞이라 하였다." 즉, 군자가 인의예지仁義禮智 사덕을 실천하는 것은 천도天道를 밝히는 중천건괘의 사상四象 원리에 근거를 두고 있는 것이다. 이를 문언에서는 용의 덕으로 표현하고 있다.

용의 덕은 숨어 있는 것이니 세상과 바꾸지 않고 명예를 이루지 않아서 세상에 숨어 있어도 근심하지 않고, 바름을 보지 못해도 근심하지 않아서 즐거우면 행하고 근심하면 어겨서 확고해서 뺄 수가 없음이 잠겨있는 용인 것이다.

용의 덕이 정중正中한 것이니, 떳떳한 말은 믿고 떳떳한 행동은 삼가 하여 삿된 것을 막고 그 정성을 보존하고 세상을 선하게 하지만 자랑하지 않고 덕을 널리 하여 감화시키니 군자의 덕이다.

군자가 배움으로써 모으고, 물음으로써 분별하고, 관대함으로써 거처하고, 어짊으로써 행동하는 것이니 군자의 덕이다.

용의 덕은 천도를 갚은 인품으로 『주역』에서의 이상적인 인간상이라고 할 것이다. 그 용덕龍德은 근심과 즐거움을 초월하는 잠룡潛龍의 덕이다. 길흉의 수용과 초극이라는 통찰점에 설 때 비로소 인간은 세상을 유유자적하며 응시할 뿐만 아니라 세상을 제도할 수 있는 역량이 나온다. 활룡活龍은 잠룡의 에너지로부터 나온다는 말이다. 이러한 사유는 모든 것은 내면을 향한 성찰인 검성의 태도에 바탕을 두어야만 가능하다.

그런 점에서 차의 성질을 빗대어서 존재와 인생을 '검' 하나로 요약한 것은 육우다운 통찰이며, 내면 성찰과 더불어 길흉 초월도 가능하게 하는 삶의 태도라 할 만하다. 난세에서 태평세를 보고, 태평세에서 난세의 요소를 통찰하는 삶의 지혜를 육우는 향유하고 있었으며 그러한 생각을 『차경』에 압축하여 제시한 것이다.

검덕은 한편으로 내면의 본성을 성찰하는 유약함이라면, 다른 한편으로 길흉을 초극하는 대담함이다. 성찰과 초극이라는 인간 본성의 두 가지 면을 동시에 관조하는 것이 검덕인 것이며, 그것이 육우가 구상했던 차도의 지혜였던 것이다.

따라서 차인은 어려운 일에도 한 잔의 차로써 그 어려움의 이면을 관조하면서 평정을 유지해야 하고, 즐거운 일에도 한 잔의 차를 통하여 그 넘침을 경계해야 한다. 그것이 차의 철학인 '검'을 갊은 모습이다.

정괘와 검

○

『주역』과 관계된 또 하나의 중요한 부분은 『차경』「사지기」에 나오는 화로에 관한 사항이다. 육우는 차를 달이는 데에 쓰는 화로에 대하여 다음과 같이 말하고 있다.

무릇 '세 다리에 옛 글자 21자를 쓴다.' 라고 했다. 대저 풍로의 다리는 세 개인데, 다리 위에 각각 고문체로 일곱 자씩 모두 스물한 자를 쓴다. 한 다리에는 위에 감이라 쓰고 맨 밑에는 손이라 쓰며 중간에는 리라 쓴다. 한 다리에는 몸은 오행을 가지런히 하여 온갖 질병을 물리친다 하였으며 다른 한 다리에는 '거룩한 당나라가 오랑캐를 멸망시킨 이

듬해에 부어 만들다.' 라고 쓴다.

… 풍로 안에는 체 얼을 만들고 그 위에 세 개의 격을 만든다. 그 하나의 격에는 꿩을 그리는데, 꿩은 불을 상징하는 날짐승이기에 불의 괘인 리(離:☲)를 그린 것이다. 또 하나의 격에는 범을 그리는데, 범은 바람을 상징하는 짐승이기에 바람의 괘인 손(巽:☴)을 그린 것이다. 또 하나의 격에는 물고기를 그리는데, 물고기는 물속에 사는 동물이라 물의 괘인 감(坎:☵)을 그린 것이다. 손괘는 바람, 리괘는 불, 감괘는 물을 다스린다. 바람은 능히 불을 일으키고, 불은 능히 물을 끓게 하므로 이와 같이 세 개의 괘를 갖추는 것이다.

감·손·리의 3괘는 육효 중에서 상위의 3괘와 하위의 3괘가 동일한 괘이다. 이처럼 상하가 동일한 3괘를 육우는 한 자리 모아 제시하고 있는 것이다.

솥을 가리키는 정(鼎:☲☴)괘는 리상손하(離上巽下)가 위치한 괘이다. 손이 아래에 있고 리가 위에 있는 것은 풍로가 솥의 형태를 띠고 있기 때문일 것이다. 육우는 손은 풍, 리는 화, 감은 수를 상징하고 있다고 보았다.

따라서 위에 감이라 쓰고 아래에는 손이라 쓰고 중간에는 리라고 쓴 것은 수화풍의 순서로 솥이 걸려있는데, 그 안에 물이 있으며 아래에 불이 있는 것을 말하고 있는 것을 알 수 있다.

솥을 가리키고 있는 『주역』의 「정(鼎)괘」를 보면 "정은 원(길하고)형하다."라고 매우 간단하게 나와 있다. 『주역』의 핵심이 원형이정에 있음을 감안한다면 정괘는 매우 중요한 대표적 길괘 중의 하나이다. 상괘의 리가 불이며 하괘의 손이 바람을 의미하여 정괘는 솥의 기능을 완성하는 것을 말하기 때문이다.

이를 사람으로 대입한다면 상 ⌐ 은 불이므로 밝음을 의미하며 하 ⌐ 는 바람이니 종순(從順)과 겸손을 의미한다. 그러므로 군왕은 밝은 덕으로 신하의 의견을 존중하며, 신하는 겸손함과 지혜로 위를 받들어 상하가 조화됨을 상징한다.

즉 정괘에 해당하는 경우는 상하가 서로 화합하고 번성하는 것을 의미한다. 문제는 여기에서도 겸손이 강조되고 있다는 점이다. 즉 정괘의 경우도 겸의 다른 모습이 아닐 수 없다는 것이다. 여기에서 비괘의 겸과는 전혀 다른 성격의 겸이 출현하고 있는 것이다.

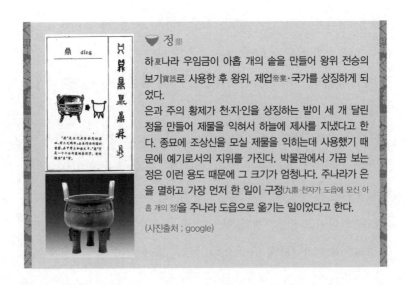

🥣 정鼎

하夏나라 우임금이 아홉 개의 솥을 만들어 왕위 전승의 보기寶器로 사용한 후 왕위, 제업帝業·국가를 상징하게 되었다.

은과 주의 황제가 천·지·인을 상징하는 발이 세 개 달린 정을 만들어 제물을 익혀서 하늘에 제사를 지냈다고 한다. 종묘에 조상신을 모실 제물을 익히는데 사용했기 때문에 예기로서의 지위를 가진다. 박물관에서 가끔 보는 정은 이런 용도 때문에 그 크기가 엄청나다. 주나라은을 멸하고 가장 먼저 한 일이 구정(九鼎·천자가 도읍에 모신 아홉 개의 정)을 주나라 도읍으로 옮기는 일이었다고 한다.

(사진출처 ; google)

길흉의 초극과 검

○

육우가 동일한 『차경』에서 비괘의 검과는 상반되는 정괘의 검을 출현시키고 있는 것은 얼핏 보면 모순적 대비로 보인다. 비괘의 검은 임금과 신하가 서로 소통하지 않는 경우를 말하는데, 그럴 경우 군자는 세상을 피하여 난을 피하고 벼슬을 구하지 않아야 한다고 본다. 그러나 정괘의 검은 임금이나 신하의 상하가 서로 협력하여 안정과 번영을 도모하게 되는 성운盛運의 검을 말하기 때문이다.

우리가 여기에서 알 수 있는 것은 '검'은 길한 운에도 적용되는 것이며, 흉한 운에도 적용되는 함축적이며 절묘한 의미를 띠고 있다는 사실이다. 그리고 길한 운에도 흉한 운에도 공통적으로 적용되는 군자의 태도는 겸손인 것이다. 겸손이야 말로 길흉을 초극하는 공통적인 열쇠인 셈이다.

검 또는 겸손은 임금이나 신하의 상하 모두에 적용되는 윤리인데 화풍정괘는 서로 협력에 의하여 안정과 번영을 도모하게 되는 성운盛運의 괘이다. 특히 안정을 의미하는 부분을 『주역』에서는 "나무 위에 불이 있어서 삶아지므로 정이라고 했다. 군자가 이를 본받아 정위正位하여 응명凝命한다."고 하였다.

그러므로 이 정괘의 경우, 특히 상이 겸손함으로써 하와 화합하여 번성하게 되는 경우를 말한다. 한편 비괘는 천지가 서로 소통하지 않는 경우가 되는데, 그럴 경우 하 즉 군자는 세상을 피하여 검덕으로써 난을 피하고 벼슬을 구하지 않아야 하는 것을 지시하는 점으로 보아 두 괘의 사상은 대비되지만 다른 한편으로는 조화되는 것이다.

그 밖에 『주역』에 나오는 검의 자료로 「소과괘(小過卦, ䷽)」에서 "군자는 소과괘의 원리로써 행할 때는 공손함이 조금 지나쳐도 되고, 상을 당했을 때는 슬픔이 조금 지나쳐도 되고, 쓸 때는 검소함이 조금 지나쳐도 되는 것이다."라는 내용이 있다.

이처럼 검덕은 길한 운에도 적용되는 것이며, 흉한 운에도 적용되는 매우 함축적이며 긴요한 윤리이다. 아마도 육우는 이러한 철학적 배경을 충분히 숙지하고 있었으며, 비록 비괘에 비견하는 힘든 검덕을 차의 덕으로 취했을지라도, 그것은 동시에 정괘에 비견하는 안정과 번영이 되는 것으로 보았던 것임에 틀림없다. 육우에게는 다만 길한 일과 흉한 일을 막론하고 그것의 열쇠는 공통적으로 '검' 하나였던 것이다.

육우가 '검'이라는 용어를 통하여 제시하고자 하는 핵심 메시지는 세상사의 길흉에 대한 초극超克을 암시하고 있다는 점이다. 그것은 육우가 생각하는 이상적인 인품의 다른 표현이며, 차인이 지녀야 할 인성의 다른 측면으로 볼 수도 있다. 이처럼 『주역』은 양면적인 해석이 가능하며, 가장 어렵고 힘든 상황 그 자체를 새로운 돌파구를 찾아내는 단초로도 해석해낼 수 있는 것이다.

검의 철학은 길흉을 인내하고, 이윽고 그것을 담담하게 초극하는 세련된 인간상을 제시한다. '검' 하나로 양 날의 칼을 삼은 육우는 자기가 그토록 사랑하는 차에서 세상사의 통찰을 읽어냈던 것이다.

4

유가와 검의 철학

중국 고전 속의 검

○

앞서 말한 바와 같이 육우는 불가에서 자라 유가의 선비들과 교유하며 자신의 학문적 세계를 구축하였다. 따라서 그의 학문 세계는 결코 천박하지 않은 것이었고, 유불도 모두에 능통한 당대 최고 수준의 학자였다고 보는 것이 옳을 것이다. 그러한 의미에서 그의 '검의 철학'에 대한 유가사상적 배경도 찾아볼 필요가 있다.

검덕에서의 '검'은 우선 '제약하다' '절제하다' '검소하다' '겸손하다' 등의 의미가 있다. 『설문해자』에서는 검을 약約이라고 규정하였는데, 은옥재주股玉裁注에 의하면 검은 '묶는 것'을 의미하며 또한 '사치함에 놓아두지 않음'을 말한다고 하였다. 모두가 축소·검소를 의미한다 하겠다.

또한 『논어』에서는 "예에 그 사치함은 마땅히 검소해야 할 것이다 [禮 與其奢也 寧儉]."라고 하였다. 또한 『순자筍子』에는 '검연치연儉然恀然'이라는 말이 나오는데, 그에 대한 양경楊倞의 주에는 검연을 자신을 낮추는 겸손한 모습[自卑謙貌]이라고 풀이한다. 이처럼 검이란 예禮의 본질이며, 절제·검소·겸손 등 동양적 인품을 가리키는 의미가 있다. 즉 모든 의미가 내면의 성찰을 담고 있는 것이다.

『서경』에는 "삼감의 검덕이여 생각건대 영원히 도모함을 품으리라 [愼乃儉德 惟懷永圖]."라는 내용이 있다. 이처럼 검덕은 삼감과 관련된 것이며, 이러한 삼감은 군자가 그 뜻을 길게 도모할 수 있는 내면적 원동력이요, 기본적인 인품이 된다는 것으로 해석할 수 있다.

이러한 생각은 중국의 고전에는 드물지 않게 출현하는 것으로, 매우 중국적인 사유라 할 것이다. 즉 삼감과 검덕은 오랜 옛날부터 중국인의 처세의 기본이 되었던 것이다. 육우가 이를 차와 연결시킨 것도 결코 우연이 아닐 것이다.

『논어』와 검의 사유

○

『논어』에도 검의 덕에 관한 이야기가 나온다.

자금이 자공에게 묻는다. "공자가 어느 나라에 도착하면 반드시 그 정치에 대해 들으시는데 스스로 듣기를 구한 것인지 아니면 청에 의한 것인가?" 자공이 말한다. "[孔]부자는 온화하고 진실되고 공손하고 검박하고 겸양함으로써 그것을 얻음이니, [孔]부자가 그것을 구하는 것은 다른 사람이 구하는 것과는 다르다 할 것이다."

여기에서 공자의 인품이 잘 드러나고 있다. 공자의 정치 즉 현실적인 세계에 대한 태도가 다섯 가지 덕목에 바탕을 두고 있다는 내용이다. 그것은 온화·진실·공손·검박·겸양 등이다. 일견 소극적인 것처럼 보이는 공자의 인품은 내면적으로 온화하고 진실하며 공손하고 검박하고 겸양함 등을 갖춘 것이었다.

이 글은 이들 인품의 덕목들이 위협적이고 거친 상대 군왕들을 대할 때 오히려 주된 무기가 되고 있음을 나타내고 있다. 특히 군왕들이 지닌 화려함과 외장성세에 치우친 뽐냄에 대하여 공손하며 검박한 인품으로 대하는 것이야말로 공자다우면서도 종국적인 승리를 보장하는 것이 아닐 수 없다.

이러한 공자의 인품 혹은 처세에 관련된 내용은 적지 않다. 아마도 이러한 공자의 인품은 육우의 처세에도 지침이 되는 것이었으며, 그런 점에서 육우 또한 차의 덕을 '검'으로 설정한 것은 조금도 이상할 것이 없는 것이다.

또한 검의 의미는 『논어』에 "예禮는 그 사치함보다는 정녕 검소함이다.[林放問 禮之本 子曰 大哉問 禮與其奢也 寧儉 喪與其易也 寧戚]"라고 하고 있는 것으로 미루어 사치함의 반대개념임에 틀림없다.

그런 의미에서 육우가 『차경』에서 '차의 성질이 검함으로 너르게 해서는 안 된다[茶性儉 不宜廣]'고 한 것은 『시경』이나 『논어』에서 말하는 검의 개념과 상통하는 것, 또는 그러한 이념을 계승하고 있는 것으로 보아도 무리가 없을 것이다.

『논어』에서 "사치한 즉 겸손하지 아니하고 검소한 즉 완고하나, 겸손치 아니할 바에야 차라리 검소하리라.[子曰 奢則不孫 儉則固 與其不孫也 寧儉]"고 하는 내용을 보더라도 공자는 사치하고 불손한 것보다는 완고할지언정 검소함을 추구하고 있음을 알 수 있다.

『중용』과 검
○

검의 사상은 또한 중국적 사유에 커다란 영향을 미쳐 온 천과 지의 화합을 중심에 두고 출현한 사상임에 분명하다. 그렇다면 육우는 그의 검의 사상을 말할 때에 『중용』의 사상도 염두에 두고 있었던 것으로 보인다. 왜냐하면 천과 지의 화합이 인간으로 나타날 때 그것을 중도라고 표현하는 것이 중국인들의 생각이었기 때문이다.

『중용』에서는 "희로애락이 발하기 이전을 중이라 말하고 발하여 중도와 절도에 맞는 것을 화라고 한다. 중은 천하의 큰 근본이요, 화는 천하의 도에 달하는 것이다. 그러므로 중화에 이르면 천하가 그 위치를 얻고 만물이 화육되는 것이다. [喜怒哀樂之未發謂之中. 發而皆中節謂之和 中也者 天下之大本也. 和也者天下之達道也. 致中和 天下位焉 萬物育焉]"라고 말한다.

이는 『차경』에서 "차의 효용은 맛이 지극히 차가우므로, 행이 정밀하고 검소한 덕을 지닌 사람이 마시면 가장 잘 어울린다. 만약 [사람들이] 열 목마름, 엉킨 번뇌, 머리가 아프거나 눈이 깔깔하거나 팔다리가 번거롭고 온 마디가 펴지지 않을 때, 너 댓 잔 마시면 제호나 감로에 맞설 만하다." 라고 하는 내용과 상통한다.

왜냐하면 희로애락을 다스리고 그것을 중도에 맞게 발한다면 열로 인한 목마름, 엉킨 번뇌, 머리가 아프거나 눈이 깔깔하거나 팔다리가 번거롭고 온 마디가 펴지지 않는 일 따위가 없을 것이기 때문이다. 즉 육우의 제안대로 중용의 중도를 행하면 정행검덕의 인간이 되기 마련이고, 그렇지 못할 때에는 그 검덕을 지닌 차로써 치유가 가능한 것이다.

한편 맹자는 천성과 인성이 둘이 아닌 것을 추구하고 있는데, "그 마음을 다한다는 것은 그 성품을 아는 것이요, 그 성품을 아는 것은 곧 하늘을 아는 것이라[盡其心者 知其性也 知其性 則知天矣]"고 하고 있다. 이 것은 천성과 인성이 둘이면서도 하나인 것을 말하고 있다.

이처럼 대개의 경우 중국의 사유는 기본적으로 천인합일天人合一적 성격이 강한 것이 특징인데 육우 또한 이러한 맥락에서 그의 『차경』을 저술했다고 판단된다.

후일 차의 사상 가운데 특별한 것은 '화和'의 이념인데, 화는 하늘과 땅의 합일적 이념이며 그것은 세간만물에까지 미친다고 보는 것이 중국적 사유의 특징 가운데 하나이다. 그래서 중국에서는 천화·지화·인화를 동일선상에서 생각하는 경향이 있었다.

요컨대 육우의 차의 철학을 추구할 때 유가의 이념도 생각하지 않을 수 없고, 그러한 차원에서 생각할 때, 차의 검덕이란 천지의 도를 본받아 실행하는 것이 기본적 사유가 되고 있음을 알 수 있다.

도가와 검의 철학

『도덕경』과 성찰

○

이제까지는 주로 '검'에 관한 자료를 살펴보았다. 다음으로 '덕'에 관한 내용인데, 그에 대한 고전적인 해석은 『도덕경』에 나오는 것이 대표적이다. 즉 도는 모든 사물의 바탕이라면 덕은 그것이 현상으로 나타날 때의 모습으로 보았다.

> 큰 덕의 모습은 오직 도를 좇아 나온다. 도의 물건 됨은 오직 황하고 오직 홀하다. 황하고 홀함이여, 그 가운데에 모습이 있다. 그윽하고 어두움이여, 그 중에 정기가 있으며, 그 정기는 매우 참되고, 그 가운데에 믿음이 있다.

여기에서는 도와 덕이 둘이 아님을 잘 드러내고 있다. 『도덕경』에서는 그 제목답게 이상의 내용 이외에도 도와 덕에 관한 사항이 다양하게 있다. 『도덕경』에서의 도는 존재의 본질인 동시에 규율로서도 작용하며 그것이 인간에게 적용될 때 무위의 도로써 나타난다. 덕은 도의 작용이며 나타난 모습이다.

'검덕'이라고 하는 차도의 이념을 『도덕경』적으로 생각해 본다면 검은 도이며, 덕은 덕에 해당한다고 말해도 좋을 것 같다. 다만 인품에 적용할 경우 '도' 혹은 '검' 등의 개념보다는 '덕'을 붙여 복합 표기하는 것이 적절할 것이므로 육우는 검에 덕을 붙여 '검덕'을 제시하였을 것이다.

고대 중국의 언어들이 지닌 의미를 고려하면서 검덕을 정리해 보면, 절제하고 검소하며 겸손하게 내면을 지향하는 향내면적_{向內面的} 성찰_{省察}의 태도를 말한다.

이는 남에게 과시한다든지 사치한다든지 자만한다든지 하는 외면적 허장성세가 아닌, 자신의 내면적 가치를 중시하고 안으로 성찰하고 침잠하려는 태도를 말한다.

한편 이는 본성을 찾으라는 불교적 사유로 해석해도 조금도 어색하지 않은 개념이라 할 수 있겠다. 요컨대 절에서 자란 육우의 젊은 시절과, 유가와 도가를 넘나드는 그의 정신세계를 고려한다면, 유불도에 공통되는 개념인 '내면적 성찰'이라는 성격을 그의 검의 철학이 지니고 있다고 볼 수 있다.

『도덕경』과 검덕

○

내면적 성찰의 태도는 유불도 중에서도 특히 도가적 사유에서 강하게 나타나는데, 이를 단적으로 엿볼 수 있는 부분이 『도덕경』에 나온다.

> 천하[사람들이]가 다 말하기를 "도가 커서 같지 않은 것 같다고 한다." 오직 크기 때문에 같지 않은 것처럼 보이는 것이다. 만약 [도가] 그럴 듯한 것[처럼 보인다]이라면 그 보잘 것 없이 된지 오래일 것이다. 나에게 세 가지 보물이 있어 이를 지니고 지킨다. 첫째는 자애로움이요, 둘째는 검함이요, 셋째는 감히 천하[사람]보다 앞서지 않음이다. 자애로운 까닭에 능히 용감할 수 있고, 검하기 때문에 능히 널리 베풀 수 있고, 감히 천하보다 앞서지 않기 때문에 능히 그릇을 이루어 으뜸이 될 수 있다.

이 부분은 『도덕경』에서 유일하게 '검'이라는 용어가 출현하는 곳이다. 여기서의 검은 노자가 지닌 세 가지의 보물인 '자애로움'과 '검약함'과 '나서지 않음' 가운데 하나이다. 세 가지의 이념은 하나의 교집합을 형성하고 있는데, 그것이 검성儉省의 덕이라고 생각된다.

즉 내면으로 향하여 갈무리함과 그 원리가 되는 성찰의 덕을 말하고 있는 것이다. 그것은 적극적이지도 아니하고 화려하지도 아니하며 강경하지도 않은 덕을 지칭하지만 적극적임과 화려함과 강인함을 마침내 이기는 덕이다. 따라서 그것은 유약柔弱과 온축蘊蓄의 태도와 통하는 것으로 볼 수도 있다.

노자의『도덕경』안에서는 그와 비슷한 맥락의 내용을 다수 발견할 수 있다. 성찰의 성향은 이를테면 "도는 비어있으되 다 채우지 않는다[道沖而用之或不盈].", "면면하여 있는 것 같으며 쓰임에 부지런하지 않다[綿綿若存 用之不勤].", "최상의 선은 물과 같다[上善若水].", "낳고 기른다. 그러나 낳되 소유하지 않고, 일을 하되 으스대지 않으며, 기르되 지배하지 않는 것을 현덕이라 한다[生之畜之 生而不有 爲而不恃 長而不宰 是謂玄德]." "비임에 이르기를 지극하게 하고, 고요함을 지키기를 돈독하게 하라[致虛極, 守靜篤]." "소박함을 드러내고 질박함을 껴안으며 사사로움을 적게 하고 욕심을 적게 하라[見素抱樸, 少私寡欲]." 등의 내용들이 있다.

모든 가르침이 내면적 성찰을 중시하고 소박함과 유약을 지향하는 특징이 있다.『도덕경』중에서도 특히 유약을 강조하고 그것이 오히려 강함을 이긴다는 노자 특유의 가르침이 있는 부분은 다음 두 부분의 자료이다.

장차 접으려고 하면 반드시 먼저 펴주어야 하고, 장차 약하고자 하면, 반드시 먼저 강해야 하고, 장차 폐하려고 하면 반드시 먼저 흥해야 하고, 장차 받고자 하면 반드시 먼저 주어야 한다. 이를 일러 어두움과 밝음이라 한다. 부드럽고 약한 것이 모질고 강한 것을 이긴다. 물고기는 못물을 떠나 살 수 없고, 나라의 이로운 기물은 사람들에게 보여서는 아니 된다.

천하에 물보다 더 부드럽고 약한 것은 없다. 그러나 단단하고 강한 것을 치는데 능히 [물보다] 이길 것이 없다. 그 [물의 쓰임과] 바꿀만한 것은 없다. 약한 것이 강한 것을 이기고, 부드러운 것이 단단한 것을 이기는데, [그 사실을] 천하가 알지 못함이 없건마는, 능히 실행하지 못하는구나. 그러므로 성인은 말한다. "나라의 온갖 더러움을 다 받아들여야, 사직의 주인이 될 수 있는 것이요, 나라의 모든 상서롭지 못함을 다 받아들여야, 천하의 왕이 될 수 있는 것이로다." [이처럼] 바른 말은 거꾸로 들리는 법이다.

이처럼 『도덕경』에서의 주된 흐름은 내면 지향적이며 유약 우선적이다. 이들 성찰과 내적 지향의 개념은 바로 검의 『도덕경』적 표현으로 보아도 좋을 것이다.

『도덕경』과 통나무

○

육우의 『차경』은 사실 『도덕경』 사상의 영향을 직접적으로 받고 있는데, 특히 검의 사상과 연결 지어 본다면 "차의 성품은 검한 것이니 넓히면 마땅치 않다. 그러면 그 맛이 암담하다[茶性儉 不宜廣 則其味暗澹]."라는 부분에 잘 나타나 있다. 그 글은 "검을 버리고 또한 널리 하려고만 하고 …죽을 짓이다.[捨儉且廣 捨後且先 …死矣]"라고 하는 『도덕경』의 내용과 매우 유사하다.

또한 검의 개념과 유사한 용어로 노자는 '통나무朴'라는 용어를 선호한다. 『도덕경』에서는 통나무로 읽히는 '박朴'이라는 용어가 여러 차례 등장하는데, 그 중에서 다음의 내용이 대표적이다.

성스러움을 끊고 슬기로움을 버리라. 백성의 이로움이 백배하리라. 어짊을 끊고 의로움을 버리라. 백성이 다시 효도하고 자애로울 것이다. 꾸미고 삿됨巧邪을 끊고 이로움을 버리라. 도적이 없게 될 것이다. 이 세 가지는 문식文飾일 따름이며 [천하를 다스리는 데에] 족한 것이 아니다. 그러므로 귀속함이 있게 하라. [그리하여] 소박함을 드러내고 질박함을 껴안으며 사사로움을 적게 하고 욕심을 적게 할지라.

자연은 자신을 더 멋지게 보이기 위해 꾸미지 않고 교활하지도 않다. 그러므로 인간도 자연의 질박함을 자신의 덕으로 삼아 사사로움과 욕심을 적게 하라는 것을 촉구하는 내용이다. 질박함[통나무]을 안고 있다는 의미의 '포박抱朴'은 검덕의 다른 이름이라 하여도 좋다. 포박은 고대 중국인들에게 사랑을 받았던 개념이었다.

향내적 인간상
○
육우는 이러한 중국인들의 철학적 사유를 계승하여 그것을 '검덕'으로 요약하였고, 그것을 자신이 소중히 여겼던 차의 기미적 성질로 파악한 동시에 차의 도로써 해석할 여지를 남겼던 것이다.

그러므로 '검덕'은 단순히 육우 차도의 윤리적 차원에 해당하는 것만이 아닌, 육우가 바라보는 존재의 모습인 동시에 이상적 인간상을 상징적으로 드러낸 것으로 보아도 좋을 것이다.

차인은 '내면의 마음'에서 차의 정신을 찾아야 하고, 내면의 성찰에서 진정한 의미를 실현해야 한다. 그러기 위해서 차도는 마음이 부드럽고 온축되며, 고요하고 차분함에서 출발해야 한다. 그래서 우리는 차를 마시는 사람에게서 시끄럽고 부산스러운 것과는 반대의 분위기를 본다. 차의 정신은 고요함·은근함·고즈넉함·차분함 등의 정서를 가지며, 그러한 흐름을 한 글자로 요약할 때, '검덕'이 되는 것이다.

이를 볼 때 육우의 성찰의 태도 즉 검덕을 지향하는 것은 바로 인간의 본연을 향한 태도라고 해도 좋다. 육우에게는 그 검덕이야말로 인간의 본성이며, 인간이 지향해야 할 기본 가치였기 때문이다. 차의 약리적 성질의 차가움을 빗대어 인간의 내면을 묘사하고 있는 육우는, 성격이 얼음처럼 차가운 인간이 되라는 말을 하고 있는 것이 아니라 검박한 내면을 성찰해야 함을 차인들에게 말하고 있는 것이다.

이렇게 본다면 후일 일본에서 유행한 화경청적和敬淸寂이라는 차도의 이념 중에서 '청적'은 '검박'의 다른 표현으로 보아도 좋을 것이다.

육우는 검덕이라는 용어를 통하여 차인들에게 자신의 내면으로 돌아갈 것을 촉구하고 있다. 그리하여 내면을 지향하여 인간의 본래 모습인, 부드럽지만 결코 약하지 않은 내면의 세계를 성찰하고 기르는 데에 힘쓰라는 향내적向內的 인간상을 우리에게 제시하고 있는 것이다. 이러한 성찰의 태도야말로 차인들의 기본 덕목이 아닐 수 없다.

『도덕경』과 정행

○

그렇다면 육우의 '검덕'과 대구를 이루는 '정행精行' 또한 『도덕경』에 기반을 두고 출현하였을 것이라는 추정을 하게 된다. 『도덕경』에서 '정'과 관련된 두 개의 자료를 살펴보자.

큰 덕의 모습은 오직 도를 좇아 나온다. 도의 물건 됨은 오직 황하고 오직 홀하다. 황하고 홀함이여, 그 가운데에 모습이 있다. 그윽하고 어두움이여, 그 중에 정기가 있으며, 그 정기는 매우 참되고, 그 가운데에 믿음이 있다. 예로부터 오늘에 이르도록 그 이름이 사라지지 아니하여 [사물의] 비롯을 보여준다. 내 어찌 [사물의] 비롯을 알 수 있으리오. 이로부터일 따름이다.

덕에 합하여 도타운 것은, 어린아이에 비유할 수 있다. 독충도 그를 쏘지 않고, 맹수도 그에게 덤비지 않고, 흉조도 그를 채가지 않는다. 뼈가 약하고 근육이 유연한데도 [손을] 쥐는 힘이 강하다. 암수의 교합을 알지 못하는데도 고추가 일어서는 것은 정기가 지극한 까닭이다. 종일토록 울어도 목이 쉬지 않는 것은 조화의 극치이다. 조화를 아는 것을 항상함이라고 한다. 항상함을 아는 것을 밝음이라 한다. 생명을 더하고자 하는 것은 요상한 것이라 한다. 마음이 [몸의]기를 부리는 것을 강함이라 한다. 사물은 강장하면 곧 늙어버리는 것이니, 이를 일러 도가 아니라 한다. 도가 아니면 일찍 사라질 따름이려니.

두 가지 자료에서 정기를 말하고 있는데 이들 모두에는 공통점이 있다. 그것은 정기는 도에서 나오는 것이지만 그 도가 분화되지 않은 황홀한 그 가운데에서 정기가 나온다는 것이다.

즉 그 도는 음양을 초월한 것이며 그 차원에서 나오는 정기는 조화의 극치로서 변화하거나 늙지 않는 것이며, 유약함에도 불구하고 지치지 않는 강력한 힘을 내는 것이다.

그것은 바로 도가 나타난 것이기 때문이다. 예를 들면 어린아이의 경우 손을 쥐는 힘이 강하고, 음양을 모르고도 고추가 일어서며, 종일 울어도 목이 쉬지 않는 것은 그 정기의 조화가 지닌 극치라는 것이다.

여기에서 육우가 '정행'과 '검박'을 차의 덕으로 보는 것은 단순한 윤리적 차원이 아니고, 도의 나타남이라는 존재론적 배경을 지니고 있음을 알 수 있다.

즉 육우는 자신이 쓰고 있는 『차경』의 주제인 차를 단순한 사물의 차원이 아닌 도가 덕으로 나타난 존재임을 암시하고 있는 것이다. 차를 단순한 식물, 혹은 식품이 아니라 그 본질을 천지자연의 근원인 '도'에서 사상적 연원을 추구하고 있는 것이다.

뿐만 아니라 육우의 도가적 사유는 당연히 무위자연의 분위기를 띠고 있다. 그의 노래에 "황금 술통이 부럽지 않고, 백옥 잔도 부럽지 않네. 이른 아침 관부로 나가는 것이 부럽지 않고, 저녁노을 고관으로 퇴청하는 것도 부럽지 않네. 천번 만번 부러운 것은 서강의 물길이, 내 고향 경릉에서 흘러 내려오는 그 모습이라네."라는 데에서도 무위자연의 여유로운 모습을 엿볼 수 있다.

요컨대 육우의 분위기에 묻어나오는 도가·도교적 체취는 그의 사유의 핵이라 할 '검의 철학'으로 응축되었다고 볼 수 있다.

6

검의 철학의 윤리적 전개

정행의 의미

○

내면을 향한 성찰과 길흉에 대한 초극의 태도가 검덕의 내면적 인간
성을 향한 것이라면, 그것의 외면적 발현은 바로 정행精行의 실천이라
는 모습으로 나타난다. 검덕의 외면적 발현이 곧 정행인 것이다. 검덕
을 화경청적의 청적에 대응시킨다면 정행은 화경이라 하여도 좋다.

'정精'이란 좋은 쌀이라는 의미에서 출발한 말이다. 따라서 정이란
작고 정미한 것을 의미하기도 한다. 또한 순수하고 정화精華로운 '과
정' 즉 정성스러운 태도를 의미하기도 하였다.

그러므로 정精이란, 정태靜態로서는 정밀한 정수精髓의 뜻을 가진 순
수 본연의 상태를 가리키는가 하면 동태動態로서는 중정에 부합한 화
경和敬의 태도로 나타난다고 볼 수 있다. 육우의 정행은 정태적 검덕

의 인품을 동태적으로 현현한다는 의미로 조명할 수 있다.

『주역』에서의 정은 건괘乾卦와 관련이 있다. "위대하구나. 건괘여! 강건하고 중정하고 순수함이 정하도다.[大哉 乾乎. 剛健中正 純粹精也]."라고 하여 건괘는 강건하고 순수하며 정밀하다고 말한다.

이 부분에 대하여 공영달孔穎達의 소에서는 "육효는 모두 양을 갖추었으니 이는 순수함이다. 순수하여 섞이지 않았으니 이것이 정령이다. 그러므로 순수하여 정하다[六爻俱陽 是純粹也 純粹不雜是精靈 故云純粹精也]."라고 분석한다.

또한 「계사전」에서는 "정수한 기운은 사물이 되고 흐르는 혼은 변화인 것이다. 이러한 까닭에 귀신의 뜻과 상태를 아는 것이다[精氣爲物 游魂爲變 是故 知鬼神之情狀]."라는 구절이 있다. '정'이 정수精髓함이라는 의미를 강조한 내용이다. 그 밖에 「계사전」에는 다음과 같은 자료가 있는데 『차경』의 의도와도 통한다고 생각된다.

이로써 군자가 장차 함이 있고, 장차 행동이 있음에 묻고 말씀으로 하거든 그 천명을 받음이 메아리와 같아서 멀고 가까움과 그윽하고 깊음이 없이 드디어 오는 뜻을 아는 것이니 천하의 지극한 정精이 아니면 그 누가 이것과 능히 더불겠는가?

천지가 기운이 엉겨서 만물이 화순하고 남녀가 정을 얽음에 만물이 화생하니

이는 천지의 정과 인간의 정이 하나로 통하는데 모두가 생명을 화순하고 화생하는 근원적 힘이라는 말이다. 그러므로 천지의 뜻을 본받아 행하는 군자는 천지의 정함을 실현하는 존재인 것이다. 이처럼 고대 중국에서 정의 개념은 천지의 생명력 그 자체로 보았다.

그러한 사유를 이어서 도교적으로는 정을 기氣가 나오는 바탕의 상태로 상정하기도 한다. 『관자管子』에서는 "정이란 기의 정밀함이다 기의 도가 이로 생한다.[精也者 氣之精者也 氣道乃生]."고 하였고 『회남자淮南子』에서는 "하늘이 먼저 이루어진 후에 땅이 정定하고 천지의 계승함에서 정精이 음양이 되었다[天先成而地後定 天地之襲 精爲陰陽]."라고 말한다.

이처럼 존재의 양상으로 파악된 정의 본질은 후일 수련도교에 이르러서 정기신精氣神론으로 발전하면서 내단 수련의 조건이 되는 동시에 수련의 단계로서도 중요한 의미를 지닌다.

정행과 인품

○

그렇다면 육우는 그러한 여러 의미들 가운데 어느 차원에서 정행精行이라는 표현을 사용하였을까? 일단은 육우가 '정精'을 '행行'이라는 용어와 짝지어 표현한 점을 볼 때 '정'이 지닌 여러 의미 가운데 인간의 본래 모습 혹은 인간의 행할 바의 윤리라는 차원으로 인도하려는 의도가 숨겨진 가능성이 있다.

그런 측면에서 바라본다면 정이란 천지의 순수하고 정밀한 존재

본연의 모습에 바탕을 둔, 순수하고 정성스러우며 소박한 인간성을 의미한 것으로 보아도 좋을 것이다. 정행이란 그러한 인간성의 발현이라고 볼 수 있겠다.

따라서 '검덕'과 대구를 이루는 '정행精行' 또한 『주역』과 『도덕경』에 기반을 두고 출현하였을 것이라는 추정을 하게 된다. 왜냐하면 『도덕경』에서도 순수하고 정밀한 존재의 본연이 드러나는 것을 정으로 표현하고 있기 때문이다. '정'과 관련된 두 가지의 자료는 21장과 55장에 나타난다.

『도덕경』에 나타난 두 가지에는 공통점이 있다. 그것은 정이란 존재의 근원인 도에서 현현하는 것이지만 특히 그 도가 분화되지 않은 홀황惚恍한 상태에서 나온다는 점이다. 즉 정은 음양을 초월한 차원에서 나오는 것인데, 그것은 조화和의 극치이므로 변화하거나 늙지 않는 것이며, 유약함에도 불구하고 지치지 않는 강력한 힘을 낸다는 것이다.

이를 볼 때 『도덕경』의 사유를 계승한 육우는 정이 바탕이 되어 행으로 나타나는 것을 '정행'으로 보았다는 사실을 추정할 수 있다. 즉 정행이란 천지 이전 도道의 차원에서 나타나는, 원초적이며 무한한 힘에 기반을 둔 순수한 행이어야 한다는 것이다.

정행과 중정

○

중국철학이 존재론적 배경을 두고 나타난 것이라는 점에서 볼 때『논어』에 나타난 검의 사상 또한 천과 지의 화합을 중심에 두고 출현한 사상임에 분명하다. 그러한 점에 대해서는 맹자가 잘 밝히고 있다. 그는 천성과 인성이 둘이 아닌 것을 추구하고 있는데, "그 마음을 다한다는 것은 그 성품을 아는 것이요, 그 성품을 아는 것은 곧 하늘을 아는 것이라"고 말하고 있다. 이것은 천성과 인성이 둘이 아닌 하나라는 것을 표명하고 있다.

육우의『차경』에서는 천성을 인성화 할 때의 윤리적 태도를 정행이라 말하고 있는데, 그것의 다른 이름이 중정인 것으로 파악된다. 왜냐하면 위에 인용한 바와 같이 중정·중용·중도 등은 중국철학을 관류하는 핵심 개념이며, 천도를 인간에 실현하는 것을 가리키기 때문이다.

육우가『차경』에서 정행을 말하고 있는 것이 중정과 통한다는 것은『주역』의 "크도다! 건이여, 강건하고 중정하고 순수함의 정함이여 [大哉 乾乎 剛健中正純粹 精也]."라는 내용 때문인데, 정함과 중정이 그대로 통하는 것을 말하고 있다. 즉 육우의 정행과 중정은 거의 동일한 개념으로 보아도 좋다는 말이다. 그 밖에도『주역』에는 중정에 대한 내용이 다수 출현한다.

대인을 봄이 이롭다는 것은 중정을 숭상하기 때문이다.

문명을 강건하고 중정으로 응함이 군자의 바름이다.

중정으로 천하를 보는 것이다.

갈 바가 있음이 이롭다 함은 중정하여 경사가 있음을 말함이다.

강이 중정을 만남은 천하에 [도가] 행해지는 것이다.

기쁨은 험함을 행하고 마땅한 자리는 절도로써 하고 중정은 통함으로

써 하는 것이다.

'중정' 뿐만 아니라 『주역』에서는 '정중正中'이라는 표현도 심심치 않

게 등장한다. 또한 『도덕경』의 경우도 "말이 많으면 자주 궁해지니

그 중도를 지키느니만 같지 못하다[多言數窮, 不如守中]."라고 하는 것도,

중도·중용으로 해석하여도 무리가 없을 것이다.

중정 혹은 중도와 관련해서는 유가의 경우도 예외가 아니다. 유가

에서 중정의 사유는 거개가 『서경』의 "사람의 마음은 오직 위태롭고

도의 마음은 오직 은미하니 오직 정일하여 진실로 그 중을 잡아라[人

心惟危 道心惟微 惟精惟一 允執厥中]."는 내용에 기반하고 있다. 이 구절은

인심도심설과 직접 관련되어 유학에서 많이 인용되고 있는 내용인데

이와 관련된 구절이 『논어』에도 출현하고 있다.

요임금이 말씀하시기를, 순아! 하늘의 역수曆數가 너의 몸에 있으니 진

실로 그 중을 잡아라. 사해가 곤궁하면 하늘의 녹이 영원히 마쳐버릴

것이다[允執其中 四海困窮 天祿永終].

이로써 육우의 정행은 『주역』·『서경』·『논어』·『도덕경』 등의 사상을 충실하게 계승하고 있으며, 그 정행은 또한 중정의 행임을 알게 되었다. 중정의 정행은 육우 당시 중국사회의 이상적인 윤리적 태도였던 것도 짐작할 수 있다.

그러므로 앞서 밝힌 공자의 인품에 나타나는 여러 덕목들이 『도덕경』의 가르침처럼 유약한 것 같지만 강력한 힘을 가진 것들이라는 점 또한 육우는 충분히 인식하고 있었을 것이다.

즉 내면이 허하며 밖으로 사치하고 거만한 것이 아닌, 내면이 정기로 충만하며 밖으로 중정의 인품으로 나타나는 것이 고대 중국의 지혜였으며, 그 정신을 육우가 계승한 것이다.

후일 조선 후기의 초의가 「동차송」을 지을 때 '중정中正이라는 표현을 쓰고 있는데[體神雖全猶恐過中正 中正不過健靈併], 그곳에서 나오는 중정이란 중도라는 뜻이며, 그것을 차도 혹은 인간의 윤리적 지침으로 해석한다면 일단 초의도 육우의 정행검덕의 이념을 계승하는 것으로 인식해도 좋을 것이다.

요컨대 육우가 차도의 덕을 '검'으로 설정하였으며, 그 검의 덕이란 내적 충만함을 바탕에 두고 외적 여유로움으로 나타나는 것이며, 그것은 하늘의 도를 닮은 정행 즉 '중정의 행'이라는 해석이 가능한 것이다.

정과 화

○

정행이 곧 화경이 된다는 논리에 관하여 『도덕경』에서 재미있는 연관 관계를 짓고 있는 것을 발견하게 된다. 그것은 정精과 화和의 관계에 관한 것이다.

암수의 교합을 알지 못하는데도 고추가 일어서는 것은 정이 지극한 까닭이다. 종일토록 울어도 목이 쉬지 않는 것은 화의 극치이다.

여기에서 전후 문맥으로 보아 『도덕경』에서는 정과 화를 하나의 에너지로 파악하고 있음이 분명하다. 즉 정이 곧 화라는 것이다. 정이 함축된 에너지라면 화는 그 에너지의 발현이다. 이 때 검박의 청적이 전제되어야 함은 물론이다.

즉 정과 화는 둘이 아닌 한 몸의 양 면으로서, 내면에 정기가 충만할 때 외면에 화기로움으로 나타나게 된다는 것이다. 『도덕경』에는 이와 관련된 자료가 있다.

큰 원한은 和로써 갚으라[和大怨]. [그렇지 않으면] 반드시 원한이 남게 마련이다. [그러니] 어찌 가히 선이 될 수 있겠는가? 그러므로 성인은 [채권자의] 왼쪽 어음을 가지고 있어도, 그 사람을 독촉하지 아니한다. 덕이 있는 자는 어음으로 결제하[듯 여유 있게 대하]고, 덕이 없는 자는 세금 징수[처럼 빼앗듯 각박하게] 한다. 천도는 [한편에 치우쳐] 친함이 없으면서도, 늘 좋은 사람들과 더불어 한다.

이와 비슷한 내용으로 "하늘의 도는 이롭게 하면서도 해롭게 하지 아니하고, 성인의 도는 일을 하면서도 다투지 않는다[天之道, 利而不害; 聖人之道, 爲而不爭]."는 부분도 있다.

『도덕경』의 모든 내용이 '도'를 풀이한 것에 지나지 않으며 성인은 그 도를 체 받아 행을 하는 사람으로 간주한다면, 그것에 기반을 둔 육우의 사상은 정이 충만하여 원한을 화和로써 갚고 삶의 길흉을 초극하여 공경恭敬을 잃지 않는 원숙한 인간상을 지향하는 것이 아닐 수 없다.

이는 『차경』에서 "차의 효용은 맛이 지극히 차가우므로, 행이 정밀하고 검소한 덕을 지닌 사람이 마시면 가장 잘 어울린다. 만약 [사람들이] 열 목마름, 엉킨 번뇌, 머리가 아프거나 눈이 깔깔하거나 팔다리가 번거롭고 온 마디가 펴지지 않을 때, 너 댓 잔 마시면 제호나 감로에 맞설 만하다." 하는 내용과 의미가 상통한다.

왜냐하면 희로애락을 다스리고 그것을 절도에 맞게 발하는 것이 중도이며, 그러한 중용의 생활을 한다면 건강치 못한 일이 없을 것이기 때문이다. 만약 육우의 제안대로 중용의 중도를 행하면 정행검덕의 인품이 되기 마련이고, 그렇지 못할 경우에는 '검'의 정신이 깃든 차로써 치유해야 하는 것이다.

정행과 화경

○

천화天和·지화地和·인화人和라는 말과 같이, 화는 하늘과 땅의 합일적 이념이며 그것은 세간만물에까지 미치는 것이다. 따라서 천지의 정기精氣를 받아 생장한 자연의 정화精華인 차를 마시면서 인화人和를 추구하는 것은 중국적 사유로서 당연한 일일 것이다.

그것은 내면적 검성을 기본으로 삼고 길흉을 초극한 원숙한 인품이, 외면으로 화함과 공경으로 나타나야 한다는 것을 시사한다. 다른 사람과의 관계에서 화함을 실현하기 위해서는 자신을 낮추는 겸손의 인품이 전제되지 않으면 안 되기 때문이다. 그것이 화경이며 찻자리에서의 중정인 것이다.

화와 관련된 내용은 『주역』에도 출현한다.

건도가 변화함에 각각 성명을 바르게 하니 합을 보호하고 화를 크게 하여 이에 이롭고 바르게 하는 것이다.
이로움이라는 것은 의의 화[합]이다.
천지가 감응하여 만물이 화생하고, 성인이 인심에 감응하여 천하가 화평하다.
도덕에 화[합]하고 순응하여 의리로 다스리고, 이치를 궁구하여 본성을 다하여 천명에 이르게 하라.

경사상敬思想은 후일 성리학에 이르러 크게 주목받는 사상이기는 하지만 화와 조합하여 짝을 이룰 만한 이념이며, 찻자리에서의 검박·겸손에 바탕을 둔 것이라는 점에서 『도덕경』이나 『중용』에서의 '화'와 더불어 '경'을 육우 차도의 근본 사상으로 간주해도 좋을 것이라고 생각된다.

화경은 자신의 한없는 낮아짐을 전제로 한다. 낮아짐은 내면의 성찰과 온축의 태도에서 나온다. 향내적인 낮아짐은 내면에 정기가 가득하게 하고, 길흉에 흔들리지 않는 인품을 형성하게 한다. 그리고 그것이 밖으로 드러나서 다른 사람과의 관계를 맺을 때는 공감과 관용, 그리고 화경으로 나타나게 한다. 공감共感과 관용寬容과 화경和敬은 모든 대타적 관계를 은혜롭게 하는 원천이다.

그것이 바로 육우가 제시하고 있는 정행인 것이다. 그것이 육우가 지향한 차도의 정신이며, 그러한 인품을 지향하려는 것이 차인들의 소망이라 할 수 있다.

순수하고 진실한 중정의 정精이 행行이라는 대타관계로 표현될 때에는 화和와 경敬으로 나타나게 되는 것이다. 특히 차도에서 화경은 중요한 의미를 지닌다. 왜냐하면 내적 지혜가 수승하고 에너지가 충만한 상태를 성찰한 내면에서 나타난 행은 화기로우며 공경스러운 찻자리로 나타나게 마련인 까닭이다.

그와 반대로 내면적인 힘이 부족하고 내적 자존감이 없는 상태에서 나타나는 행은 과장되거나 거칠며 불경스러운 모습으로 나타날 수밖에 없다.

육우의 정행이란 바로 충만과 충족의 자존감에서 비롯되는 관용과 여유의 행임에 틀림없다.

정행과 화합

○

화경에 대하여는 불교에도 그 근거를 찾아볼 수 있다. 『유마경』에 보면 관련된 내용이 있다. 『유마경』은 유마거사가 병이 들어 누워있는데, 석존이 주변의 인물들에게 문병을 가라고 하지만 거의 모든 사람들이 사양하면서 유마거사의 법문이 소개되는 형식으로 전개되는 경이다.

장자선덕(長子善德)이라는 인물에게 유마거사가 한 법문 중에서 보시에 관한 내용을 소개하는 것이 나온다. 그 중에서 '육화경으로써 질박하고 정직한 마음을 일으킴(於六和敬 起質直心)'이라는 곳이 있다. 여섯 가지 화경이라는 뜻이다.

사실 화경은 불교 출가인의 기본 윤리이다. 불교교단을 '상가(saṃgha, 僧伽)' 또는 '사막가 상가(samagga-saṃgha, 和合僧)'라고 한다. 이는 '화합을 실현하는 단체'라는 의미이다. 평화와 화합의 실현을 위해 노력하는 것 자체가 자신의 깨달음을 실현하는 것과 합치하는 것이다.

원래 상가란 보통명사이며 무리·모임·집단이라는 뜻이다. 당시에는 '길드'적인 상업적 조합도 상가라 하였으며 여러 지방에 있던 공화정체제의 정치적 국가도 상가라 하였다. 그러므로 석존의 모국인 까뻴라바스뚜도 일종의 상가라 할 수 있다. 석존은 자신의 교단을 운영

하는 방법으로서 샤캬족의 상가 개념을 도입하고 있는 것이다.

상가는 이후 점차로 불교교단의 집단을 가리키는 언어로 변화하게 되었다. 그리하여 B.C. 3~4세기경 마우리야Maurya왕조에 이르러서는 상가라고 하면 일반적으로 불교교단을 가리키는 것이 되었다.

한역경전에서는 이를 '승가僧伽'라고 음사하여 사용하였으며, 뜻으로 의역하여 무리를 의미하는 '중衆'이라 하기도 하였다. 한국인들이 쓰고 있는 '승' 또는 '중'이라는 표현은 여기에서 유래하는 것이다. 스님은 승의 높임말이다.

이들 상가가 지향하는 것이 바로 화합이며 그것을 화경이라고도 표현하여, 여섯 가지 항목으로 정한 것이 『유마경』에 나오는 육화경인 것이다.

첫째, 신화동주身和同住는 몸으로 화합하여 같이 살라는 말이다. 둘째, 구화무쟁口和無諍은 입으로 화합하여 다투지 말라는 말이다. 셋째, 의화동사意和同事는 뜻으로 화합해 함께 일하라는 뜻이다. 넷째, 계화동수戒和同修는 계율로 화합하여 같이 닦으라는 말이다. 다섯째, 견화동해見和同解는 바른 견해로 화합하여 같이 이해하며 살라는 것이다. 여섯째, 이화동균利和同均은 이익을 균등히 나누라는 말이다.

이처럼 질박하고 정직한 마음으로 함께 사는 그 자체가 큰 모범이 되므로 곧 법을 보시하는 일이 된다는 것이다.

이상으로 볼 때 '화경'은 유가 불가를 막론하고 예로부터 중시되었던 인격의 원숙한 상태로서 동양의 모든 가르침이 공통적으로 지향했던 윤리적 덕목임을 알 수 있다.

차인들에게는 육우로부터 내려오는 정행검덕이 지향하는 바가 바로 화경청적의 다른 이름임을 알 수 있는 것이다. 검덕이 청적이라면 정행은 화경에 해당하는 것이다.

요컨대 검의 철학은 주역을 비롯한 유불도의 사상을 고루 함의하고 있을 뿐만 아니라 후일 일본에서 발달한 와비사상이나 화경청적 사상의 연원이 되기도 한다는 것을 알 수 있다.

7
검의 철학의 현대적 의의

검의 철학과 선

○

검덕과 정행은 줄여 말하면 '검' 한 자로 요약되고, 펼쳐 말하면 '검儉의 덕성'과 '정精의 윤리'로 나누어 볼 수 있다. 따라서 차도의 윤리는 검덕·정행 두 가지 덕목으로부터 출발하는 것이 타당하다고 판단된다.

육우가 말하는 검덕·정행에서 '덕'과 '행'은 내면적 인품과 외면적 행동으로 대별할 수 있으며, 그것은 당시 중국에서 널리 사용되던 사유라고 할 수 있다.

육우에게 검과 정은 차의 인격적 현현인 동시에 차인의 인품과 행동의 이념으로 간주해도 좋다. 따라서 그들 두 가지 개념을 포함한 '검'은 가히 차도의 철학이라 말할 수 있을 것이다.

그렇게 말할 수 있는 또 하나의 이유는 육우가 '정행'과 '검박'을 차의 덕으로 보는 것은 단순히 윤리적 차원만이 아니고, 도道의 나타남이라는 존재론적 배경을 지니고 있기 때문이다. 도는 고대 중국인들의 사유 속에 핵심적인 가치로 자리하고 있었다.

그러므로 육우는 자신이 엮은 『차경』의 소재인 차를 단순한 사물의 차원이 아닌 도가 덕德으로 현현한 존재로써 다루고 있음을 암시하고 있는 것이다. 육우는 차를 단순한 식물, 혹은 식품이 아니라 그 본질을 천지자연의 근원인 '도道'에까지 연결되어 현실에 나타난 존재로 간주하였다는 것이다.

육우는 차를 단순한 사물의 차원이 아닌 천지자연의 도가 나타난 존재로 취급하고 있으며, 인간은 그 도의 덕에 무위로써 살아가는 것이 바람직한 것이라는 것을 암시하고 있다.

즉 차를 단순한 식물, 혹은 식품으로 취급하고 있는 것이 아니라 그 존재적 연원을 천지자연의 근원인 '도'에서 찾고 있으므로 육우의 검의 철학은 오늘에 이르도록 보편적 가치로써 존재한다.

그런데 검이라는 차도 정신을 선불교禪佛敎적으로 해석한다면, 바로 향내적向內的인 '한 마음'과 관련이 있다고 생각할 수 있다. 차 마시는 일이 한 마음과 연관된다고 하는 것은 대부분의 차인들이 모두 인식하고 있는 사실인데, 그것의 원류는 검에 있는 것이다. 한 마음은 바로 선의 주제이다.

검박은 외형적 화려함의 반대되는 개념이며, 내면적 침잠을 추구하는 개념이므로 그런 점에서 선불교의 정신과도 매우 통하는 것이라 하겠다.

검덕의 현대적 의의

○

육우 검의 철학은 물질적 가치를 우선시하는 현대인들에게 내면적 가치의 풍성함을 추구하게 함으로써 삶의 의미를 제공하는 기능이 있다.

특히 육우의 검의 철학은 향내적向內的으로 검덕儉德을 지향하는데, 검덕은 일상의 오염된 자아로부터 순수한 본래자아로 전환하는 분명한 모멘텀을 제공하는 것으로 해석될 수 있다. 즉 육우는 내면적 수양의 목표를 검덕이라는 형태로 우리에게 제공하고 있는 것이다.

검덕은 인간의 유약柔弱·온축蘊蓄 등의 가치를 지닌 내면적 성찰로 인도할 뿐만 아니라, 길흉을 수용하고 초극하는 성스러운 인품으로 귀결케 한다. 그러한 이념은 성숙한 인품을 지향하게 하는 것이며, 즉물적이고 신경증적인 반응에 둘러싸여 있는 오늘의 젊은이들에게 전통의 그윽한 가치와 세련된 규범을 지향하게 한다는 점에서 오늘날에도 유효한 덕목이 될 수 있다.

자본주의는 인간의 이기적 욕구를 인정하고 누가 많은 소유를 하는가를 경쟁하는 구도에 입각한 이념이라 할 수 있다. 소위 신자유주의는 그러한 흐름을 가속화하고 거대화하는 데에 공헌하고 있다고 볼 수 있다. 인간의 이기적 본능도 사회적 문화적 환경에 따라 무한히 확장될 수 있는 면이 있는데, 이를 에리히 프롬은 '자아팽창ego-inflation'이라고 규정하고 있다.

끝을 가늠할 수 없는 이기적 자아팽창으로 인하여 오늘의 인류는 극도의 시장경쟁에 돌입하였고, 소득과 분배상의 심한 불균형으로 행복과 인권이 손상되고 있으며, 그에 따라 불평과 불안이 증대되고 있다. 뿐만 아니라 현대의 인류는 타인을 자신의 이익을 실현하기 위한 도구로 삼고, 자연을 인간의 지배대상으로 간주함으로써 환경의 위기, 생태적 위기까지도 초래하고 말았다.

이에 대하여 차인들의 입장에서는 내면적 가치를 중시하는 태도를 보급하는 일이 우선되어야 하겠다. 물질보다 정신적 가치의 풍성함을 지향함으로써 삶이 보다 아름답고 성숙한 것이 되도록 하는 데에 차인들은 앞서야 한다. 육우의 검덕은 이러한 방향에 영감을 제공하고 있는 것이다.

사람들은 삶의 목표를 희망·존중·관용 등의 여러 가지 언어를 가지고 살기도 하지만 대부분의 사람들이 추구하는 유형한 삶의 목표는 거의 현실적이며 물질적이게 마련이다.

그리하여 사람들은 세상에서 가장 유명한 사람이 되고 싶고, 가장 부유한 사람이 되고자 한다. 그리고 강력한 권위와 힘을 지니고 싶어한다. 모든 사람들은 각자 다른 방식으로 그의 내면에 왕을 품고 살아가는 것이다. 대중의 우상은 그러한 것들의 표출이다.

그러나 육우의 검은 그러한 것들을 지향하는 것을 금기시한다. 먼저 자신의 내면에 침잠하고, 그리고는 자신만의 정신세계를 창조할 것을 권한다. 그 한 복판에 '검'이 있는 것이다.

사랑이란 무엇인가? 사람들은 돈이 무엇인지, 권력이 무엇인지는 잘 알고는 있지만, 사랑이 무엇인지는 모르는 것 같다. 육우의 입장에서 정의해 본다면 사랑이란 자신의 한없는 축소라고 할 수 있다. 한없는 축소는 자긍심을 가지며 다른 사람을 존중함으로써, 풍요로움으로 인도한다. 그러므로 사랑은 자신을 축소하여 자아의 본연에 이르게 하는 겸의 정신과 다를 것이 없다고 볼 수 있다.

모든 외부적인 평화로움 또한 자신을 한없이 축소하는 겸으로부터 나온다. 나의 한없는 축소에서 상대에 대한 한없는 외연의 확대가 나오기 때문이다. 자신의 축소를 통과한 자 만이 세계를 향한 평화의 태도를 지닐 수 있다는 말이다. 즉 겸에서 평화가 나온다는 것이다.

겸으로부터 출발하는 차선일미는 그러한 면에서 현대적으로도 여전히 의미를 지닌다.

정행의 윤리적 방향
○

육우 검의 철학은 향외적向外的으로 정행精行을 지향한다. 정행은 검덕의 인격이 밖을 향할 때 나타나는 모습이며, 타자와의 조화에 중요한 지침이 된다. 검덕이 청적이라면 화경은 정행이다.

오늘날 자신을 외부적 세계로부터 분리된 존재로 인식하는 고립된 소외의식이 현대 사회의 심각한 문제 중의 하나로 거론되고 있다. 그러한 위기에 정행은 중요한 대안이 될 수 있다. 정행은 나와 똑같이 다른 사람을 대하는 태도이기도 하기 때문이다.

정행이 타자와 조화를 이루는 것에 가치를 두게 한다는 점에서 정행을 행동윤리로 삼는 검의 철학은 현대인을 위한 인성교육에도 충분한 공헌을 할 수 있을 것이다.

정행은 자신과 타자와의 사이에 유기체적 세계관을 가짐으로써, 자신이 대하는 모든 타자와의 관계를 상생과 관용의 관계로 전환케 하는 중정中正의 시각을 포함한다. 이러한 깨달음은 이기적 혹은 인간 중심적 사고를 탈피하여 세계 공동체적·자연 연기적緣起的 사회를 추구하게 한다.

따라서 정행은 자신과 타인, 인간과 자연, 더 나아가 인간과 초월적 존재와의 '올바른 관계 맺음'을 가져올 수 있는 '능력과 태도'라는 점에서 새로운 시대의 존재적 요청에 대한 좋은 응답이 될 수 있을 것이다.

자본주의의 위기와 생태적 위기를 극복하는 방안은 삶의 목표에서 내면적 가치를 우선시하며 타자와의 상생을 추구하는 방향이 되지 않으면 안 된다. 내면적 가치의 추구는 욕망의 절제 즉 '검덕'으로 연계된다. 그리고 타자와의 상생은 타인과 생태를 고려한 대타적 관계인 '정행'으로 마감해야 한다.

이로써 인간과 인간, 인간과 자연과의 모든 관계를 진실·생태·상생의 연기적 사고로 전환하게 할 수 있다. 그것이 진정한 의미의 중정中正인 것이다.

물질적 가치에 바탕을 둔 경쟁과 대립 그리고 지배와 피지배의 논리는 인간과 인간의 관계를 파괴하고 인간과 자연의 관계를 파괴하고 이제 인간 자신을 파괴하는 시점에 서게 한다.

우리는 자신뿐만 아니라 다른 인간과 다른 사물이 왜 소중한지, 그들과의 관계 맺음의 방식이 우리의 삶을 얼마나 풍요롭게 하는지에 관련된 논의들을 이 땅의 어린이들과 젊은이들에게도 전해야 한다. 그런 점에서 검의 철학의 사회적 적용은 적절하며 시급한 과제가 아닐 수 없다.

검의 인품은 진정한 자기 자신으로 존재할 뿐만 아니라 자신이 가진 내면적 자율성과 타인에 대한 겸양과 대타에 대한 존중이 있게 될 것이기 때문이다.

마법의 감성적 도구, 차

○

무엇보다 차인들은 세대간·피아간 갈등을 녹여내는 마법의 감성적 도구를 가지고 있다. 그것은 바로 따뜻한 한 잔의 차이다. 우리가 실현해야 할 사회적 사명을 검의 사회화 즉 '따뜻한 인간미의 회복'으로 말할 수 있을 때, 그러한 목표에 도달하기 위한 훌륭한 수단들을 차인들이 이미 갖추고 있다는 것이다.

육우는 그의 『차경』에서 차의 근원, 차의 도구, 차 만들기, 차의 그릇, 차 달이기, 차 마시기, 차 이야기, 차의 산지 등의 순서를 통해 차에 대한 모든 것을 안내하는 여정을 마련하고 있다. 육우는 독자로 하여금 그러한 순서를 따라 차츰 차의 세계에 젖어들게 하고 마침내 차의 덕에 합일하도록 하는 과정을 의도적으로 마련하고 있는 것으로 보인다.

육우는 한 사람의 차인이 검의 철학에 바탕을 두고 검덕과 정행의 두 날개를 갖추어 『차경』이 보유하고 있는 차에 관한 모든 절차와 과정을 거치면서 검덕의 품성과 정행의 관계를 익히고, 마침내 온전한 차인으로 거듭날 수 있는 과정을 배려하고 있다는 말이다.

그런 점에서 『차경』은 천인합일적天人合一的 인성교육의 안내서로 평가할 수 있으며, 그런 차원에서의 차는 단순한 음료가 아니요, 천지의 정화精華이며 인륜의 지남으로 평가할 수도 있는 것이다.

그러므로 차를 마시는 사람은 한잔의 차에서 우주를 수용하는 마음가짐을 가지지 않으면 안 된다. 아마도 육우는 그러한 점을 『차경』에서 보이지 않게 의도하고 있지 않을까 싶다.

그러한 의도를 우리의 것으로 자각할 때, 육우의 『차경』을 접한 우리들은 유약柔弱한 찻잎 한 장에서 삼라만상의 자연과 소중한 이웃을 발견하는 계기를 삼을 수 있다. 그래야 한 잔의 차에 온축된 청적淸寂의 정수를 음미할 수 있을 것이다. 그러한 각성 하에 한 잔의 차를 나누며 화경和敬의 관계를 체현할 때 차는 비로소 중정의 차가 될 수 있을 것이다.

육우 검의 철학은 내면적 '검덕'과 외면적 '정행'으로 차인과 현대인들에게 살아가야 할 방향을 제공하고 있다. 앞으로 차인들에게 부여된 과제는 이를 어떤 방법으로 실현해 나갈지에 대한 지혜를 모으는 데에 있다할 것이다.

문제는 육우의 정신을 얼마나 구체적으로 교육과 문화에 적용하고 실현할 것인가 하는 점에 있는 것이다. 또한 그러기 위해서는 육우의 정신을 얼마나 우리 자신이 체현할 것인가 하는 점에 있는 것이다.

결론적으로 차선일미 사상은 중국사상의 정수를 요약한 육우의 검의 철학에 연원을 두고 있으며, 중국에서 선종이 성하게 된 후 차의 정신과 선의 가르침이 결합하여 출현한 철학으로 정리할 수 있겠다.

II

선의 정신

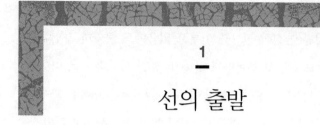

1
선의 출발

시선을 내면으로

○

선禪이란 무엇인가? 맞선인가? 소개팅인가? 맞선도 소개팅도 아니고 선은 선禪일 뿐이다. 맞선이나 소개팅은 상대를 찾는 법이지만 선은 자신을 찾는 법을 말한다.

오늘날 지성이라는 사람들은 입을 모아서 미래의 시대는 영성靈性의 시대라고 말한다. 영성의 시대라고 말은 하면서도 "영성이란 무엇인가?" 하는 질문에 대해서는 어느 누구도 명쾌한 정의를 내리지 못하고 있다. 그러나 지성인들에 의하여 형성된 대략적인 방향은 영성이 '인간의 내면을 지향하는 가치'라는 점일 것이다.

산업혁명 이후 인류는 너무나도 외향적인 발전만을 지향해 왔다. 외적인 산업과 경제발전에 온 신경을 써왔다. 그 결과 놀라운 과학문명을 형성해 왔으며, 물질에 대한 연구는 극에 달하여 있다.

그러나 엄청난 물질적 진보를 이루고 있음에도 불구하고 인류는 웬일인지 이전보다 결코 행복하지 못하다. 뿐만 아니라 더욱 아이러니컬한 것은, 행복하지 못한 사람들이 사는 나라들은 대부분 과학문명이 발전한 선진국들이며, 방글라데시니 부탄이니 하는 따위의 소위 못사는 나라들의 행복도는 월등히 높다는 점이다.

우리나라는 어느 쪽에 속할까? 불행하게도 행복하지 못한 나라에 속한다는 통계가 있다. 무역량으로는 세계 6위요, 올림픽에서 증명된 스포츠 역량으로도 세계 5위인데, 이혼율이나 자살률은 OECD 통계로 10년이 넘도록 1위를 랭크하고 있다. 요즈음에는 말 내놓기도 부끄러운 '묻지마 살인'이라는 것이 사회면을 달구고 있다. 이제 한낮에 길을 걷기도 두려운 시대가 되어 버렸다.

뿐만 아니라 가진 자는 더욱 가지고, 못 가진 자는 더욱 못 가지는 세상이 되었다. 배운 자는 더 배우게 되고 못 배운 자는 더 힘들게 살아야 하게 되었다. 젊은이들은 직업이나 결혼에 대한 희망도 버리고 있다.

왜 이런 현상이 일어날까? 나는 그런 모든 분야를 분석하는 학문을 하지 못했다. 그러나 매우 간단하게 문제를 진단할 수는 있다. 그것은 파이는 작은데 포크를 든 사람은 많다는 것이다. 물질은 분자요 욕구는 분모이다. 그런데 분자인 물질은 한정이 있다. 분모인 욕구는 한정이 없다.

한정이 없는 욕구로 한정이 있는 물질을 소유하려 하니 당연히 많이 가진 사람은 더 많이 가지고, 못 가진 사람은 당연히 더 못가지게 되는 것이다. 못 가진 사람은 분노에 찬다. 그래서 흉기를 가지고 시내 한 복판에서 휘둘러대는 것이다. 이것이 묻지마 범죄의 간단한 원리이다.

그것을 해결하는 방법은 두 가지가 있다. 첫째 방법은 파이를 늘리는 방법이다. 그런데 이건 결코 가능하지 않다. 왜냐하면 물질이 한정되어 있기 때문이다. 뿐만 아니라 파이를 늘린다 해도 그것보다 대폭 앞서가는 사람들의 욕심을 따라갈 도리가 없다. 그 원리에 따라 세계 인구의 1%가 재화의 90%를 소유하는 결과를 낳은 것이다. 따라서 그건 늘려보아도 그다지 효과가 없을 듯싶다.

두 번째 방법은 인간의 욕구를 줄이는 방법이다. 이건 분자는 어떻든 간에 분모를 줄이는 방법이다. 그런데 이것은 효과가 매우 높다. 뿐만 아니라 이렇게 분모를 줄이면 행복지수가 높아지게 마련이다.

그러면 무조건 분모인 인간의 이기적 욕구를 줄이라고 하면 될 것인가? 어림도 없다. 가진 나라 혹은 부유한 사람들에게 소유를 줄이라 하면 그들은 항공모함과 미사일을 가지고 덤빌 것이다.

그들의 욕구와 상치되는 일이 생기면 그들은 자신들이 만들어 놓은 명분과 합법성을 가지고 엄청난 군비를 들여 백주에 묻지마 살인을 마구 저질러 댄다. 20세기 이후만 하더라도 세계 거의 모든 전쟁이 그렇게 수행되었다. 사실은 인류 역사라는 것이 다 그래 왔다. 그러므로 사람들에게 무조건 욕구의 분모를 줄이라고 할 수는 없다.

따라서 무조건 그 분모를 줄이는 대신 뭔가 새로운 가치를 주어야 한다. 그 새로운 대체물 그것이 소위 영성적 가치, 혹은 내면적 가치, 또는 문화적 가치라고 할 수 있는 것이다.

우리 차인들은 이 내면적 가치, 문화적 가치를 추구하는 사람들이다. 그런데 그 내면적 가치를 추구하는 방법 중에서 가장 대표적인 것이 선이다.

시선을 내면으로 향하도록 하는 선은 지금까지 인간들이 개발한 내면을 향한 가치 중에서 으뜸가는 길이라 할 것이다.

마음을 떠나 선은 없다

○

오늘날 세계를 들뜨게 하고 있는 것이 방탄소년단의 'DNA'와 '선'이다. 하나는 음악과 춤으로 사람들을 들뜨게 만드는 것이라면, 다른 하나는 고요함으로 정신을 혼란과 시비가 없는 곳에 이르게 하는 것이라 하겠다.

그러나 "선이란 무엇인가?" 하는 물음에 대해서는 어느 누구도 쉽게 대답하지 못한다. 통상 그냥 눈감고 앉아있는 것을 선이라고 생각하는 정도이다. 요즈음에는 선이라는 말 대신에 명상冥想이라는 말을 사용하기도 한다. 그러나 마찬가지로 명상 또한 쉽게 답하기 어렵다. 그러면서도 사람들은 아무 데에나 명상을 붙여댄다.

그러면 선 또는 명상이 무엇인가를 알기가 왜 이렇게 어려운가? 그것은 선이라고 하는 것이 말은 실은 간단하지만, 처음 출발한 이후 역사를 거듭하면서 정비되고 많은 사람들을 거치면서 나름의 문화적 배경과 역사가 포함되어 알기 어려워졌기 때문이다.

이에 접근하기 위해서도 두 가지 방법이 있다. 그것은 첫째로 선을 멋지게 했던 사람을 찾아서 어떻게 했는가 하는 것을 찾아보는 방법이 있다. 둘째로는 선의 전통이 형성되어온 역사를 살펴보면서 도대체 사람들은 선을 어떻게 생각했고, 수행해 왔나를 살펴보는 길이 있을 것이다. 거기에 우리들 자신이 스스로 선 수행을 열심히 하면서 그러한 작업들을 해야 하는 것은 물론이다.

우선 처음 선이 어떻게 해서 생겨났나 하는 것을 중심으로 간단하게 선에 대한 이야기를 해보겠다. 지금부터 자연히 불교로 이야기가 옮아간다. 우선 선은 '마음'과 관련된 것이라는 점이 전제되어야 한다.

마음을 떠난 선은 없다. 그래서 선은 언제나 내면의 마음세계를 대상으로 한다. 보조지눌은 『수심결』이라는 책에서 "마음 밖에 부처가 있고 성품 밖에 법이 있다고 구하는 자가 있다면 마치 모래를 삶아 밥을 지으려는 것과 같아서 오직 스스로 괴로울 뿐이다"라고 말한다.

내가 생각해보니, 나라를 잃고 세계를 얻은 사람이 두 사람이 있는데, 한 사람은 석존이고, 다른 한 사람은 달라이 라마라고 생각된다. 석존은 까필라바스뚜 왕국의 황태자였다. 나라가 자기 손에 들어올 찰나에 모든 것을 버리고 출가를 단행하여 고행 끝에 35세 되던 해에 정각을 이루게 된다. 그리고는 세계를 얻었다.

만약 석존이 까필라바스뚜 왕국의 임금으로 생을 마쳤다면 오늘날에 이르도록 수백억이 넘는 인류의 존숭을 받는 존재가 되었을까?

어느 누구도 기억조차 못하는 역사에서 사라진 흔한 인물이 되고 말았을 것이다.

제14대 달라이 라마인 텐진갸초 Bstan-'dzin-rgya-mtsho 또한 그렇다. 그는 1935년에 중국의 칭하이 성에서 티베트인 부모 밑에서 태어나서 1940년에 티베트의 통치자인 달라이 라마가 되었지만, 1950년부터 그 나라를 점령한 중국 공산군에 나라를 빼앗기고 1959년에 인도로 망명했다. 다람살라라고 하는 히말라야 산 속의 작은 도시에서 살게 된 달라이 라마는 그로부터 세계인의 스승으로 재탄생하게 된다.

두 분 스승의 가르침이 지닌 공통점은 인류 모두가 부처의 성품을 가지고 있다는 사실이다. 그것은 모든 인류가 부처가 될 수 있는 가능성을 가지고 있다는 엄청난 희망의 소식을 의미한다. 우리 같은 중생 필부도 언젠가 부처가 될 수 있다는 말이다.

그것은 바로 선의 가르침과 통한다. 우리의 내면에 엄청난 분모의 정신적 가치가 있다는 말이다. 그런데 아무나 그러한 금맥을 캐내어 쓸 수는 없고, 제대로 된 방법을 통해서만 캐내어 쓸 수 있다.

팔만대장경과 선

○

다시 선이란 무엇인가 하는 주제로 돌아가자. 그 주제로 들어가기 위하여 석존이라는 인물을 해부할 필요가 있다. 눈앞의 왕위를 버리고 출가해서 사문이 되게 된 제1원인이 무엇인가를 알 필요가 있다. 그런데 그 분은 지금 계시지 않다. 현재로서는 석존께서 도대체 무슨 소리를 하고 갔는지를 점검해 보는 길밖에 없다.

그런데 말씀을 점검하는 데에도 문제가 있다. 그걸 다 점검해 보려 하니 팔만대장경이 눈앞에 있다. 어떤 학자가 보통 사람이 대장경을 모두 읽는데 얼마만한 시간이 필요할까 하고 장난삼아 계산해 보니 63년이 걸려야 한다고 했다.

물론 실제로 팔만대장경은 석존의 말씀이 전부가 아니다. 석존이 가신 후 2,500년 동안 형성된 모든 불교관계 서적을 통틀어 팔만대 장경이라고 하기 때문이다. 당연히 앞서 말한 고려시대의 보조국사 의 글『수심결』도 대장경 속에 포함되어 있다.

그러므로 우리들은 대장경을 다 읽을 필요가 없고, 석존의 핵심교 리를 보면 된다. 그분의 핵심교리는 사성제·무아설·연기설 정도로 요약할 수 있다. 그 중에서도 역시 핵심은 '사성제팔정도四聖諦八正道' 라고 할 수 있다. 따라서 석존의 선도 사성제팔정도에서 출발하는 것 으로 보아야 한다.

선종이 형성된 것은 석존이 열반에 든 후 1천년도 더 지난 시기였 고, 게다가 인도가 아닌 중국에서 크게 유행을 하였다. 우리나라는 중국불교의 직접적인 영향을 받았던 것이 당연하므로 중국불교에 선 종이 성하면 한반도에도 선이 흥하였다.

그런데 재미있는 것은 당나라 시절부터 대유행을 하게 된 중국 선 종의 선사상은 노장老莊으로 불리는 도가道家의 요소가 막대하게 영향 을 미쳤다는 것이다. 따라서 우리가 오늘날 알고 있는 선은 인도의 선과 중국의 도가적 사유가 합쳐진 것으로 이해해도 좋다.

그렇다면 우리가 차선일미를 논할 때는 당연히 인도의 선과 중국의 도가적 사유를 아울러 알지 않으면 안 된다. 그 중에서 인도불교의 선은 팔정도에서 먼저 찾아야 한다는 것이 나의 생각이고, 팔정도 중에서도 일곱 번째의 정념(正念, sammā-sati)과 여덟 번째인 정정(正定, sammā- samādhi)에 그 핵심이 있다고 생각한다.

오늘날 수많은 갈래의 명상법이 알려지고 있으나 정념과 정정이야말로 그러한 모든 명상법들의 원조 격이며, 명상의 근본 원리를 충분히 포함하고 있는 가르침이라고 생각한다. 당연히 '차선일미'의 근본을 추구하는 차인들도 팔정도에서 선의 본질을 찾는 여정을 출발해야 한다고 생각한다.

무상과 고통

○

석존의 네 가지 성스러운 가르침 즉 사성제 중에서 첫 번째는 고성제苦聖諦이다. 사성제 법문을 통해 볼 때 석존이 출가한 핵심 이유는 '고苦'이었음을 알 수 있다. 고란, 팔이나 머리 등이 아프다고 하는 통증을 말하는 것이 아니고, 인간이 실존적으로 마주치게 되는 괴로움을 말한다. 즉 "인생은 고해다"라는 말이 석존을 출가하게 만든 것이다.

여기에서 괴로움이 성스럽다는 말은 좀 이상하지만, 불교에서 괴로움이라는 말은 충분히 성스러운 가르침이라는 대접을 받을 만한 개념이다. 왜냐하면 그 괴로움에 대한 자각으로 인하여 성스러운 길에 들어가는 계기가 되기 때문이다.

흔히 고의 종류는 4고 8고라고 하는데 '생로병사'가 4가지 기본이 되는 괴로움이고, 사랑하는데 헤어져야 하는 고[愛別離苦]·미운데 마주쳐야하는 고[怨憎會苦]·구하는데 얻지 못하는 고[求不得苦]·온갖 번뇌가 치성하는 고[五陰盛苦] 등 부수적인 괴로움 네 가지를 합하여 8고가 된다. 이것을 요약하면 '산다는 것 자체가 모두 고통'이라는 것이다.

그건 골프를 쳐 본 사람과 자식을 키워본 사람은 다 아는 이야기다. 어느 재벌 총수가 그랬다고 한다. "골프하고 자식은 제 맘대로 할 수가 없다." 제 맘대로 할 수 없는 게 어찌 골프하고 자식만일 것인가. 모든 것이 제 맘대로 되지 않는 것이 세상사이다. 만약 제 맘대로 할 수 없는 것이 세상이라면, 세상사 모두가 고성제가 되는 것이다.

삶은 고통이 아니라고? 그럴 수도 있다. 살다 보면 때로는 달콤한 솜사탕이 있기도 한다. 그렇게 솜사탕을 물고 있는 사람들을 위해서 석존은 고통을 '무상無常'이라는 말로 표현했다. 4고 8고를 하나로 뭉뚱그리면 무상이라는 말이 된다.

무상이란 변화를 가리킨다. 괴로움의 원인은 무상이다. 변화하기 때문에 고통이라는 것이다. 세상의 모든 행복이 영원하다면 좋겠지만 그런 것은 없다. 달리 말하면 내가 지금 누리고 있는 행복이란 언젠가는 행복하지 못한 것으로 '변화'할 수밖에 없는 것을 내포한 무상한 행복이라는 것이다. 그렇다면 그건 진정한 행복이라 말할 수는 없는 것이다.

이처럼 석존은 인생이 끊임없이 변화한다는 무상의 진실을 깨쳤다. 그 말은 영원한 것은 없다는 말이다. 사람들은 영원하기를 바라지만 돈도 사랑도 명예도 영원한 것은 없다. 우리 인간에게 모든 것은 무상하므로 고이다.

집착과 초월

○

고성제와 관련된 가르침으로 삼법인이라는 교리가 있다. 모든 것이 무상하며[諸行無常]·모든 것이 무아이며[諸法無我]·모든 것이 고[一切皆苦]라는 것을 삼법인이라 한다. 시간적으로 공간적으로, 대외적으로 대내적으로, 모든 것이 변치 않는 것은 없다. 그래서 고라는 것이다.

이와 같이 고는 단순한 불행 또는 아픔이 아니라 모두가 무상하므로 구조적으로 고라는 것이며, 그것이 존재의 본질을 말하는 것이므로 성스러운 가르침이요, 그것에 대한 자각으로 수행에 들어가는 계기가 되는 것이므로 성스러운 가르침이 되는 것이다.

그런데 석존이 깨친 후에 생각해보니 고의 원인은 집착 때문이라는 것이다. 어떤 사람이 아들을 고등학교 3년 동안 12번 전학시키면서 졸업시켰다고 하는 말을 들었다. 하지만 중고등학교 다니는 자식 가진 부모치고 마음속으로 12번씩 전학 안 시킨 부모가 있을까?

그렇지만 잘 생각해 보자. 내 자식이니까 그 속을 다 썩으면서 12번씩이나 전학시키지, 솔직히 남의 자식이야 전학을 시키든 말든 무슨 상관인가? 내 것이니까 속상하고, 내 자식이니까 안타깝고, 내 연인이라고 생각하니까 시너통 들고 분신소동 하는 것 아닌가? 이것이 고성제의 원인인 집성제의 본질이다.

집착 또한 깨끗하지 못한 원리이지만 그것이 깨침으로 연결될 수 있으므로 성스러운 가르침이 된다. 고성제는 무상에 바탕을 두고 있고, 집성제는 집착에 바탕을 두고 성립한다.

그런데 집성제集聖諦가 집착이 본질이라면 왜 불전을 번역한 수준 높은 초기의 한역漢譯 역경자들이 집착할 집執이 아닌, 모일 집集을 썼을까?

초기 중국에서는 발음이 같을 경우 다른 한자를 사용한 경우도 흔한 일이었다. 그러나 역경자들이 '모일 집' 자를 고집한 이유는 그 집착의 본질이란 게 실은 모두가 연기緣起되어 모여진 것이며 실상은 집착할만한 대상이 아니라는 것을 암시하려는 수준 높은 배려였다.

그렇다면 고통도 집착도 없는 동네가 있을까? 그 동네의 주소는 '열반'이다. 열반은 집착도 고통도 다 멸하여 사라진 상태이다. 열반의 본래 의미는 '불이 꺼진 상태'이다. 타오르는 욕망을 갈애渴愛라고 부르는데 그 갈애는 새로운 업과 윤회를 불러온다는 것이다.

거꾸로 갈애의 불길이 다 꺼져버리면 열반에 이르게 되며, 해탈하게 된다는 것이다. 갈애는 무상한 대상에 대하여 영원하다는 착각으로 끊임없이 욕망을 일으키는 것을 말한다.

갈애가 끝없이 나타나는 것을 탐욕貪이라 하고 그 갈애가 채워지지 않아서 반작용으로 나타나는 것을 화냄瞋이라 한다. 그 두 가지는 모두가 나我에 가린 어리석음痴에 기반하고 있다. 그러므로 탐진치의 뿌리는 실은 어리석음이라는 하나에 기반하고 있다. 따라서 불교의 궁극은 어리석음을 벗어나 참된 지혜를 얻는 데에 있다.

그와 같이 탐진치가 사라진 상태를 열반이라 하고, 열반은 탐진치의 번뇌가 꺼져버린 상태이므로 그 상태를 가리키는 말은 '멸'이다. 괴로움이나 집착함뿐만 아니라 그것을 극복하고 도달한 그 상태도 성스러운 것이다. 그래서 '멸성제滅聖諦'가 된다.

그렇다면 어떻게 해야 멸성제에 이른단 말인가? 그 '어떻게'라는 말은 방법에 해당하므로, 길이라고 부른다. 그래서 '길 도道'자를 붙여 '도성제道聖諦'라 부르는 것이다. 도성제에는 여덟 가지 바른 길이 있다. 그것을 여덟 가지 바른 길이라는 의미로 '팔정도八正道'라고 말한다.

불교의 교리가 심히 복잡하고, 후일에 그것을 기반으로 수많은 철학 사상이 발전하였지만 그 기본 입각점은 사성제가 근간이 되어 있다. 그래서 사성제 팔정도야 말로 불교의 핵심을 이루는 가르침인 것이다. 실제로 석존 당시에는 사성제 알고 있는지를 가지고 외도와 구분하는 척도를 삼기도 하였다.

윤회와 인과

○

모든 개념과 현상은 그 이면에 역사를 가지고 있다. 석존의 사성제 팔정도의 가르침도 실은 그 배경에 길고 다양한 역사를 가지고 있다. 석존에 이르러 사성제 팔정도의 가르침이 나올 환경이 그 이전 마련되어 있었다는 말이다. 그 토양은 불교 출현 이전에 인도사회에 있었던 독특한 사유인 '윤회輪廻'와 '인과因果'라는 원리이다.

우파니샤드 시대에 인도인들은 이미 윤회에 대한 지혜로운 인식을 가지고 있었다. 즉 사람의 삶은 일회용 반창고가 아니고 수 천 수 만 번을 다시 낳고 죽고 하는 마치 수레바퀴와 같이 돌고 도는 삶이라고 보았다. 그래서 돌고 도는 수레바퀴와 같다 하여 윤회라 명명하였다. 그리고 그러한 것들이 가능하도록 한 것은 원인과 결과의 원리 즉 인과의 원리라고 보았다.

한편, 그러한 구속의 삶이 있다면 당연히 그것을 초월한 세계도 상정하였을 것은 분명하겠다. 그것을 해탈解脫이라고 한다. 윤회와 해탈이라는 프레임은 석존 이전에 이미 인도적 사유에 기반을 이루고 있었던 것이었다.

석존의 가르침에도 이 윤회와 해탈이라는 사유가 전제되어 있었다. 석존이 "인생은 고해다."라는 인식으로부터 출발해서 도달하게 되는 고지는 너무도 자유로운, 윤회로부터 벗어나는 '해탈'이라고 하는 목표지였던 것이다.

그러한 흔적은 초기 석존의 법문 가운데 너무도 자주 출현하는 수행사과修行四果에 나타나 있다. 수행사과란 수행을 거쳐 도달하게 되는 네 가지 단계를 가리키는 것이다. 초기의 불교에는 수행이 향상되어 가는 단계로서 세 가지 유형의 인간이 있다고 한다. 첫째는 욕망과 생존에 속박되어 윤회하는 인간, 둘째는 욕망의 영역으로 돌아가지 않는 인간, 즉 욕망은 버렸지만 아직 생존의 굴레에 속박되어 있는 인간, 셋째 완전히 번뇌를 단멸하여 피안에 도달한 인간이 그것이다.

이러한 생각은 더욱 세련되어 다음과 같은 네 가지 수행단계로 정비되었다. 즉 예류과(預流果, sota-āpanna, srota-āpanna, 須陀洹), 일래과(一來果, sakadāgāmin, sakṛdāgāmin, 斯陀含), 불환과(不還果, anāgāmin, 阿那含), 아라한과(阿羅漢果, arhat, arahan, 阿羅漢) 등의 계위가 그것이다.

첫 번째 예류과는 성자의 흐름에 들어간 단계이다. 이 단계는 길어도 일곱 번 인간과 천상을 윤회하며 계속 수행하면 해탈에 이른다고 하여 '극7반생極七返生'이라고도 한다.

두 번째 일래과는 한 번만 욕망과 미혹의 세계로 돌아오면 해탈을 얻기 때문에 일래라고 한다. 즉 한 번만 더 이 세상에 오면 해탈한다는 것이다.

세 번째 불환과는 이 계위에 오른 자가 다시는 미혹의 세계로 돌아오지 않기 때문에 불환이라고 한다. 그런데 더 이상 이 세상에 돌아오지는 않지만 아직은 배우고 수행을 계속하는 계위이다. 그러므로 세 번째 단계를 유학有學의 성자라 한다.

네 번째 아라한과는 최고 해탈을 완성한 계위로서 인간과 천상의 공양을 받을 수 있으므로 '응공應供'이라 번역하기도 한다. 이 아라한은 모든 수행을 완전히 실천하여 더 이상 배워야 할 어떠한 것도 없는 단계이므로 무학이라 한다.

이들 수행의 단계는 후일 부파불교의 아비다르마 논사들에 의하여 매우 복잡한 체계로 형성되었다. 뿐만 아니라 아비다르마에 이르러서는 아라한과를 보통사람이 도저히 도달할 수 없는 계위로 생각하였다.

해탈과 선

○

이 중에서 사다함을 일래과라 하는 것은 '한 번 오는 과위'를 가리키는 것이며, 아나함을 불환과라 하는 것은 '다시는 오지 않는 과위'라는 말이다. 한 번 온다든지 또는 오지 않는다든지 하는 것은 무엇을 의미할까? 여기에서 목적어는 이 사바세계 즉 인간세상을 말한다.

달리 말하면 윤회의 원리에 입각해서 볼 때 사다함은 한 차례만 인간의 사바세계에 태어나면 윤회를 마치는 경지라는 것이며, 아나함은 윤회를 마친 경지인 까닭에 이번 생이 윤회의 마지막이 되는 매우 높은 경지라는 것이다.

대승불교에 이르면 이러한 목표는 상당부분 수정이 되지만, 적어도 초기불교에서 수행의 목적은 윤회를 벗어나서 해탈에 이르고자 하는 데에 있었음이 명백하다.

흔히 불교에서는 "인생은 고해다." 라고 출발하므로 염세주의라고 말하는 사람이 있지만 실상은 전혀 그렇지 않다. 또한 불교는 기복종교다 하고 말하는 사람도 있지만 그것도 불교의 본질과는 전혀 관계없는 말이다. 심지어 우리가 절에서 흔히 보는 불상마저도 불멸 후 500년이나 지난 시점에 출현한 것이다.

불교는 인류역사상 매우 합리적이고 현실적인 가르침으로 평가받는 종교이다. 인생을 둘러싼 세계와 원인에 대하여 정확하고 논리적으로 설명할 뿐만 아니라 인간이 주체가 되어 자유와 평화, 청정과 행복을 얻는 길을 제시해 주는 것이 기본 가르침인 것이다.

우리는 불교의 목표가 되는 열반·해탈이란 무엇인가를 알아볼 필요가 있겠다. 열반과 해탈은 동의어이다. 즉 열반·해탈은 윤회로부터 절대적인 자유를 뜻한다. 그러나 자유라 해서 프리Free, 혹은 프리덤 Freedom 따위의 현실적이며 외부적인 자유를 뜻하는 것이 아니고, 탐진치라 불리는 탐욕과 성냄, 어리석음에서 벗어나, 적정에 들어 마침내 윤회의 해탈을 달성하게 되는 내적이며 영원한 자유를 말한다.

열반·해탈을 다른 말로 한다면 시간·공간 등의 이원성과 나와 너따위의 상대성을 벗어난 절대적인 자유를 말한다. 최고의 행복을 지복Ānanda이라고 하는데, 이것은 내면의 절대적인 자유 상태를 통하여 얻게 되는 절대적 행복을 가리킨다.

각자가 절대적 자유를 향유하고 있으면 세상은 자동적으로 참된 낙원으로 변화하게 된다. 그것이 극락이다. 따라서 극락은 죽은 뒤에 도달하는 곳이 아닌, 살아있는 이곳에서 이룩할 수 있는 것이지 않으면 안 된다. 물론 극락을 제시하며 출현한 정토사상은 불멸 후 수백년이 흐른 후 나타난 가르침이다.

열반·해탈의 절대 행복의 세계에 이르는 방법이 곧 선이다. 선에
이르는 붓다의 방법은 팔정도에 있다.

2
팔정도와 선

세상을 바로 보는 길

○

팔정도란 열반에 이르는 바른 길 여덟 가지를 말한다. 그것은 정견正見· 정사유正思惟· 정어正語· 정업正業· 정명正命· 정정진正精進· 정념正念· 정정正定 등이다.

석존이 45년 동안 설한 모든 수행에 관한 가르침은 이 팔정도를 여러 버전으로 설한 것에 지나지 않다고 보아도 좋다. 즉 팔만대장경의 수행방법은 이 팔정도의 범주를 넘어서지 않는다고 보면 된다고 말해도 과언이 아니다.

불교적으로 볼 때 완전한 사람 즉 부처가 되려면 두 가지 측면이 고루 갖추어지지 않으면 안 된다. 하나는 지혜요, 다른 하나는 자비이다. 지혜는 인간의 지적인 능력이라고 쉽게 생각할 수 있는데, 그

보다는 훨씬 차원이 높다. 흔히 생활상의 지혜 따위를 모두 포괄한 우주와 인간 내면에 관한 근본적 통찰, 뭐 이런 식으로 생각해도 좋겠다.

자비란 사랑을 말한다. 요즈음에는 사랑이라는 말이 너무 흔해서 좀 그렇지만 진정한 사랑이라고 말해 두자. 따라서 팔정도는 이 근본적 통찰의 지혜와 완전한 사랑을 익히는 여덟 가지 방법이라고 말해도 좋을 것이다.

첫째, 정견은 인간과 우주에 대한 바른 인식을 말한다.

정견은 팔정도의 첫머리이면서 팔정도의 모든 것을 포괄하고 있다. 불교에서 어떤 면으로는 모든 수행이란 정견을 하자는 데에 있다고 해도 과언이 아니므로 정견은 팔정도의 출발이면서 결론이라고 말해도 무방하다. 다른 면으로는 그만큼 우리가 세상을 바로 본다는 게 어려운 일이라는 말이기도 하다.

정견은 자기 자신과 세상을 바로 보는 데에서 출발한다. 거기에는 세상사의 무상함과 고에 대한 본질, 그리고 고를 산출하는 업과 윤회에 대한 인식이 바로 서야 한다. 바로 보아야 고해를 초월할 수 있고, 초월해야 열반·해탈에 이를 수 있을 것이다. 정견은 개념 없이 사는 사람이 태반인 이 세상에 삶의 개념을 제대로 잡자는 말로 보아도 좋다.

그러므로 정견은 모든 것의 출발이다. 그 출발은, 인생을 다른 안목으로 볼 때 제대로 생긴다. 석존은 "나는 깊고, 보기 어렵고, 깨치기 어렵고, 고요하고 탁월하고 심오하고 섬세해서, 지혜로운 자만이 알 수 있는 진리를 성취했다. … 갈애에 물들고 어둠에 가린 사람들은 그 흐름을 거슬러 미묘하고 깊고 섬세한 진리를 보지 못한다."라고 말한다.

석존이 보았다고 말하는 깊고 섬세한 진리란 세상을 바라보는 우리들의 삶에 대한 통상적인 각도를 전환하여 다른 방향에서 바라보는 데에서 나온다. 그것이 정견이다.

그러한 정견은 널리 보는 데에서 나온다. 우리 모두에게는 살아가면서 지향하고 있는 목표가 있을 것이다. 돈·자녀·명예·자존심…. 그런데 그 목표들은 타당한 것인가.

그것을 점검해 보는 간단한 방법이 있다. 내가 몹쓸 병에 걸려서 사흘 후에 세상을 떠나야만 하는 상황에 처했다고 생각해 보면 된다. 내가 급급해 하고 있는 지금의 목표들이 정말 붙들고 씨름해야 할 시급하고 중요한 것들인지가 판가름 나게 된다.

또한 정견은 길게 보는 데에서 나온다. 우리는 우리의 삶을 다른 측면으로 바라볼 필요가 있다. 윤회를 전제할 때, 나는 어마어마한 시간을 걸쳐 윤회해 왔다. 죽고 낳고 살기를 거듭해 왔다. 그 윤회의 선상에서 우리는 이번 생에 다시 한 차례의 일생을 허용 받았다.

그런데 우리가 지금 집착하고 있는 그런 목표들에 그토록 긴 시간과 에너지를 쏟아서 집착할 가치가 있는 것인지 생각해 볼 필요가 있다. 그렇게 생각해 본다면 우리의 삶의 목표에 대하여 수정할 필요가 생길 것이다.

그렇다면 어떻게 수정해야 할까? 우선 이번 생에만 해당되는 육체적·물질적 가치에 대한 지향점을 수정해서, 영적이고 영원하며 높은 가치를 지향해야 할 것이다. 이와 같이 인생을 바로 보고, 자신의 가치체계를 수정하고, 그것을 내적이고 영원한 가치를 지닌 삶으로 전환하자는 것이 바로 정견이다. 삶의 근본적 이유를 생각하는 것이다.

그러한 정견을 통해서 우리는 불법에 대한 바른 인식이 생긴다. 그리고 그것을 추구하는 삶으로 전환하게 된다. 이것이 마음으로 하는 출가出家가 된다. 수행이라는 것도 어차피 마음으로 하는 것이니 모든 사람이 옷을 바꿔 입고 머리를 깎을 필요는 없다. 그래서 정견이 출가라는 말이다.

그런데 정견의 의미 중에서 가장 중요한 것은 고에 대한 정견이다. 그것은 다른 말로는 무상無常에 대한 바른 인식이다. 불교적 사유에서는 모든 사물의 본질이 변화일 뿐 고정된 실체는 없다고 본다. 그래서 제행무상諸行無常이다. 뿐만 아니라 그것을 바라보는 주체인 나도 없다고 본다. 그래서 제법무아諸法無我이다. 제행무상이고 제법무아이므로 이 세상 모든 것은 변화하므로 모든 것이 고가 되는 일체개고一切皆苦인 것이다.

이 세 가지의 가르침을 불교에서는 삼법인三法印이라 부른다. 삼법인의 가르침은 '무상' 하나로 요약되고, 정견이란 이러한 무상에 대한 철저한 자각이다.

정견은 팔정도의 시작이다. 동시에 팔정도의 마지막이기도 하다. 왜냐하면 팔정도를 모두 원만하게 마치면 나타나게 되는 깨침의 견해가 또한 새로운 정견일 것이기 때문이다. 정견을 축으로 하여 팔정도는 순환하면서 진화하게 된다. 어찌 보면 팔정도는 정견으로부터 다시 정견에 이르는 나선형의 구조를 가지는 것이 아닌가 싶다.

몸과 입과 마음의 길

○

두 번째는 정사유이다.

정사유란 바른 사유라는 뜻인데, 바른 사유란 무아적 사유를 말한다. 그것은 욕망을 여의고, 분노를 여의고, 폭력을 여읜 상태에서 하는 사유를 말한다. 그것은 탐진치貪瞋痴를 떠난 마음이다.

또한 정사유는 나와 남을 해하지 않고 지혜와 자비를 증진시키며 열반으로 향하게 하는 사유를 말한다. 사람은 하루 동안 6만 가지 생각을 하며 산다고 한다. 그런데 그 중에서 90%는 어제 했던 생각이라는 것이다. 그러므로 평소 우리들 생각의 대부분은 정사유가 아닐 것이다. 그런 까닭에 이 세상에는 부처보다 중생이 많은 것이다.

세 번째는 정어이다.

올바른 언어도 얼마나 어려운 일인지 모른다. 그래서 석존께서는 해탈에 이르는 길 속에 '말의 바른 도'를 챙겨 넣었다. 우리는 알게 모르게 생활 속에서 많은 사람을 말로 죽이고 욕보이고 그렇게 산다.

입술의 30초가 가슴의 30년이라고, 30초 동안 생각 없이 뱉은 칼날이 30년 동안 상대의 가슴에 박힌다. 우리는 알게 모르게 생활 속에서 진실 되지 않은 말을 엄청 쏟아내고 산다. 과장되고, 변질되고,

한 입으로 두 말을 아무렇지도 않게 쓰레기처럼 쏟아낸다.

요즈음은 그 쓰레기를 합법적으로 쏟아내는 공간이 있다. '댓글'이라고 부르는 인터넷 공간이다. 가상공간임에도 불구하고 댓글의 쓰레기들은 현실적으로 엄청난 위력을 발휘한다. 그 바르지 못한 말들은 사람의 마음을 상하게 하고 사람의 마음을 닫히게 하고, 사람의 마음을 죽음으로 몰아가기도 한다. 많은 연예인들이, 우리의 아들들이 이 말로 인해 마음에 상처를 입고, 더러는 죽음의 길로 들어섰다.

석존의 가르침은 엄청난 것도 아니고 어려운 것도 아니었다. "거짓말 하지 말라." "한 입으로 두말하지 말라." "비단같이 꾸미는 말을 하지 말라." 이런 것들이었다. 그런데 놀랍게도 그러한 평범한 가르침을 지키는 길Way이 우리 중생을 해탈이라는 엄청난 목표Goal로 인도하는 것이 된다는 것이다. 평범 속에 진리가 있다.

그래서 석존은 가르친다. 입으로 쓰레기를 쏟아낼 것이라면 차라리 침묵하라. 그러한 경우 침묵은 정어가 된다. 그 고귀한 침묵은 성스러움에 이르는 입구인 것이다.

네 번째는 정업이다.

정업은 올바른 행위를 말한다. 육체를 통하여 나쁜 행위를 하지 말라는 말이다. 물리적으로 생명을 상하게 한다든지, 주지 않는 것을 취한다든지, 부적절한 행위를 한다든지 하는 모든 것들은 우리의 자유와 해탈에 커다란 장애가 된다는 것이다. 즉 행위로써의 살도음殺盜淫을 그치는 것이 정업이다. 이 부분에 대해서는 사회적인 규범으로도 그것을 제한하고 있으므로 간략하게 그치겠다.

다섯 번째는 정명이다.

정명은 바른 생활을 말한다. 바른 생활이라 함은 초등학교 때 배웠던 과목을 말하는 것이 아니고, 바른 경제활동, 즉 바른 직업을 말한다. 직업에도 바르지 못한 직업이 너무 많다. 우리가 경제활동을 할때 정당하고 남에게 피해주지 아니하며 폭리를 취하지 아니하고 정당하게 해야 한다는 것이 석존의 가르침이다.

생각해 보면 팔정도에 마음과 몸을 바르게 하라는 도덕과목이 많이 차지하고 있는 것까지는 이해하겠는데, 바른 직업이라는 항목이 있다는 것은 다소 의외이다. 그만큼 불교의 가르침은 생활 속에 있고, 생활 속에서 실천해 가야 한다는 것을 의미한다.

그렇다면 왜 석존은 바른 생활을 수행의 여덟 가지 조항 중에 포함시켰을까? 수행조항도 아닌 직업을 왜 이야기 했을까? 그것은 바른 직업이 엄청나게 중요하기 때문이다.

자신의 먹을거리를 자신이 해결하자는 것이 정명의 첫 번째 의미이다. 자신의 먹을거리를 자신이 해결하지 못할 때, 사람은 비굴해질 수 있다. 비굴이라는 모자는 사람을 떳떳하지 못하게 짓누른다. 수행이 직업인 수행자는 예외적으로 얻어먹을 자격이 있지만, 일반인은 자신과 자신의 인연에 대한 먹을 것은 해결을 해야 한다.

자신의 먹을거리를 정당한 방법으로 해결하자는 것이 정명의 둘째 의미이다. 직업이 바르지 못하면 수행에 들 수 없다.

자기의 먹을거리를 해결하지 못하면 인과적으로 볼 때에도 그 사람의 수행이 진전되기 어렵다. 또한 직업을 가진다 하더라도 바른 직업을 가지지 못할 경우 그 사람의 수행이 진전되는 것도 어렵겠다.

이상의 항목들은 수준이 심오할 것이라 믿었던 불교라는 선입관을 가진 사람에게는 다소 실망스러운 것들이다. 그것도 석존의 팔만대장경 중에서도 가장 압축적으로 가르침을 요약하고 있는 팔정도에서 이런 평범하기 짝이 없는 교리는 어울리지 않아 보인다.

어떻게 보면 종교적 계명답지도 아니하고, 독선적 가르침도 아니며, 다른 종교에 없는 특별한 가르침인 것 같지도 않다. 그저 평범하고 누구나 지향해야 할, 집집마다 걸려 있는 가훈 같은 가르침이다. 그러나 이러한 평범함을 떠나서 비범함을 추구하지 않는다는 것이 불법의 특징이다. 평범한 일상 속에서 실현될 것이 아니라면 불법이 아니라는 이야기이다.

그리고 그러한 것들에 바탕을 두고서 진입하게 되는 다음의 세 가지야말로 진정 불교다운 가르침이요, 오늘의 주제인 선과 관련이 있는 가르침이다. 즉 팔정도 중에서 앞의 다섯 가지는 바탕을 조성하는 예비공부라고 해도 좋겠고, 뒤의 세 가지가 불교에서 고통을 벗어나 해탈하게 하는 본격적인 수련법이라고 보아도 좋겠다.

그러나 다섯 가지의 평범하기 짝이 없는 공부를 제대로 수행하고 나서야 비로소 나머지 세 가지 본격적인 공부가 가능하다는 것이 불교라는데 어찌하겠는가. 그러므로 앞의 다섯 가지 가르침이 뒤의 세 가지 가르침보다 열등하다는 말은 아니다.

정진하는 길

○

팔정도에서 뒤의 세 가지 항목들을 살펴보자. 그것은 본격적인 닦음의 길이라고 해도 좋을 것이다.

여섯째는 정정진이다. 정정진은 감각적 쾌락의 욕망·성내는 분노·게으름·흥분과 회한·매사에 의심 등을 하지 않는 마음을 말한다. 뿐만 아니라 오관의 제어 즉 한없이 뻗어나가는 육체적 탐욕을 제어하는 것도 정정진에 속한다. 내 마음에 일어나는 분노와 어리석음을 제어하며 깨달음을 향하여 바른 노력을 경주하는 것이 정정진인 것이다.

요컨대 정정진이란 버릴 것은 용맹하게 버리고 취할 것은 용맹하게 취하는 결단력을 말한다.

일반 사람들은 시간이 남으면 죄 지을 일(?)을 먼저 생각한다. 그러나 석존이 추천하는 생활은 시간에 여유가 있으면 선禪을 할 것을 먼저 생각하라고 말한다. 삶은 결단의 연속이다. 결단의 기준은 간단하다. 가장 소중하다고 생각하는 것을 우선 하는 것이다.

가장 중요하다고 생각되는 일을 이 주제와 연관 지어 말한다면 우리의 삶에서 선 수행을 먼저 생각하라는 말이다. 정정진은 해탈과 완전한 자유를 향한 선수행을 중시하는 마음이요, 그러한 선수행을 나의 생활과 나의 관심 영역 가운데 가장 중심에 놓으라는 가르침인 것이다.

석존이 설한 경들은 모두가 중요한 것이지만 그 중 핵심적인 것으로『대념처경』이라는 경이 있다. 그『대념처경』은 조금 후에 다룰 정념을 중심으로 설한 경전이다.

그런데 나는 그『대념처경』을 읽으면서 재미있는 대목에 꽂혔다. 신수심법의 네 가지 범주가『대념처경』의 마음공부의 소재가 되고 있는데, 그 중 법념처의 항목 중 '칠각지'가 나의 주목을 끌었던 것이다.

칠각지란 염각지念覺支·택법각지擇法覺支·정진각지精進覺支·희각지喜覺支·경안각지輕安覺支·정각지定覺支·사각지捨覺支 등의 순으로 깨달음의 요소가 제시되어 있다. 깨달음의 내용이 일곱 가지로 구성되어 있다는 말이다.

즉 깨달음에 이르게 되면 희열·편안·평온 등을 향유할 수 있다는 것이다. 이 세 가지는 가히 열반의 경지라 할 만하다. 그런데 깨달음의 나머지 요소인 사띠sati·법의 간택·정진·삼매 등은 경지라기보다는 그에 이르는 방법이라는 성격이 강한 항목이다. 방법이 경지에 들어 있다는 점이 우리를 조금 당혹스럽게 한다.

그리고 또 한 가지는 그 네 가지가 모두 팔정도와 연결된다는 것이다. 법의 간택은 정견이라면 정념·정진·정정 등에 해당되는 것을 알 수 있다. 정견·정념·정진·정정 등 이들 네 가지 팔정도의 항목은 깨달음의 네 가지 항목과 성격이 일치한다.

그것을 통해서 우리는 알 수 있다. 열반에 이른 사람의 특징은 희열·편안·평온 등 우리가 관념적으로 알고 있었던 열반의 목표점을 갖추고 있다는 점 이외에, 정견·정념·정진·정정 등 방법에 속한다고 생각했던 점까지도 속성으로 갖추고 있다는 사실 말이다.

요컨대 바른 정진의 태도는 부처에 이르는 방법일 뿐만 아니라, 모든 것을 다 이룬 부처의 경지에서 볼 때에도 그 속성이라는 점이다.

그런 점에서 부처는 깨달아 있는 존재일 뿐만 아니라 늘 정진하는 존재라는 것을 알 수 있다. 그것이 부처의 속성가운데 하나라는 데 또한 어찌하겠는가.

깨어 바라보는 길

○

일곱 번째는 정념이다.

정념의 빨리어 Sammā-sati는 '바른 마음 챙김'이라고 많이들 번역한다. 그러나 사띠에 대한 일치된 정의는 학문적 논쟁을 이끌어낼 만큼 만만치 않다.

사람에 따라 기억·생각·주시·관찰·각성·주의 깊음·수동적 주의 집중·마음지킴·알아챔과 대상에의 주목·지켜보기 등 수많은 정의가 거론되고 있다. 그런데 나는 '깨어 바라봄'이라고 번역하는 것이 좋겠다고 본다. 다만 어떤 정의를 내리더라도 중요한 것은 내적인 체험이겠다.

사띠란 현존하는 대상을 지금 그 상태로 깨어 바라보는 것을 말한다. '지금 여기'를 알아차리는 것을 말한다. 그러나 지금 여기에서 깨어 바라본다는 것이 무엇인가? 지금 여기 있는 자신을 자각하였는가? 게다가 자각한다는 상태도 어렵지만 일단 그렇게 자각하였다 할지라도 우리 중생들은 절대로 그 상태에 머물지 못한다. 우리의 마음은 엉뚱하여 즉각 다른 곳으로 진도를 나간다는 말이다. 그것을 우리는 망상 혹은 잡념이라고 규정한다.

사띠란 지금 여기를 그대로 보는 것이다. 예컨대 상대를 볼 경우 누구와 닮았다든지, 인상이 따뜻해 보인다든지 하는 따위의 분별을 내지 않고 그냥 그대로 '보는 것을 인식함'이다. 그것이 깨어 바라봄이다. 그렇게 되면 마음의 활동을 일으키지 않고 평정하게 하는 멈춤과 사물을 있는 그대로 알고 그대로 보게 되는 통찰Vipassana을 촉진시킨다.

『대념처경』에서는 그 대상처를 4념처라고 하여 네 가지로 분류하는데, 그것은 신체·감수感受 작용·마음·법 등의 네 가지이다.

4념처 수행은 첫째, 신체의 호흡을 알아차린다든지, 몸의 동작을 알아차린다든지, 육체의 모든 기관과 그 작용에 대하여 알아차린다든지 하는, 신체를 알아차림이다. 둘째, 우리의 감정 작용 즉 여섯 가지 감각기관을 통하여 느껴지는 모든 감각작용을 알아차리는 것이 감수작용의 알아차림이다. 셋째, 온갖 마음 작용의 모습들을 알아차리는 것이 마음의 알아차림이다. 넷째, 내·외적 모든 현상에 대한 변화와 작용 또는 교법의 경지를 그대로 보는 것이 법法의 알아차림이다.

말은 간단하지만 실제 행은 매우 어렵고, 마음 챙김 즉 깨어 바라봄이라는 상태를 알기도 어렵다. 그래서 나는 내 몸 안에 등불을 켜서 빛의 몸이 되는 것을 제안한 바 있다. 이에 대하여는 다른 곳에서 상세히 설명하겠다.

집중하는 길

○

여덟 번째는 정정이다. 정정이란 올바른 집중을 말한다. 집중의 정의는 깨어 바라봄의 지속상태를 말한다. 사띠의 현재진행형 즉 알아차림이 계속되면 그것은 정이 된다는 것이다. 깨어 바라봄, 그리고 그것의 연장인 집중, 이것이 선수행의 요결이다.

그런데 중요한 것은 집중은 집중이로되 건전한 집중을 말한다. 왜냐하면 나쁜 일에도 집중을 하다보면 내공이 쌓이고 남다른 능력을 갖출 수 있기 때문이다. 영화 보면서, 도둑질하면서, 매력적인 이성과 사랑하면서, 전쟁에서 총을 겨누고 있을 때에도 엄청난 집중이 필요하다. 그리고 그렇게 집중을 해도 힘은 당연히 생기게 마련이다. 그래서 도둑놈 9단이라는 말도 생기고, 올림픽 사격에서 금메달도 나온다.

그러나 불교에서 말하는 올바른 집중이란 마음을 선한 목적으로 하나로 뭉치는 집중[善一境性]을 말한다.

잘 집중된 마음은 명상의 주제인 대상에 초점을 맞추어 그 속에 침투하고 거기에 흡수되어 그것과 하나가 된다. 정定 즉 사마디Samādhi를 흔히 삼매三昧라고 번역을 하는데 삼매란 주체와 대상과 행위가 모두 공空한, 모두가 하나가 된 상태라고 말하는 것이 그러한 까닭이다.

'차선일미'라고 할 때의 경지는 바로 삼매에 든 상태를 말한다고 하면 좋을 것 같다. 이것이야 말로 참다운 명상이라 할 만한다. 그러므로 사실상 찻자리의 궁극도, 불교의 궁극도, 이 삼매가 목표인 것이다.

진정 행복한 길 팔정도

○

세상에서의 행복은 양면성이 있다. 일상에서의 행복은 행복한 만큼 불행의 요소도 그만큼 더 있기 때문이다. 사랑해서 행복하다지만 그 사랑은 이별의 불행을 항상 밑에 깔고 있는 행복이다.

우리는 모두 '로또 1등 당첨예정자'라는 우스개가 있을 정도로 일확천금을 꿈꾸지만, 미국에서 로또 탄 사람 10년 후를 조사해 보면 거의 모두가 정신이상자 아니면 신용불량자가 되었더라는 통계는 행복이 지닌 양면성을 말해준다.

하지만 행복이 거듭 행복해지는 길이 없는 것은 아니다. 행복하면서도 거듭 행복하기만 한 것은 이 세상에서 단 한 가지밖에 없다. 그것은 마음을 챙겨 관찰하고 사마디에 들어가는 상태의 행복이다. 그래서 그 경지가 지복·평정 등으로 표현되는 것이다.

사람들은 선은 달마대사로부터 비롯되었다고 말을 한다. 물론 틀린 말은 아니지만 중국의 선을 제대로 알기 위해서라도 초기불교의 선에 대해서 잘 알아야 한다고 생각한다. 그런 면에서 석존의 팔정도는 선 수행의 출발이 된다.

'털끝만한 차이가 하늘 땅 만큼의 간격이 된다[毫釐之差 天地懸隔]'는 말이 있는 것처럼 석존의 근본 가르침으로부터 출발하지 않으면 선 수행도 자칫 오류에 빠질 수 있기 때문이다.

중국에서 남북조시대에 이르면 선종이 본격적으로 성립하여 당송의 시대에 전성기를 구가한다. 그 시기에 소위 5가 7종으로 대표되는 수많은 조사와 선의 종파가 성하였다. 백장의 청규淸規로부터 선종은 하나의 종파로 확립되고 다양한 선적 행위와 선문답이 행해졌다.

그러나 세월이 아무리 흐르고 공간이 아무리 이동하더라도 팔정도, 특히 정념과 정정이야말로 모든 선수행의 근원이다. 그것이 불교라면 당연히 그렇다.

3

과학적인 선의 원리

리얼리티의 리얼리티

○

우리들은 리얼리티Reality라는 말을 가끔 사용한다. 진실·현실·실재 등으로 번역되는 말이다. 통상적으로 현실이라고 말할 때 리얼리티라고 한다. 그렇다면 우리 주변에는 헤아릴 수 없는 리얼리티가 있다.

일단은 우리들의 오감을 통해서 인식할 수 있는 것을 리얼리티라고 간주해 보자. 과거의 철학자들은 발로 돌을 차면 내 발가락이 아프다고 느끼는 것도 리얼리티로 규정하였다.

그러나 엄밀히 생각해 본다면 아픈 그것이 꼭 리얼리티라고 할 수 없다. 왜냐하면 다른 측면으로 볼 때, 그러한 것들은 리얼리티라기보다는 그 사람이 리얼리티라고 느끼는 리얼리스틱한 인식에 불과하기 때문이다. 그처럼 오감을 통하여 인식되는 리얼리티에는 허당이 많

선의 정신

은 법이다. 예를 들어 내가 발로 돌을 차면 아프게만 느끼는 것은 아니다. 내 발가락이 시원하다고 느낄 수도 있지 않은가.

그와 같이 우리 주변에는 하나의 사실을 전혀 다른 리얼리티로 인식할 수 있는 것들이 얼마든지 존재한다. 예를 들어 보자. 우리가 현재 공유하고 있는 현재를 다른 측면으로 보면 전혀 다른 것으로만 보일 것이다. 만약 파동만을 인식하는 기계가 있다면 내가 있는 이 공간 안에는 오직 광파와 음파로 가득 일렁이는 모습으로만 인식할 것이다.

가시광선·적외선·핸드폰전파·TV전파 등등 이 세상은 온통 파동만이 존재하는 것으로 볼 수 있다. 보는 눈에 따라 다른 측면이 보이게 된다는 것이다. 설사 공간뿐만이 아니라 물질이라고 하는 것들도 어느 차원에서는 모두 다 파동에 지나지 않는다.

한편, '본다'는 말도 마찬가지이다. 우리가 어떤 사물을 본다는 자체도 리얼리티로 믿기 어려운 경우가 있다. 보는 것은 눈으로 보는 것이다. 그런데 이상한 리얼리티 한 가지를 말한다면 우리들의 뇌는 눈을 통하여 외부로부터 인식하는 것과 스스로 기억하는 것을 구분할 수 없다는 것이다.

한 과학자가 사람을 대상으로 실험을 하였다. 실험대상자에게 어떤 사물을 보라고 하고 PET로 뇌를 찍었다. 당연히 뇌의 후두부의 어떤 부분이 작동하였다. 그리고 그 대상자에게 눈을 감고 그 사물을 상상하라고 하였다. 그리고 PET로 뇌를 찍었다. 결과는 놀랍게도 두 경우 모두 뇌의 똑같은 부분의 신경만이 활성화 되었다.

그렇다면 보는 것은 눈인가 뇌인가? 즉 눈으로 보는 것이 리얼리티인가? 아니면 뇌에서 반응하는 것이 리얼리티인가? 도대체 리얼리티 즉 현실이란 무엇인가? 앞의 실험을 본다면 우리들이 현실이라고 믿고 있는 거의 모든 것들은 실은 나의 뇌에서 작동된 나 나름대로의 영상이라는 것이다. 뿐만 아니라 그것은 다른 사람, 다른 존재, 또는 다른 차원에서는 전혀 다른 영상으로 나타날 수 있는 것들이다.

뇌의 기능과 깨달음

○

또 다른 예를 들어 보자. 우리는 수많은 정보에 폭격당하고 산다. 그 정보들은 오감을 통해서 뇌로 들어온다. 뇌는 초당 4천 억 비트의 정보를 처리한다. 그러나 우리가 실제로 인식하게 되는 것은 불과 2천 비트의 정보들뿐이다. 이처럼 우리의 감각기관을 통하여 들어오는 정보는 뇌에서 걸러지고, 인식되는 것은 극소수의 정보뿐이다. 2천 비트의 정보들은 대부분 몸과 주위환경 그리고 시간에 관한 정보들로써, 소위 자기 보존을 위한 정보들뿐이다.

그러므로 우리가 리얼리티 즉 현실이라고 부르는 것은 ① 2천 비트 ② 4천억 비트 ③ 헤아릴 수 없는 엄청난 비트 등 모두에 해당한다.

그렇다면 ③ 헤아릴 수 없는 비트는 일단 논의의 대상에서 제외하고, ② 4천억 비트만을 대상으로 말해 보자. 4천억 비트 가운데 우리가 초당 2천 비트만을 인식하고 있다면 나머지 폐기된 초당 3,999억

9,999만 8천 비트의 정보는 어디에 존재할까? 이 엄청난 정보는 뇌에 잠시 머무르고 있다가 폐기된다. 뇌는 초당 4천억 비트라는 엄청난 정보를 계속 받고는 있지만, 우리는 거의 대부분의 정보들을 알아채지 못한 채 계속 흘려보내고 있는 것이다.

왜 그럴까? 과학자들은 우리들이 대부분의 정보들을 흘려보내는 것은 우리들의 뇌에서 정보의 통합작업이 이루어지지 않아서 그렇다고 말한다. 우리들 통합작용의 여러 가지 제한으로 말미암아 외부의 정보 가운데 겨우 2억 분의 1에 해당하는 정보만을 우리 안으로 수용할 수 있다는 것이다.

이 말은 우리들의 뇌가 지닌 한계를 말하는 것이기도 하지만, 바꾸어 말하면 만약 우리들의 통합작용의 용량을 조금만 늘린다든지 작용을 조금만 업그레이드해도 우리들의 뇌는 엄청난 능력을 발휘할 수 있다는 말도 된다.

그렇다면 우리가 맞이하는 현실의 모습은 전혀 달라질 수 있고, 우리 자신의 인식은 무한히 넓어질 수도 있으며, 나아가 세상을 더 깊이 이해하거나 사람들과 사물들의 관계를 더 깊게 알 수도 있다는 말이 성립된다.

우리가 가진 뇌의 작용 중에서 가장 고급스러운 작용은 영적인 능력이지만, 그러한 영적인 영역조차 사실은 우리 모두가 접근할 수 있는 것이고 누구나 접근가능하다는 것이다. 뇌의 영적인 부분이 각성되는 것을 우리는 깨달음이라고 하는데, 보통사람의 기능으로는 영적인 부분에 대한 소화가 쉽지 않아서 영적 정보에는 접속이 어려운 것일 뿐 불가능한 것은 아니다.

그렇다면 통합과정에서 뇌의 기능을 2억분의 1로 제한하는 것의 정체는 무엇인가? 무엇이 들어서 우리들의 인식을 제한하는가? 뇌는 우리가 있다거나 가능하다고 생각하는 것만을 인식하는 속성을 지니고 있는데, 그 속성을 패러다임paradigm이라고 한다. 우리가 세상을 보고 느끼는 것은 실은 나의 역사적·환경적 패러다임을 통해 통합작용에 성공한 정보뿐이다. 패러다임이란 곧 대상을 파악하는 틀을 말한다.

선은 그러한 패러다임의 제한을 깨고 영적 정보에 접속하는 것 즉 깨달음에 이르게 하는 방법이다.

패러다임과 리얼리티의 차이
○

그러므로 우리가 느끼는 패러다임의 세상과, 실제 사이에는 엄청난 차이가 생기는 것이다. 바꾸어 말하면 나의 고유한 패러다임을 통과한 리얼리티는 실제의 2억 분의 1밖에 되지 않는 극히 제한된 일부의 단면 혹은 일부의 차원에 지나지 않는다는 것이다.

이 패러다임이란 존재가 뇌에서 수문장의 역할을 한다. 수문장이 지식의 창고문을 지키고 있다가 안면이 있는 녀석 한 놈만 통과 시키고, 안면이 없는 나머지 1억 9,999만 9,999놈은 즉각 내보내버린다는 이야기다.

우리가 외국을 갈 때 공항의 출입국관리국을 통과할 때, 미리 지문을 저장해 두고 기계 앞에서 지문만 누르면 통과하는 자동패스 기능과 같다고 하겠다. 미리 정보를 저장해 두지 않은 사람은 절대 문이 열리지 않는다.

그것을 다른 말로는 조건화라고 말한다. 조건화라는 이름의 수문장은 이미 등록되어진 틀 속의 정보만을 통과·저장시킨다는 것이다. 그 결과로 우리들은 너무도 좁고 제한된 것만 보고, 한정된 것만을 듣고, 한정된 것만을 생각하며, 그것이 삶의 전부라고 믿으며 사는 것이다. 아무리 잘난 사람이라 할지라도 결코 온 세상을 누리며 사는 것이 아니라는 말이다.

조건화를 불교적 용어로 업이라고 한다. 선은 업을 해소하는 작업이다. 그러므로 선은 이제까지 등록된 틀 속에 제한을 풀고 개방되고 신선한 새로운 세계에 드는 길을 말하는 것이다.

선사들의 선문답을 보면 이상하고 알 수 없는 언어와 몸짓이 등장한다. 그러한 것들은 틀을 깨기 위한 것으로 이해해도 좋다.

우리들은 통상적으로 선이란 올드하고 구태의연할 뿐만 아니라 일부의 사람들만의 특수한 것이라고 치부하는 경향이 있다.

그러나 선은 그렇지 않다. 과학인 것이다.

수상행식과 패러다임

○

불교에서는 이러한 인식의 프로세스에 대하여 일찍부터 정리하고 있었다. 그 대표적인 것이 오온五蘊의 교리이다. 오온은 색수상행식色受想行識의 다섯 가지인데, 그 중에서 색色은 자신을 둘러싼 환경이다. 그것은 대부분 오관의 대상이 되는 것이며 세계라 할 만한 것이다. 그러므로 색은 어떤 의미에서 객관적 대상이라 할 수 있다. 즉 ③ 헤아릴 수 없는 엄청난 비트가 색의 영역이다.

수受는 감수작용感受作用을 말한다. 즉 오관을 통해 내부로 받아들이는 작용이다. 이 때 내부로 받아들이는 것은 ② 4천억 비트가 된다. 즉 헤아릴 수 없는 외부세계의 정보를 감각기관의 용량에 따라 4천억 비트만 받아들이는 것이다.

상想은 통합작용統合作用인데, 이 때 작동하는 것이 자신 만의 패러다임이다. 패러다임에 등록되어있지 않는 정보는 조합되지 않는다. 불교적으로는 업業, 그러니까 전생과 과거에 형성된 보이지 않는 세력이 나의 패러다임을 규정한다고 말한다. 이 때 뇌의 기능을 2억분의 1인 ③ 2천 비트로 거르는 통합기능이 작동된다. 이 단계를 불교에서는 상想이라고 하는 것이다.

행行은 반응작용이다. 상에 의하여 간추려진 정보에 대하여 자신의 색깔에 맞게 착색하는 것이 행의 과정이다. 같은 정보라 하더라도 자신이 그에 반응을 하여 처리한다. 이 반응에서 작동하는 것은 주로 감정이다. 동일한 정보라도 좋은 감정으로 반응하면 좋은 업이 되고, 나쁜 감정으로 반응하면 기분이 상하는 업이 된다.

식識은 종합적인 인식작용이다. 대승불교에서는 기억작용까지 포함하는 개념이 된다. 물론 수상행식은 독립된 별도의 기능은 아니고 각 기능은 유기적인 관계로 거의 순식간에 이루어지는 것이다.

한정된 패러다임은 개인에게만 해당하는 것이 아니다. 대부분의 패러다임은 집단적으로 작용하는 수가 많다. 우리가 생각하고 있는 것들이 역사를 통해 본다면 너무나도 틀리게 알고 있는 것이 많지만 당시에는 당연한 것들이었다. 예를 들어 오늘날 어느 누구도 지동설을 부인하는 사람은 없을 것이다. 그러나 인류의 역사를 3백만 년으로 잡는다면, 그 중에서 천동설이 지배하던 시간은 299만 9600년 동안이다. 지구가 돈다고 갈릴레이 갈릴레오가 주장한 것은 불과 400여 년밖에 되지 않는 것이다.

그렇다면 같은 이치로, 지금 우리가 당연하다고 생각하는 것이 진정 옳다고 볼 수 있을까? 지금 이 순간도 물리·화학·수학·의학 등 여러 분야에 걸쳐서 수없는 리얼리티가 바뀌고 있다. 그 중에서도 바뀌는 속도가 가장 늦는 것은 종교의 교리이다.

양자물리학과 불교

○

리얼리티의 새로운 패러다임을 요즈음 양자물리학이 열었다. 나는 물리학에 대해서는 지식이 부족하지만, 내가 이해하는 양자물리학이란 간단히 말한다면 가능성의 물리학이다. 그것은 이 세상을 가능성 자체로 보는 것이다. 양자적 세계에서는 우리의 고정된 패러다임이 힘을 잃는다.

이 세계가 기계적으로 고정되어 있다고 생각하면 가능성은 다 사라진다. 그러나 세상이 무한하고 신비롭고, 내가 옳다고 생각해 온 패러다임을 크게 수정하면 새로운 패러다임이 열린다는 것이다. 그 새로운 패러다임은 종래 우리들이 가져왔던 생각들을 마구 흔들어 놓는다.

이 세상은 2천 비트의 가능성만 있는 것이 아니라, 4천억 비트 이상의 가능성도 있다고 보는 것이 양자물리학의 발견인 것이다. 뿐 만 아니라 마음이라는 것을 통하여 마침내 세상까지도 변화시킬 수도 있다는 것이 양자물리학자들의 생각이다. 이건 2,500년 전 석존이 말한 이래로 두 번째로 훌륭한 생각 같다.

예를 들어 물질에 대하여 생각해 보자. 뉴턴식의 기계적 세계관에서 물질은 객관의 세계라 보았다. 그것은 불변이며 고정된 것이라 생각했다. 그러나 양자물리학에서 보는 물질이란 우리가 생각했던 그런 것이 아니라 생각·감정·직관들과 깊게 관련되어 있는 복합체라는 것이다.

"물질에 마음 있고 마음에 물질 있다." 이 카피가 양자물리학의 구호이다.

진공묘유

○

과거의 과학자들은 물질을 궁극적으로 정적靜的이고, 예측 가능한 것이라고 믿었다. 왜냐하면 객관적이며 고정불변의 것이라고 보았기 때문이다. 그러나 조금만 생각해 보아도 우리는 의문에 휩싸이게 된다. 물질의 최소단위인 원자나 분자를 살펴보자. 원자의 대부분은 공간이며 소립자의 크기는 턱없이 작다. 그리고 나머지는 대부분이 진공이다.

우리는 책상의 원자가 딱딱할 거라고 생각하지만 리얼리티는 그렇지 않다. 밀도가 높아 보이는 원자핵의 주위를 전자가 무작위적 가능성만으로 돌고 있는 존재일 뿐이다. 원자핵은 원자 전체 크기의 100억분의 1에 불과하다. 그 중간은 공간이다. 원자는 거의가 공간이라는 말이다.

뿐만 아니라 그 전자들은 실은 전기력을 지니고 있으므로 다른 전자가 닿기도 전에 밀어낸다. 따라서 너무도 웃기는 사실은 미시적으로 볼 때, 책상은 실제로는 한 번도 서로 닿은 적도 없는 독립된 원자들로만 이루어진 것이라는 것이다. 그것이 우리가 말하는 딱딱함의 실체인 셈이다.

그러면 우리들은 원자핵은 항상 단단하게 존재할 것으로 믿는다. 그러나 더 충격적인 사실은 원자핵마저도 전자처럼 생성과 소멸을 반복한다는 것이다. 꼭 있을 거라 믿었던 원자핵마저 있다가 없다가 함으로써 우리의 관념, 우리의 패러다임을 배신하고 있는 것이다.

나는 물리학자가 아니라서 물리학적으로 증명하는 것은 불가능하지만, 양자물리학이 발달하면 할수록 불교의 세계관과 너무도 닮아가는 것 같다. 불교적 세계관은 양자물리학을 설명하는 오래된 미래이다. 입자의 존재와 소멸에 대하여 불교에서는 '진공묘유眞空妙有'라고 표현한다. 완벽하게 없음과 완벽하게 채워있음이 하나라는 이야기이다.

양자적으로 본다면 공과 유, 텅 빔과 가득 참이 하나라고 보는 이상한 패러다임이, 실은 공과 유가 별개라는 뉴턴식의 패러다임보다 리얼리티에 가깝다는 이야기이다.

'텅 빈 것과 가득 찬 것이 하나'라는 공식이 4천억 비트 속에 있는 리얼리티라면, 텅 빈 것과 가득 찬 것이 따로따로라는 공식은 2천 비트 속에 있는 리얼리티라는 이야기이다.

사람들에게 2천 비트 속의 리얼리티만을 주장하지 말고, 4천억 비트 속의 리얼리티도 바라보라는 것이 불교와 양자물리학의 공통된 제언인 것 같다.

천상천하유아독존

○

이러한 패러다임으로 볼 때 우리가 물질이라 부르는 것은 너무도 비물질적이라는 사실을 알 수 있다. 너무도 비물질적인 물질을 단단하며 변하지 않는 것이라고 생각하는 것은 실은 우리의 생각이 지닌, 아는 놈만 통과시키는, 패러다임이라는 이름의 수문장 때문이라는 것이다.

지금까지 말한 것을 간단히 정리해 보면 ① 우주는 대부분 비어 있다. 뿐 만 아니라 우주는 전혀 물질적이지도 않다. ② 물질을 구성하는 것은 의외로 생각·개념·정보들과의 혼합이다.

멘붕이 온다. 그렇다면 물질은 어떻게 존재하는 것일까? 물질은 관찰하지 않을 때는 파동으로, 관찰할 때는 입자처럼 보인다는 것이다. 엄밀하게 말한다면 관찰하지 않을 때는 가능성의 파동이 존재하고, 관찰할 때는 경험의 입자로써 존재한다고 말할 수 있겠다.

그래서 여기에서 ③ 우리가 견고하다고 생각하는 물질의 입자는 실제로는 중첩되어 존재한다는 결론에 도달하게 된다.

우리들은 중첩이라고 하면 피라미드나 탑처럼 여러 개가 쌓여있는 것을 상상한다. 그러나 여기에서의 중첩이란 형태적인 것이 아니라 차원적인 것을 의미한다. 다차원적이라는 말이다.

우리 앞에 보이는 세계들은 각각 모두가 다른 세계이다. 그 세계들은 나름대로의 언어와 수학체계를 가지고 있다. 그러므로 우리 주변에 있는 모든 세계는, 수없는 패러다임은, 보다 큰 세계 혹은 보다 작은 세계가 아니라, 모두가 '다른 세계'라고 이해해도 좋을 것 같다. 이 것을 화엄華嚴교학에서는 중중무진重重無盡이라 표현하고 있다.

그러한 차원에서 나 자신을 바라본다면 나는 원자이기도 하고 분자이기도 하며 세포이기도 하며 몸 전체이기도 하다. 그러므로 실은 나를 둘러싼 모든 것, 내가 허당이라고 생각했던 모든 영역들이 리얼리티인 것이다. 다만 다른 차원의 리얼리티일 뿐이다. 이것을 다시 화엄에서는 일즉일체 일체즉일一卽一切 一切卽一이라고 말한다.

그런데 여기에서 더욱 충격적인 사실 하나, 그것은 네 번째가 된다. ④ 모든 물질과 모든 존재의 궁극은 하나이다. 양자과학과 불교 철학에 의하여 밝혀진 가장 깊은 차원의 리얼리티는 단일성이라는 펀더멘탈 리얼리티fundamental reality이다.

그렇다면 가장 깊은 소립자적 단계에서는 당신과 나는 글자 그대로 하나라는 것이다. 이를 다른 말로 표현한다면 우리들과 나 자신은 실은 우주 전체와도 연결되어 있는 우주적 존재라고 볼 수 있다.

그런데 이것이 끝이 아니다. 더욱 황당한 다섯 번째 결론이 있다. ⑤ 나는 우주적 존재인 동시에 우주의 중심이다. 우리는 각자가 '천상천하 유아독존'의 존재인 동시에 우주의 중심이라는 것이다.

우리는 흔히 독불장군을 일러 "지가 무슨 천상천하유아독존이야 뭐야"하고 입을 삐죽거리며 폄하하는 말로 사용한다. 그런데 불교적이며 양자물리학적으로 볼 때, 진실로 나는 우주적 존재인 동시에 우주의 중심인 천상천하유아독존이라는 것이다.

일체유심조의 의미

○

천상천하유아독존이라는 말은 옛날에 석존의 말씀이다. 그것도 낳자마자 일곱 걸음을 사방으로 걷고 나서 한 손은 하늘을, 한 손은 땅을 가리키면서 한 이야기이다.

원래 석가모니에서 석가釋迦는 석존이 속한 부족 이름이며, 모니牟尼는 '성자'라는 의미이다. 붓다는 '깨친 자'라는 의미이며 한역漢譯시에 '불佛'로, 한글로는 '부처'로 번역되었다.

석존은 석가족의 중심지인 카필라성에서 국왕인 숫도다나왕의 장자로 태어났다. 어머니 마야 부인이 출산 기일이 되어오자 그 당시의 관습대로 아이를 낳기 위해 친정집이 있는 데바다하로 가게 되었다.

마야부인은 여행 중 아름다운 룸비니 동산에 이르러 휴식을 취했는데, 갑자기 출산의 고통이 찾아왔다. 이때 마야 부인은 아쇼카(Aśo-ka, 無憂樹) 나무의 늘어뜨린 가지를 붙잡고서 장래에 붓다Buddha가 될 아이를 옆구리로 낳았다.

산도가 아니고 옆구리로 태어난 것도 이상하기 짝이 없는 일이지만 더욱 놀라운 일은 그 다음에 일어난다. 아기 태자는 즉시 일어나 사방으로 일곱 걸음을 걷고 나서 오른손으로 하늘을 가리키고 왼손으로 땅을 가리키면서 '천상천하유아독존天上天下唯我獨尊'이라고 외쳤다는 것이다. 아기가 태어나자마자 부축도 없이 곧게 일어서는 것도 어려운 일인데 일곱 걸음을 사방으로 걷는 것은 더욱 어려운 일이다. 게다가 외치다니….

아프리카 세렝게티의 초원에서 갓 태어난 얼룩말도 정신을 차려 뛰기까지는 적어도 두어 시간은 비척거려야 한다. 이런 붓다의 생애를 보면 우리는 너무도 상징적이든지, 아니면 너무도 양자 물리학적이든지 하다는 사실을 알게 된다.

상징적 혹은 양자적

○

먼저 이 이야기를 상징적으로 풀어 보자. 오른쪽 옆구리의 탄생은 인도에서의 4성 계급, 즉 카스트와 관련이 있다. 바라문은 범천의 머리, 크샤트리아는 옆구리, 바이샤는 다리, 수드라는 발바닥에서 태어난다는 상징적 비유이다. 석존은 크샤트리아 왕족이었기 때문에 옆구리에서 태어난 것으로 설정된 것이다.

또한 갓 태어난 아기가 일곱 걸음씩 걸었다는 것은 일반적으로 육도윤회로부터의 벗어남을 의미한다고 볼 수도 있다. 따라서 6 다음에 오는 7은 윤회세계의 모든 괴로움을 벗어나는 경지인 해탈解脫 즉, '완성'을 상징하는 숫자이다. 그러므로 일곱 걸음이란 우주 생성의 주기로 곧 일체 세계를 의미한다. 또한 사방을 일곱 걸음$_{4 \times 7 = 28}$으로 걸음으로써 28천에 석존 탄생의 뜻을 알린 것으로 해석할 수도 있다. 28천은 불교학에서 말하는 하늘의 종류를 말한다.

다음은 양자적으로 해석을 해 보자. 양자물리학적으로 본다면 석존의 탄생 이야기는 하나도 거짓이 없는, 얼마든지 가능한 이야기라는 것이다. 즉 리얼리티일 수 있다는 말이다.

우리들의 차원에서는 황당한 사실도 다른 차원에서는 충분한 리얼리티가 된다. 예수가 돌아간 지 사흘 후에 부활한 이야기나 모세가 홍해를 가른 것이 다른 차원의 측면에서는 충분한 리얼리티일 수 있다는 것이다.

지금까지 우리는 ① 우주는 대부분 비어 있다. 뿐만 아니라 우주는 전혀 물질적이지도 않다. ② 물질을 구성하는 것은 물질뿐만이 아니라 생각·개념·정보들의 혼합이다. ③ 물질의 입자는 실제로는 차원적으로 중첩되어 존재한다. ④ 모든 물질, 모든 존재의 궁극은 하나다. ⑤ 나는 우주적 존재인 동시에 우주의 중심이다. 하는 등의 몇 가지의 사실을 알게 되었다.

이러한 것들은 2,500년 전에 불교에서 밝힌 것이며, 현대에 이르러서는 양자물리학에서도 주장하는 핵심적인 내용이라 한다.

이 순간 우리 모두는 깊은 고민에 빠져 들고 있다. "아 ! 양자물리학이라는 것을 배워야 하는구나. 불교도 알아야 하고…. 난 차※만 좀 취미로 알면 되는데.…" 그렇다. 그러한 내용들을 증명하기 위해서는 엄청난 공식과 깊은 물리학적 내공이 있어야 한다. 또한 불교도 만만한 영역이 아니다.

그러한 생각은 나도 마찬가지이다. 나도 실은 불교와 차를 조금 공부하는 사람일 뿐 물리학적 내공은 턱없이 부족하다. 다만 전반적인 방향에 대해서 공감을 하고 있을 뿐이다. 그러나 우리가 자동차를 사용하기 위하여 자동차 엔진과 구동의 원리, 운동역학 따위에 대한 상세한 지식이 있어야만 하나? 운전면허증만 있으면 운전할 수 있다. 양자물리학을 연구하는 것은 이론 물리학자들에게 맡기고, 우리는 그것을 즐기는 일을 하자 이것이다.

그런데 그러한 양자물리학이 오늘날 우리에게 전해주는 정보 중에서 중요한 핵심이 하나 있다. 그것은 '우리들의 의식'이 지니는 가치이다. 우리의 마음이야말로 현실의 관찰자요 창조자라는 것이다. 그래서 의식적으로 결정하기만 하면 물질세계마저도 바꿀 수 있는 가능성까지 있다는 것이다.

그것이 의식의 리얼리티이다. 그것이 불교에서 말하는 오래된 미래이다. 우리에게 익숙한 말이며 거의 모든 사람들이 알고 있는 불교의 교리가 있다. 『화엄경』에 나오는 '일체유심조一切唯心造'라는 말이다. 이것이 양자물리학의 새로운 세계이며, 차를 공부하는 사람으로써도 희망적인 활로가 되는 것이다.

의식의 프로세스와 마음공부
○

그러면 이번에는 우리가 가장 중요하다고 하는 의식이 형성되는 과정을 살펴보자. 이제까지는 불교 수상행식의 틀을 빌어 그 과정을 이해했지만 여기서는 얄팍하나마 과학적인 지식을 동원하여 의식의 프로세스를 알아보겠다.

뇌에서 생각이 일어나는 과정은 시냅시스들의 연결에 의해서 이루어진다고 한다. 생각을 일으킬 때의 뇌는 흡사 벼락치는 풍경에 비유할 수 있다. 시냅시스들은 평소에 완전하게 연결되어 있지 않고 약간씩 간격이 있다가, 우리가 생각을 일으키는 순간 이 시냅시스들이 서로 연결되면서 사유가 이루어지게 된다는 것이다.

우리가 생각을 일으킬 때 뇌 속에서 움직이는 시냅시스들의 모습을 시각적으로 묘사해 본다면 마치 비오는 날 하늘에서 벼락 번개가

치는 모습과 같다. 검은 구름이 하늘에서 소용돌이를 시작하고 번개와 같은 강렬한 전기적인 자극들이 그 속을 통과한다. 그리하여 마치 번개 천둥이 일어나는 것처럼, 전기적인 섬광이 다른 시냅시스에 닿음으로써 생각이 만들어진다는 것이다.

그러한 시냅시스들의 연결 상태에 따라서 사람들은 감정이라는 것으로 반응하게 되는데, 그것은 마치 홀로그램의 이미지와 같은 것으로 분노·증오·동정·사랑 따위의 감정으로 나타난다.

우리의 뇌는 뉴런이라고 하는 미세한 신경세포로 만들어져 있다. 뉴런은 뻗어 있는 미세한 가지들을 가지고 있고 다른 뉴런들과 연결되어 망을 형성한다. 이 뉴런들이 연결되어 있는 곳에서 생각이나 기억이 구체화 된다. 그래서 뇌는 조합된 기억의 패러다임에 의하여 자체만의 '개념'을 만들어 내는 것이다. 예를 들어 개념·생각·감정들은 모두가 이 뉴런망의 상호연결로써 구축된 것이다. 그러한 일련의 과정에서 화학물질이 그러한 역할을 담당한다.

그러므로 우리가 어떤 감정이 생긴다는 것은 뇌과학적으로 본다면 어떤 화학물질이 발생한 것이다. 즉 어떤 감정이 일어났다는 것은 실은 그와 통하는 화학물질이 생겼다는 것을 의미한다는 것이다. 그래서 감정이 좋다거나 나쁘다는 것은 그 감정을 일으키는 특정한 화학물질들이 쌓인 것을 의미한다. 우리들이 흔히 스트레스가 쌓였다든지 열을 받았다든지 하는 것은 화학적 작용인 것이다.

그 화학물질의 이름은 펩타이드이다. 뇌에는 시상하부라고 불리는 장소가 있는데 이곳에서 우리가 경험하는 특정 감정에 맞는 펩타이드라고 하는 특정 화학물질이 조립된다. 그것들은 작은 아미노산의 고리로 되어 있다. 즉 우리들의 희로애락의 감정이라는 것이 뇌과학적으로 볼 때는 단백질로 만든 여러 화합물질에 의한 작용에 불과하다는 이야기다.

몸은 단백질을 생산하는 기계로서 20여 개의 다른 아미노산을 만들 수 있는 탄소단위로 되어 있다. 뇌에서는 작은 아미노산 고리를 형성함으로써 우리가 매일 경험하는 화냄, 사랑 따위의 감정 상태에 맞는 특정 신경펩타이드와 신경호르몬으로 조합하여 감정을 나타내게 하는 것이다.

감정이 발생하는 프로세스는 외부 기관을 통해 들어온 정보를 뇌에서 알아차리는 그 찰나 수문장은 그것에 대한 반응을 지시한다. 다음, 시상하부는 즉시 펩타이드를 조합하여 뇌하수체를 통해 혈류 속으로 그것들을 풀어 놓는다. 그리되면 그 펩타이드 단백질의 조합이 순간적으로 몸속의 다른 기관으로 향하게 된다.

즉 감정이 발생하는 과정은 하나의 화학적 반응이며 펩타이드라는 아미노산의 조합에 따른 마술에 불과하다.

그것은 마음공부라는 측면으로 볼 때는 좋은 소식과 나쁜 소식의 가능성을 동시에 제공한다.

살아있는 세포

○

한편, 몸속에는 60조 개의 세포들이 있다. 개개의 모든 세포는 외부로부터 오는 것들에 대한 수용체 즉 안테나를 수천 개까지 가질 수 있다. 그래서 펩타이드가 일단 세포에 닿으면 그것이 수용체를 자극하여 세포 내부로 신호를 보낸다. 그것은 마치 열쇠로 자물쇠를 여는 것과 같다.

그리고 그 수용체는 펩타이드의 화학적 조합 방식에 따라서 세포를 다양하게 변화시킨다. 수용체는 생화학적인 사건을 통하여 핵의 변화까지 유도하며, 심지어 어떤 수용체는 세포의 핵까지도 변화시킨다. 그러므로 감정의 작용에 따라 위궤양이 생긴다든지, 당뇨나 암이 생긴다든지 하는 것들도 당연한 화학적 과정이며 결과인 것이다.

모든 세포는 분명 살아 있다. 뿐만 아니라 살아있는 각 세포는 의식을 가지고 있다. 세포는 몸에서 의식을 가지고 있는 가장 작은 단위이다. 그러므로 뇌에서 만들어진 단백질 펩타이드가 세포의 수용체를 따라 세포의 감정을 유도하는 것이 조금도 이상할 것이 없다.

길게 과정을 설명했지만 우리의 생체는 엄청 빠른 슈퍼컴퓨터다. 그래서 지금까지의 과정에 대한 설명은 지루하지만 과정의 실제는 매우 빠르다. 예를 들어 어떤 이성을 보고 사랑을 느끼면 그 순간 순식간에 전신으로 그 느낌이 퍼져, 즉각 온 몸이 사랑으로 불타오르게 되는 것이다. 어떤 학자는 사랑을 느끼는 시간을 약 3초라고 말한다. 우리 의식의 프로세스는 그야말로 눈 깜짝 할 사이에 이루어지는 것이다.

만약 우리의 세포에게 매일 일정하게 반복하여 동일한 감정의 화학물질로 충격을 주게 되면 세포들은 이러한 감정의 화학물질에 맞는 신경물질을 더 만들어내게 된다.

나아가 우리가 반복해서 특정한 감정을 익히게 되면 우리의 뇌 세포는 그 화학물질을 생산하는 장기적인 체제로 돌입하고, 그 화학물질은 매일 신경망을 재구성하고 재통합하게 될 것이다. 게다가 그 신경망은 그러한 상태를 유지할 뿐만 아니라, 비슷한 상태의 다른 신경세포들과 연합하게 되어 일종의 중독상태가 된다. 이와 같이 어떤 사람이 어떤 감정에 중독된 상태를 정체성Identity이라 부른다.

예를 들어 만약 어떤 사람이 매일 화를 내거나, 좌절하거나, 괴로워하거나, 고통과 원망만을 되풀이 하다 보면 뇌와 몸은 화의 화학물질로 가득 차게 되고, 그 화학물질은 세포의 수용체를 자극하여 전신을 화의 체질로 바꾸고, 또한 신경세포들은 서로 연합하여 견고한 화의 정체성을 형성하게 될 것이다.

그렇게 되면 사람들은 그를 일러 '휘발유'라는 별명으로 부르게 될 것이다. 건드리기만 하면 화의 휘발유가 활활 타오르게 되니까.

우리의 몸과 마음이 그런 방향으로만 전개되면 우리는 절망하게 될 것이다. 그러나 우리에게는 정 반대의 가능성도 있다.

창조의 영역

○

세상에는 부정적인 원리만 있는 것이 아니다. 정반대의 현상도 리얼리티인 것이다. 설사 그처럼 휘발유가 되어 있다 하더라도 우리의 뇌세포가 "화를 내지 말아야지." 하는 자각을 따라서 몸속에서 화학반응을 일으키는 생각의 과정을 '깨어 바라볼 때'마다, 견고하게 연결되어 있는 휘발유성 신경세포들의 연합전선이 붕괴되기 시작한다.

그래서 화는 점점 적어지고 평온은 점차 커져 안정을 얻게 되는 것이다. 이러한 과정을 일러 선 즉 '마음공부'라고 한다. 그러므로 마음공부란 물리학적으로 증명가능한 영역이라 할 수 있는 것이다.

여기에서 우리들에게 무한한 창조의 여지가 발생한다. 즉 우리의 마음작용에서 부정적인 화학작용과 중독을 지양하고 긍정적인 화학작용과 중독으로 전환할 때에 우리의 삶은 엄청나게 변화할 것이기 때문이다. 이것이 우리 삶의 양자물리학적 전환이다.

그리하여 작게는 세포단위로 크게는 몸 전체로, 나아가서는 운명을, 긍정적인 새로운 중독으로 전환하는 것도 엄연한 리얼리티인 것이다. 이것을 불교적으로 선수행禪修行이라 한다. 이처럼 수행은 공상과학이거나 비과학이 아니라 일종의 물리학이라는 것이다. 그리고 물리학의 중심에 우리의 마음이 위치하고 있는 것이다.

운명을 바꾸는 전능하신 신은 우리의 내면에 있다. 우리의 긍정적인 한 생각이 아미노산으로 이루어진 화학물질을 형성하고, 그것이 세포에 영향을 미치고, 같은 감정들이 연합하여 긍정과 사랑의 중독에 빠지게 함으로써 우리의 운명을 바꾸는 기적이 일어날 수 있는 것이다.

그러한 기적의 전문적인 명칭이 선이다. 나의 가치를 내면에서 발견하고, 선 수행에 의하여 마음이 변화하고 그 마음공부의 힘으로 인하여 현실을 창조하는 것이 가능한 것이다.

인지작용이 뇌의 기능이라 할지라도 그것은 한 마음에서 시작한다는 것이 불교적 생각이다. 즉 뇌는 기계이며 아미노산의 조합은 화학적이라면 그것이 되도록 하는 주인공의 한 마음은 창조의 주체가 될 수 있는 것이다. 마음을 다스리고 창조적인 쪽으로 사용한다면 창조적인 결과가 발생하는 것이 불교적 원리인 동시에 양자물리학적 원리이다.

4
선의 실제와 찻자리

긍정적 창조의 방법과 선

○

그러면 어떻게 현실을 창조할 것인가? 긍정적 창조의 방법은 그리 복잡할 것이 없다. 그냥 마음을 정하고 그대로 가면 된다. 그렇다! 인생을 긍정적으로 바꾸어 보기로 결심하였다. 이제 우리는 희망을 가지게 되었다. 그렇게 하기로 마음먹었으니까.

그리고 아침에 일어나 원하는 방향으로 마음을 정하고, 그러한 현실이 오도록 마음으로 요청한다. 하루가 지난다. 그리고서 저녁을 맞이한 우리는 실망하게 될 것이다. 왜냐하면 아침에 마음을 먹었지만 내가 처해 있는 현실에서는 어떤 변화도 일어나지 않았기 때문이다.

그러나 그것은 당연한 일이다. 왜냐하면 나는 '턱도 없지!' 하는 생각이 뱀처럼 똬리를 틀고 저 마음 밑바닥에 자리 잡고서, '그래 해보자!' 는 긍정적 싸인이 든 펩타이드 화학물질의 생성을 하루 종일 끊임없이 와해시키며 왔기 때문이다.

그것은 나의 초보적 마음공부의 과정에서 일어나는 당연한 결과이다. 따라서 결코 슬퍼하거나 노해서는 안 된다. 다만 점점 더 그렇게 생각해 갈수록, 나의 믿음이 강렬해 갈수록, 화학물질이 증가하고, 부정적 화학연대가 붕괴하고, 긍정적 신경망들이 나의 뇌에 연결되어 진다는 사실을 믿고 각성해야 한다. 그것들이 세포를 바꾸고, 현실을 바꾸고, 행복을 증진시킨다.

부정적 마음을 극복하고 긍정적 신경망을 확충하는 데에 반드시 필요한 것은 선이다. 왜냐하면 과거의 부정적인 신경망을 분해하고 새로운 긍정적 신경망을 구축하기 위해서는 진공眞空이라는 털어냄 과정을 거치지 않으면 안 되기 때문이다.

선이야말로 진공이라는 터널이다. 텅 비움이라는 선 명상을 통해서 마음을 비움으로써 종래 자신을 구축했던 견고한 신경망이 붕괴되고 새로운 신경망을 형성되면 나도 자신의 성격과 운명, 그리고 세상을 바꿀 수 있는 대열에 동참이 가능하다.

차는 텅 비우는 선 명상에서 요긴한 도구이다. 우리 차인들은 자신을 바꾸고 세상을 바꿀 수 있는 사람들인 것이다.

한때 워싱턴에서 한 실험을 하였다. 세계 각국에서 온 자원자들이 하루 종일 명상을 일정기간 함께 하는 실험이었다. FBI에서는 그 정도 규모의 사람들의 명상은 범죄율을 25%정도 감소시킬 것이라고 예측했다. 실제로 그 명상기간이 끝난 후 워싱턴 시에서는 1년 동안

25% 범죄 감소를 보고하였다.

행차하는 사람이 긍정적이고 행복한 마음을 가지고 차를 우릴 때와 짜증스러운 마음으로 차를 우릴 때의 차의 맛은 퍽 달라진다. 차보다 진하고 강렬한 맛을 지닌 커피를 대상으로 하면 그 결과를 더욱 쉽게 알 수 있다. 그것은 사람의 긍정적인 마음의 에너지가 물의 형태와 맛의 구조를 바꿀 수 있다는 것을 증명한다.

만약 마음이 물의 분자형태를 바꿀 수 있다는 평범하면서도 일상적인 가능성이 있다면 그것은 매우 희망적인 사건이다. 우리의 몸은 70%가 물이고, 두뇌는 80%가 물인 까닭이다. 게다가 우리가 선택하기 전까지는 가능성으로만 존재하는 것이라는 양자물리학의 원리를 상기할 필요가 있다.

가능성의 원리를 따라 나와 세상을 긍정과 행복의 세계로 바꾸는 것이 선의 리얼리티이다.

마음공부와 찻자리

○

만일 의식적으로 나의 운명을 계획할 수 있다면, 그리고 나의 의식이 현실과 삶에 영향을 미치는 것을 성찰할 수 있다면, 결국 나의 삶은 긍정적이며 창조적인 길로 들어설 수밖에 없게 될 것이다. 나는 우리가 '깨닫는다' 라든지, '도가 튼다' 따위의 말은 결국 이러한 길을 통해서 도달하게 되는 목표가 아닐까 생각한다.

의식이라는 관찰자가 항상 우리의 모든 행동을 깨어 바라보면서 자신의 의지를 조절해 간다면, 그리하여 선 명상이 우리 삶의 근간이 되어 간다면, 우리 자신이 알지 못하는 사이에 점차 소원이 뜻대로 이루어지고, 마침내 부처가 될 수도 있다는 사실에 우리는 놀라게 될 것이다. 일반적으로 밖에서 일어나는 엄청난 일은 마술Magic이라 한다. 그러나 내 안에서 일어나는 것은 기적Miracle이다.

'깨어 바라봄'을 통하여 마음이 긍정적으로 전환되는 선은 기적을 일으키는 우리 삶의 거의 유일한 통로이다. 자신의 마음이 변하고 그로 인하여 생활이 변하고 이윽고 운명이 변한다면 그것만한 기적이 어디 있겠는가.

이제 '찻자리의 마음가짐'으로 돌아가 보자. 차인은 아름다운 마음을 통해서 아름다운 찻자리를 만들어야 한다. 아름다운 찻자리의 출발은 긍정적이고 아름다운 마음에서 시작되는 것이다.

아름다운 찻자리를 창조하기 위해서는 먼저 선으로 마음을 정화시켜야 한다. 그리고 선의 심경으로 찻자리를 시작해야 한다. "나와 차를 통해 만나는 오늘의 인연은 일생에 단 한 차례 만나는 소중한 인연 즉 일기일회一期一會다." 이렇게 생각하며, 오늘의 인연이 참으로 소중하고 선연으로 맺어지도록 간절히 소망해야 한다. 그리고 그러한 찻자리가 이루어진 것에 대하여 감사한 마음을 가질 필요가 있다.

그렇게 행차를 하면 우선 나의 펩타이드의 조합이 행복의 아미노산으로 형성될 것이고, 찻물이 건강한 육각수로 변할 것이며, 차의 맛은 최고의 맛으로 변할 것이고, 그리고 찻자리의 모든 사람들의 마음이 평화로워질 것이다. 그래서 매우 행복한 찻자리가 될 것이다.

이처럼 은근하고 영원하며 기쁨이 넘치는 찻자리가 선으로 수행하는 찻자리인 것이다. 이것 말고 차인의 행복을 어디에서 찾을 것인가. 이것이 차선일미가 아니고 무엇이겠는가.

선은 깨어 바라봄이다

○

차는 흔히 불교의 선과 통한다고 말한다. 그래서 '차선일미'는 차인이면 누구나 알고 있는 말이다. 일단 그 말은 차와 선은 경지가 같다는 말이며, 즉 차도와 불교의 선禪은 같다는 말이다. 그러나 도대체 선이무엇인지, 그리고 어떻게 해서 차와 선이 같은 맛인지 아는 차인은 매우 드물다.

차인들은 진정한 차도를 위해서, 그리고 내면의 행복을 위해서, 선을 해야 한다고 생각들을 한다. 그냥 차선일미라고 말로만 하지 말고 명상의 맛을 보아야 한다고 말을 한다. 그런데 막상 선을 해보려 하니 막연하고, 어렵고, 어떻게 하는지 몰라서, 자신과는 다른 동네의 일이라는 생각만 한다.

선을 해야 한다는 말을 들으면 가슴이 덜컥 한다. 머리를 깎고 출가해야 하는 거 아닌가? 선은 눈 감고 고요히 앉아야만 하는 것이 아닌가? 하는 생각을 하는 사람들이 있다. 그렇다. 세상의 복잡함을 떨쳐버리고 고요한 환경에서 앉아있다면 선을 잘 할 수가 있다.

그러나 세속에 살아야만 하는 우리들은 그럴 수 없다. 게다가 차를 마시면서 선을 한다는 것은 더욱 어렵다. 그러다보니 차인들 중에서는 무게를 잡고 조주(趙州 從諗, 778~897)가 어떻고, 초의가 어떻고 하는 등 옛 선사들의 이야기나 법문을 적절하게 짜 맞추어 아름다운 선의 경지를 묘사하면서 현란한 언어의 세계로만 차선일미를 운운하는 경우가 많았다.

선은 입산해야만 하는 것이 아니다. 또 앉아야만 하는 것도 아니다. 왜냐하면 선은 내 마음이 하는 것이기 때문이다. 다만 어떻게 하는 것이냐를 알면 되는 것이다.

선의 요지는 깨어 바라보면 된다고 말하였다. '깨어 바라봄'이 모든 선 수행의 기본 원리인 것이다.

선의 원리와 법신광명관

○

선의 원리는 너무 쉽다. 그러나 선의 실제는 너무 어렵다. 왜냐하면 깨어 바라보는 것이 결코 쉬운 일이 아니기 때문이다. '깨어서 바라봄'이라는 것에 대하여 나는 오랫동안 고심해 왔다. 그리고 나름대로 해답을 얻어 보았다.

깨어 바라본다는 말을 구체적으로 정의한다면 "내가 무엇을 바라본다는 것을 생생하게 의식하고 있다"는 것이다. 그러나 말은 간단하지만 실제로 적용하기는 쉽지 않다.

지금 앞의 무엇인가를 바라보기 바란다. 읽고 있는 책을 보아도 좋다. 이 순간 당신이라는 '주관'이 책이라는 '대상'을 바라본다. 그러나 이때 바라보았지만 그것은 그냥 '일상적인 바라봄'이지 '깨어 바라봄'은 아니다. 일상적인 바라봄은 일상생활일 뿐 선은 아니다. 깨어 바라봄이어야 비로소 선이 된다.

깨어 바라봄이란 주관이 대상을 바라보는 것을 바라보는 하나의 보초를 세우는 것으로 생각해도 좋다. 관찰하는 또 하나의 보초, 그것을 전통 선가에서는 주인공이라고도 부른다. 책을 보는 1인칭, 보이는 책 2인칭, 그리고 그 두 가지를 동시에 바라보는 3인칭을 내면에 두어 바라보도록 하는 것으로 비유해도 좋다. 그러한 상황에 대하여 어떤 위빠싸나마스터는 Watching 하는 것을 Noticing 하라고 가르친다.

그 원리를 간단히 소개하겠다. 우리의 마음은 근본이 성품性品 하나이지만 작용에 두 측면이 있다.

하나는 일상생활의 측면으로, 이를 색신관色身觀이라 칭해 보자. 불교학의 논사들은 이러한 측면을 '성품의 오염된 작용[染分]'이라 불렀다. 색신관은 내가 책을 읽고 내가 음악을 듣고 생명활동 모두를 가리킨다. 따라서 인간으로 사는 데는 이 측면의 작용으로 충분하다. 그러나 백년을 살아도 그것은 수행이 되지는 못한다.

다른 하나는 선 수행의 측면으로, 이를 법신광명관法身光明觀이라 칭해 보자. 불교학 논사들은 이러한 측면을 '성품의 정화된 작용[淨分]'이라 지칭하였다. 법신광명관은 색신관의 과정 전체를 '깨어 바라보는' 즉 Watching을 Noticing하는 작용을 말한다. 법신광명관이야말로 선수행이며 성품의 정화된 측면을 일깨우고 강화하여 마침내 부처를 이루는 길이다.

몸 안에 등불 켜기

○

그런데 이 글을 읽으면서 우리는 다시 실망한다. 쉽게 안 된다는 것을 알았기 때문이다. 도대체 깨어 바라봄이라는 게 손에 잡히지 않는 것이다. 그래서 내가 또 준비했다. 보다 쉬운 방법을 말이다. 그것은 내 몸 안에 등불을 켜두자는 것이다.

내가 아끼는 그림이 하나 있다. 범해 김범수 화백이 그린 그림인데, 화제가 빈자일등貧者一燈, 즉 '가난한 여인의 등불'이라는 주제이다. 그것은 불교경전에 나와 있는 유명한 이야기이다.

석존 당시 사람들은 석존께 공양하는 것을 매우 의미 깊게 생각하였다. 그래서 석존이나 법이 높은 수행자에게 공양을 올릴 때 꽃이나 등불 등을 보시하는 것이 통상적인 일이었다.

어느 가난한 여인이 부처님께 등불을 올리고 싶었는데, 돈이 없었다. 그녀는 길 가에서 구걸하여 기름값을 마련한 후 석존께서 설법하실 단 주변에 등불을 켰다. 그리고 후세에 수행자가 되어 반드시 도를 이루겠다는 서원誓願을 올렸다.

하루 종일 많은 사람들의 염원을 담은 등불이 단 위에서 타오르고 있었다.

저녁이 되어 석존께서 주무실 시간이 되었으므로 시자인 아난다가 단 위의 등불들을 차례로 끄기 시작하였다. 그런데 그 중 한 개의 등불은 아무리 해도 꺼지지 않는 것이었다.

그 때 석존이 말씀하신다. "아난다야 그 등불은 네가 끌 수 없단다. 그 등불에는 가난한 여인의 강렬한 서원이 담겨있기 때문이다. 그 여인은 그 서원의 등불로 인하여 후세에 수행하여 반드시 아라한과를 이룰 것이다."

가난한 여인의 등불은 서원의 다른 이름이다. 등불은 강렬한 서원의 상징이다. 지구상의 모든 사물들은 중력의 영향으로 지구의 중심을 향해 운동을 한다. 뉴턴은 떨어지는 사과를 통해 그 운동을 보고 그것을 만유인력이라 말하였다. 그러나 그 법칙에 어긋나는 유일한 사물이 있는데 그것이 바로 불이다.

불은 중력과 반대 방향으로 타오른다. 중력을 거스르는 유일한 사물인 불은 수행자들에게 중요한 의미로 다가온다. 그래서 윤회와 업력이라는 벗어날 수 없는 삶의 중력을 거슬러 열반이라는 피안에 도달하려는 서원의 상징으로 삼게 된 것이다. 따라서 등불은 업력을 거슬러 마침내 부처에 이르게 되는 서원의 상징이다.

등불은 불교가 종교로써 출발한 기점이라 할 수 있다. 후일, 불교의 역사를 전등(傳燈)의 역사라 하고, 선종에서는 등불을 스승과 제자가 심심상조心心相照하는 상징으로 간주한다. 등불은 서원이요, 내면을 밝히는 상징이요, 법을 잇는 상징으로 알려져 왔던 것이다.

석존이 열반에 들기 전에 제자들의 요청에 마지막 가르침을 설한다. "너희는 자신을 등불삼고, 법을 등불 삼으라." 여기에서 '자등명법등명自燈明 法燈明'이란 말이 나왔다. 이 말씀은 매우 상징적인 말씀이지만 나는 이 가르침을 바탕으로 내 몸 안에 상상의 등불을 켜자는 아이디어를 얻었다.

몸에 등불을 켜서 스스로의 몸을 빛의 몸으로 만드는 법신광명관에서 '법신'은 바이로차나Vairocāna를 말하는데 그것은 빛이라는 뜻이다.

그러면 나의 몸 어디에 등불을 켤 것인가. 머리에 켜도 되고 가슴에 켜도 되고 하단전下丹田에 켜도 된다. 엄지발가락에 켜도 효과적이다. 여러 곳에 켜 봐서 잘 켜지는 곳으로 선택하면 된다.

방법은 부처님 오신 날 법등法燈을 생각하면 된다. 한지를 바른 법등 안에 불을 밝히면 환한 황금빛 법등이 된다. 텅 빈 내 몸을 상상하고 어딘가에 황금빛 등불을 밝히면 나의 온 몸이 밝은 광명체가 될 것이다.

법신광명관의 활용

○

법신광명관에서 주의할 것은 "나의 내면에 지혜등불을 밝힌다."는 식으로 상징적으로 생각하면 절대 안 된다는 것이다. 실제로 딸깍!

하고 전기 스위치를 넣어 내 몸이 법등처럼 밝게 빛나는 것을 시각적으로 상상하라는 말이다. 엄지와 장지로 딸깍! 신호를 하고 스위치를 켜 보자.

자, 온 몸이 밝은 빛의 몸이 되었는가? 그렇다면, 내 몸이 밝은 빛의 몸이 된 상태에서 무엇이든 바라보면, 그것은 주인공이 깨어 바라보는 법신광명관의 출발이 된다.

나는 그것이 선의 핵심이라고 생각한다. 정시靜時에 자세를 바로 하고 앉아있다면 빛의 몸이 된 상태에서 자신의 호흡을 바라보아도 좋고 하단전을 응시하여도 좋다. 빛의 몸 상태에서 바라보는 것이면 무엇을 바라보아도 선이 된다는 말이다. 동시動時에는 복잡하거나 머리를 많이 써야 하는 일이라면 쉽지 않지만, 산책 등 단순한 일을 할 때는 빛의 몸이 된 상태에서 임할 때 효과적이다.

한국불교에서는 매년 두 차례 전국의 선방에서 수행자들이 안거安居에 들어 간화선看話禪을 한다. 그들이 석 달 동안 앉아서 참구參究하는 것은 화두話頭라고 하는데, 사실 간화선에서 화두를 드는 목적은 화두 자체에 있는 것이 아니다. 주인공을 성성惺惺하게 깨우자는 데에 목적이 있는 것이다. 몸 안에 등불을 켠 상태가 된다면 우리는 화두를 들지 않고도 주인공 성품을 성성하게 깨우고 있는 셈이 된다.

화두를 드는 공부법은 매우 우수한 방법이기는 하나, 방법을 모르고 무조건 오래 하다가 보면 상기병上氣病이라는 지뢰를 밟을 수 있는 공부법이다. 상기병은 화두를 색신관으로 할 경우에 발생하는 대표적인 부작용이다. 그러나 이 등불을 켜는 법은 상기병의 염려가 없는 비교적 안전한 공부법이라고 생각한다. 간화선 수행자라면 등불 켠 상태에서 주인공이 바라보는 화두를 들면 성성해질 것이다.

물론 등불을 켜는 일 즉 빛의 몸이 되는 것이 궁극적 목표는 아니다. 주인공을 깨워 바라보게 하는 매개적 단계에 불과하다. 불교에서는 그러한 것을 지칭하여 방편方便이라 부른다.

찻자리 할 때 선하는 법
○

인류가 출현한 이후 수많은 인간들이 나고 죽었을 것이다. 그들 모두에게는 공평하게 하루 24시간이 주어졌었다. 나는 평소에 그 많고 많은 사람 중에 왜 부처와 보살은 극소수일까 하는 의문을 가졌었다.

이유는 모든 사람들에게 똑같이 24시간이 주어졌지만 대부분은 주인공이 깨어 바라보지 못하고 일상 속에 시간을 지냈으므로 그들은 이름 없는 중생으로 떠났고, 극소수 몇 분들은 주인공이 깨어 바라보며 살았으므로 부처가 되었다고 생각한다.

주인공이 깨어 살라는 말로 유명한 인물은 임제이다. 그는 '수처작주隨處作主'라고 말하였다. 이르는 곳마다 주인으로 살라. 즉 주인공을 깨어나라고 말한 것이다. 그리고 덧붙였다. 그렇게 되면 '입처개진立處皆眞'하게 될 것이라는 것이다. 모든 곳에서 진실 즉 부처의 자취를 나투어 낼 수 있을 것이라는 말이다. 그 말은 이르는 곳마다 성품이 법신광명관을 통하여 깨어 바라보라는 말로 해석할 수 있다.

그럼 또 의문이 생긴다. "내 몸 안의 등불을 24시간 켜 놓아야 하는가?" 만약 내 몸 안의 등불을 24시간 연속으로 켜 놓을 수만 있다면 우리는 이미 어마어마한 선수행자가 되어 있을 것이다. 그렇게 되기 위해서는 엄청난 내공이 필요하므로 우리 차인은 우선 찻자리를 시작할 때 처음에만 스위치를 켜고 하면 좋다. 그리고 익숙해지면 점차로 다른 일을 할 때마다 손가락 스위치를 넣고 등불을 켜면 된다.

전철을 탈 때, 대화를 할 때, 음식을 만들 때, TV를 볼 때마다 손가락 스위치를 한 번씩 켜서 내가 빛의 몸이 되어 바라보면 된다. 그리고 시간이 날 때 우리는 폼 잡고 방석에 앉아서 눈을 감고 선에 들어 본다. 똑같은 방식으로. 내 몸 안에 등불을 켜고 내 몸을 빛의 몸을 만들고 그것을 바라보고만 있으면 된다.

등불을 켜고 자신의 몸이 빛이 된 상태에서 행차行茶를 하면 그것이 선이다. 그 경지에서 하는 차라면 그것이 차선일미가 될 것이다. 자신의 몸이 빛이 된 상태에서 걷게 되면 모든 잡념이 사라지고 선의 경지를 유지하게 된다. 이것이 행선行禪이다.

요즈음 한국불교에는 위빠사나(Vipassanā, 觀) 선법이 유행이지만 주인공을 깨우지 않는 위빠사나 선 수행은 핵심이 빠진 것에 불과하다. 주인공이라는 용어는 초기불교와 대승불교 사이에 교학적 문제를 안고 있는 면이 없지 않지만, 마음공부를 하는 데에 주인공을 상정하는 것은 나는 일단 효과적인 방법이라고 생각한다.

내 안에 등불을 켜고 행차하는 것만으로 우리는 차 마시면서 손쉽게 차선일미를 향유할 수 있는 것이다.

일상생활에서 선하는 법

○

차를 우릴 때, 그리고 차를 마실 때, 몸 안에 등불을 켜서 빛의 몸이 되는 것은 차선일미를 몸소 체험하는 중요한 방법이 된다. 늘 주인공을 깨워 주인공으로 하여금 내 삶을 이끌어가게 하는 것이기 때문이다.

내 안의 등불은 일상생활 속에서도 막강한 힘을 발휘한다. 예를 들어 생활 중에 엄청 화가 나는 경계가 발생했다고 하자. 상대가 나를 심하게 비난하였기 때문이다. 이 경우 대부분의 사람들이나 수행자를 막론하고 당연히 화가 난다. 왜냐하면 우리들의 내면에는 비난받는 것에 대하여 자동으로 화내는 반응이 남아있기 때문이다.

이 경우 만약 100이라는 화를 지닌 업은 100만큼 화를 내어야 소멸되는 것이 인과응보因果應報의 법칙 하에 작동되는 업의 실상이다. 업은 에너지로 표현할 수도 있는데, 화라고 하는 에너지는 그것에 상응하는 에너지만큼 타버려야 사라지기 마련이다. 따라서 100의 화 에너지는 100만큼 태워야 사라지는 것이 당연하다. 이것이 업이 지닌 에너지 불변의 법칙이다.

그런데 화를 내는 데에는 세 가지 방법이 있다.

첫째는 무조건 화를 내는 것이다. 이건 보통 사람들이 다 하는 것이다. 화를 내면 나의 불같은 화의 업은 순간 소모되며 사라진다. 그러나 다음 순간 상대가 기분이 엄청 나빠진다. 그래서 심각한 반응이 올 것이다. 그것을 본 나는 더 심각하게 업그레이드 한 화가 더 날 것이다. 그래서 결과적으로 새로운 업이 대폭 증가하고 마는 것이다. 따라서 100의 화를 소모하고는 오히려 200, 300이라는 새로운 업을 장만하고 마는 것이 우리 보통사람들의 모습인 것이다.

이렇게 되면 나 자신은 화를 더욱 키우고, 상대는 복수의 칼날을 갈아댄다. 술도 고기도 먹어본 놈이 잘 먹는다고, 화도 내본 놈이 더 잘 내는 법이다. 그것은 업의 축적에 의하여 나타나는 당연한 결과이다. 그러나 이 방법은 나도 해치고 상대도 해치는 방법이다. 소위 가성비가 너무 낮은 방법이다.

둘째는 화를 참는 것이다. 좋다. 참을 인忍자 세 번이면 살인도 면한다는 말이 있으니까. 그러나 100이라는 화를 참으면 그 업은 어떻게 될까? 화가 불살라 없어지지 않았으므로 새로운 업은 만들어지지 않지만, 그 업은 100만큼 그대로 숨어 저장된다. 가슴에 축적된 화는 풍선효과를 내어 다른 모습으로 현실화된다. 우리는 그것을 화병火病이라 하고, 화병이 굳은 것을 암이라고 부른다.

셋째는 깨어 바라보는 것이다. 안에 등불을 켜고 있는 사람은, 그리하여 자신이 빛의 몸이 된 사람은 엄청 화가 날 경우에 어떻게 할까? 당연히 그 사람도 화는 낸다. 그러나 그는 주인공이 깨어 있는 사람이므로 상대도, 그 상대에 대하여 화내고 있는 나 자신도, 함께 바라볼 수 있다. 화는 내지만, 주인공이 자신의 반응을 관하고 있으므로 풍선에 바람 빠지듯이 그 화는 현저히 세력이 약화된다. 화내고 있는 나를 자신이 바라볼 때 얼마나 어처구니없어지는지 해 본 사람은 다 안다.

하나의 경계境界에 100이라는 화의 에너지가 발생하는 것은 중생이나 수행자나 같다. 업의 에너지는 불변이기 때문이다.

첫 번째의 경우는 200이나 300이라는 새로운 에너지로 증가한다. 두 번째 경우는 밖으로는 참았지만 100이라는 에너지가 안으로 향하여 화병으로 잠재한다. 그러나 세 번째의 경우, 화는 내지만 화내는 1인칭과 상대의 2인칭을 주인공인 3인칭이 바라보고 있으므로 화는 손쉽게 제어된다. 결과적으로 이전의 업은 사라져버리고, 새로운 업이 소량 증가하거나 허공중에 사라지고 만다. 이것이 도인의 화내는 공식이요, 차인의 화내는 공식이다.

차인도 화를 낼 수 있다. 화는 내야 한다. 다만 깨어있기만 하면 된다. 그리고서 그 화내는 마음의 과정을 바라보고만 있으면 된다. 등불이 켜져 있으면 격렬하게 화를 내는 순간에도 그것을 바라보는 주인공은 깨어 있는 셈이 된다.

물론 주인공은 바라보고 있을 뿐 그 과정에 개입하지 않아야 한다. 그것만으로도 마음공부는 효과적으로 진행된다. 선은 원만하게 진행되는 것이다. 그것을 현실에 살아있는 선이라 하여 활선活禪이라 말할 수 있다.

나는 어느 강연장에서 이 방법을 공개했었다. 그 강연을 들은 어떤 사람이 내게 찾아와서 하는 말이, 오랫동안 마음공부에 뜻을 두고 공부해 왔는데, 도무지 '깨어 바라보기'라는 말이 이해가 안 되었다 한다. 그래서 그것을 알기 위해 미국과 미얀마에까지 가서 많은 수행자들을 만나보고 선방에도 들어가 보고 했었는데, 오늘에야 비로소 그 원리와 방법이 선명해졌다고 말하며 고마워한 일이 있다.

차선일미를 실현하기 위하여 어떻게 해야 하는가? '내 안에 등불을 켜면 된다.' 그리하여 나를 밝은 광명체로 만들어 그 상태에서 차를 마시면 된다.

그렇게 되면 우리는 차선일미를 맛보게 될 것이다. 우리는 차만 마실 것이 아니라 화도 내고 사랑도 해야 한다. 그러면서도 우리는 매우 행복한 차인이 될 것이다.

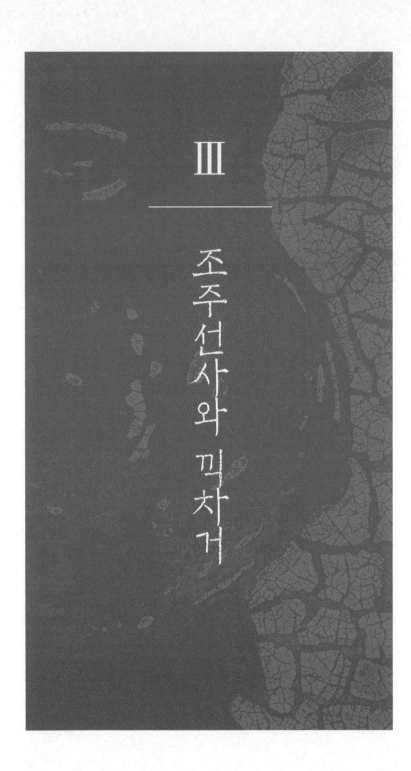

Ⅲ

조주선사와 끽차거

1

선문화와 선문답

선종의 성립과 선문화

○

헤겔이 완성했다고 알려진 정반합正反合의 변증법을 불교의 역사에 적용하면, 고대 인도에서 발원한 불교로부터 우리는 두 가지 안티테제의 흐름을 발견하게 된다. 하나는 인도불교 후기에 일어난 밀교密敎이며, 다른 하나는 중국불교의 전통에서 성립한 선종禪宗이다.

주지하다시피 불교는 인생의 '고苦와 무상無常'에서 출발한다. 고와 무상에 대한 응시는 석존의 출가와 구도의 동기가 되었고, 그의 교학을 대표하는 사성제四聖諦라는 교법을 도출해 내었다. 사성제는 바로고와 무상으로부터 시작한다. 따라서 불교의 모든 교리와 수행의 기반은 고·무상으로부터 출발한다고 해도 과언이 아니다.

그러나 후일에 발생한 밀교와 선종이라는 두 가지의 흐름은 그러한 기반을 송두리째 바꿔 놓았으니 그것은 현실을 '고'로 보지 않는다는 움직임이다. 우선은 인도에서의 밀교가 그 역할을 담당하였다. 그런 점에서 밀교를 불교의 흐름에서 제외시키려는 학자도 있다. 다음으로 중국불교에 이르러서는 선종이 그러한 경향이 있다.

불교의 전역(傳譯) 이후 중국불교는 사상적으로 크게 둘로 구분되는데, 수당(隋唐) 이전과 그 이후이다. 수당 이전에는 불교가 인도로부터 전하여졌지만 중국인의 피와 살로 충분히 화하지는 못하였다. 이른바 수입 불교에 머물렀으며 사상적으로는 현실부정의 인도적 성향에서 벗어나지 못한 종교였다. 격의불교(格儀佛敎)를 거치기는 했어도 근본적인 틀은 인도적 불교의 사유에 비교적 충실한 불교였다는 말이다.

그러나 수당을 거치면서 중국인들은 인도적 사유를 중국인에게 적합하도록 조정하기 시작하였다. 그리하여 현실을 긍정하며, 현실 속에서 불교적 이상을 실현하려는 적극적인 세계관을 지닌 불교를 낳았다. 중국인 특유의 현실불교로 전환한 것이다.

철학적인 불교로는 화엄철학(華嚴哲學)이, 실천적인 것으로는 선(禪)이 그 대표적인 것이다. 특히 선은 노장(老莊)과 인도불교적 사유가 융합하여 창조된 중국의 독자적인 종교라고 해도 좋을 것이다.

선종의 특징

○

역사적으로 보면 선종은 백장회해(百丈懷海, 720~814)의 청규淸規확립을 통하여 교단으로서의 위상이 정립된다. 백장의 청규에 바탕한 엄정하고 면밀한 총림叢林의 행지行持가 선종을 선종답게 한 것은 사실이다.

그러나 선종은 불교를 표방하는 승려들에 의하여 불교사원에서 이루어진 것이라는 점에서는 불교라고 할 수 있겠지만, 그들이 기반하고 있는 세계관과 그들이 지향하고 있는 목표점에서는 초기 인도불교와 상당히 이질적인 안티테제를 형성하고 있다고 보아도 좋을 것이다.

중국의 선종은 불립문자不立文字·교외별전教外別傳·직지인심直指人心·견성성불見性成佛의 소위 16자 종지가 가리키는 것과 같은 독특한 전통을 형성한다. 흥미로운 것은 불립문자를 표방하여 문자로 된 대장경大藏經을 철저히 비판하는 그들은 엄청난 양의 선어록禪語錄을 남김으로써 역설적이게도 새로운 형태의 선문화禪文化를 수립하고 있다는 점이다.

송대에 이르면 선종의 가르침은 뚜렷한 경향을 띠게 되는데, 그것은 소위 '평상심이 도(平常心是道)'라는 사유로 완연하게 전환 한다는 점이다. 그리하여 '먹고 마시고 생활하는 평상의 생활이 곧 도'라는 식의 사유에 바탕을 두고, 스승과 제자의 전승을 통하여 문답과 계승이라는 독특한 형식의 선문화가 이루어지게 되는 것이다.

한편 문자의 부정과 어록의 형성이라는 모순적 융합 위에서 형성된 소위 '선문답'은 선종의 역사에서 주된 골격을 형성하게 되는데 후래의 선종에 이를수록 그러한 경향은 한층 뚜렷해진다.

오늘날 중국불교에서의 그러한 전통은 문화혁명을 거치면서 많이 퇴조하였지만, 당시의 전통을 본 뜬 한국불교에서는 오늘날에 이르도록 선문답과 같은 선문화가 상당부분 남아 있다.

✔ 백장회해

백장산에서 살았기 때문에 백장회해라고 부른다. 마조대사가 강서에서 행화(行化)하자 귀의한다. 마조도일에 이어 선종의 9대 조사가 된다. 서당지장, 남전보원과 더불어 마조문하의 삼대사三大師라 불려진다.

✔ 청규

백장청규百丈淸規는 선가禪家의 지침서이다. 백장회해선사가 총림의 규칙을 정해서 승과 절이 지켜야 할 규칙을 마련한다. 초기불교에서 계(戒,Sila)와 율(律,Vinaya)이 있었다면, 청규는 율에 해당한다고 하겠다. 그러나 더운 지방에서 마을 근처에 기거하면서 마을의 음식을 취하던 인도의 환경과 달리, 중국은 뚜렷한 계절 변화와 산속의 도량 등 일정한 탁발의 어려움과 억불 등의 영향 탓인지 승이라 할지라도 노동을 해야 한다고 백장은 강조한다. 일하지 않으면 먹지도 말라는 '일일부작 일일불식(一日不作 一日不食)'이 청규의 정신으로 대표된다.

✔ 총림

선원(참선수행 전문도량)과 강원(경전 교육기관), 율원(율 전문교육기관) 등을 모두 갖춘 사찰.

✔ 행지

도원선사가 썼던 용어로 수행자가 지계야 할 행위를 뜻한다.

✔ 선종의 16종지

문자를 중시하지 않는다는 불립문자不立文字, 경전 외에 따로 가르침이 전해져 내려왔다는 교외별전敎外別傳, 사람의 마음을 바로 가리킨다는 직지인심直指人心, 성품을 보는 순간 성불한다는 견성성불見性成佛이다.

선어록과 선문답

○

중국에서 선종이 본격적으로 발전을 시작한 것은 당대唐代 무종의 폐불 운동인 회창법난(會昌法難, 841~847)이라고 할 수 있다.

당시에 천태·화엄·법상 등의 다양한 종파로 분립되어 중국적 교학불교의 전성기를 구가하고 있던 교종敎宗은 회창법난을 통하여 경전과 사찰 등의 모든 기반이 와해되었다.

반면에 불립문자의 기치를 내세운 선종은 비교적 타격이 적었던 점도 선종이 살아남는 데에 요인이 되기도 하였다. 게다가 당시의 선종은 선사상의 정점을 구가하는 대스승들이 대거 출현하여 대중의 환영을 받던 시기이기도 하였다.

뿐만 아니라 선종의 가르침은 노장의 사유를 적극적으로 수용하여 중국적인 모습으로 변모한 것도 중국인들의 입맛에 맞았다고 할 수 있다.

또한 중국에서 선이 8세기 후반부터 순차적으로 그 전성기를 맞이하게 된 데는 선의 내부에서 5조 홍인 문하의 신수로부터 비롯되는 북점선北漸禪 계열과 혜능에서 시작되는 남돈선南頓禪, 그리고 우두선계와, 선과 염불을 결합시킨 선승들의 활동이 있었다. 그 중에서 특히 신회神會의 하택종계와 마조馬祖의 홍주종계, 그리고 석두石頭의 석두종계 등이 크게 활약하였다.

선어록이란 선사의 평상시 행동이나 말, 혹은 제자들과의 선문답, 그리고 상당설법이나 훈시 등을 시자나 제자가 수시로 듣고 기록한 것을 지칭한다. 그런데 선어록의 내용을 보면 당대에는 설법이나 문답 등을 속어로 기록한 평상적인 어구를 사용한 것이 주류였다.

그러나 남송(1127~1279) 시대가 되면서 어록도 평상적인 말보다는 정기화·의식화 되어 설법·법어·게송 따위의 세련된 말로 표현되고, 그 형식도 정형화되기에 이른다. 한편 선어록이 이렇게 정형화되면서 당대의 발랄함과 창조성이 사라지고 화석화의 길을 걷게 되기도 하였다. 일부 선승들은 어록만이 생산되는 그러한 폐단을 경계하여 꾸짖기도 하였다.

한편 당·송대 선종의 전통에서 유불도 삼교의 융섭과 선과 차문화의 만남 또한 비킬 수 없는 흐름이었는데 '평상심이 도'라는 중국 선종 특유의 선문화는 '차'라는 매개체와 융합하여 독특한 선문답의 소재를 출현시킨다.

🍵 법난

중국에는 크게 네 번의 폐불廢拂사건이 있었는데 이를 삼무일종이라고 한다. 삼무일종이란 불교를 탄압했던 황제들 이름을 따서 지어진 것이다. 삼무는 북위의 태무제 (408~452), 북주의 무제 (543~578), 당의 무종 (814~846)이고 일종은 후주의 세종 (재위: 954년~959년)이다. 회창법난은 당 무종 회창년에 일어났다고 해서 붙여진 이름이다.

선화두의 출현

○

차인들이 선호하는 차선일미茶禪一味라는 말은 차와 선을 하나의 경지로 놓고 이해하려는 말로 보인다.

흔히 차선일미를 논할 때 대표적으로 거론되는 화두가 있는데, 그것은 조주종심(趙州從諗, 778~897)이 상대의 어떠한 반응에도 다만 '차나 마시게喫茶去'라고 동일하게 던진 유명한 화두이다.

이 끽차거의 경우처럼 선화두禪話頭는 신비스럽고 난해한 대화로

되어있는 경우가 많다. 화두란 '이야기話'라는 말이며 여기에서 '두頭'란 일종의 어조사로서 의미가 없다. 이야기라 하더라도 찜질방에서 하는 수다가 아니라 부처나 조사의 문답이나 행동이 대상이 된다.

특히 선종의 조사들의 대화나 행동은 전혀 일상적이지 않아서 모순투성이이며 역설적 형태를 하고 있어서 이를 전문 용어로 격외格外라 지칭한다.

언어와 논리를 초월한 형태의 화두라 할지라도 그것이 중국적 선불교의 전통에서 배태된 하나의 선문화禪文化라는 점에서는 언어와 사유의 통로가 없는 것은 아니다. 실제로 종래의 선가에서는 언어와 분석에 의지하여 근본 뜻에 접근하려는 의리선義理禪이라는 통로도 있다.

뿐만 아니라 '차나 마시게'라는 단순하고 명료한 명제가 하나 성립하기 위해서는 한마디의 말에 인드라망과 같은 시공時空에 통하는 연기적 배경을 지니고 있을 것도 틀림없을 것이다. 이러한 선문답을 실은 어록과 독특한 선문화가 형성되다가 선수행에 결정적인 특이점이 나타난다. 그것은 대혜종고(大慧宗杲, 1089~1163)의 출현이다. 그는 당시 유행하던 묵조선에 반기를 들고 화두를 간할 것을 권하는 간화선을 출범시켰다. 특히 한국불교의 입장에서는 대혜의 간화선이야말로 역사적으로 커다란 영향을 미친 선법이라고 할 수 있다. 간화선 수행자들은 화두를 바라보는 것[看]으로 선수행의 방법을 삼는다. 지금도 한국불교의 거의 모든 선방에서 안거수행을 하는 수좌들은 간화선 수행을 하고 있다.

간화선에서 중요한 것은 화두이다. 대부분의 화두는 조주의 끽차거와 마찬가지로 역설적이며 모순적이어서 의심을 촉발하는 내용으로 되어 있다. 간화선에서 화두를 바라보는 것을 참구한다고 하는데 그것은 일종의 의심을 발하는 공부법이다. 즉 "의심이 커야 깨달음도 크다."고 하며 화두를 밤낮없이 바라보기를 권하는 수행법이 간화선인 것이다. 조주의 '끽차거'나 '무자無字'는 대표적인 화두 중의 하나이다.

🥢 선종

대승불교의 한 종파인 선종은 한국과 일본에 전파되어 현재 한국불교의 주류인 조계종도 선종에 속한다.

선종은 법맥을 강조하며 견성성불, 돈오를 위한 선을 추구한다.

중국에서의 새로운 불단을 세운 것을 강조한 선종은 중국에 불교를 가져온 보리달마를 초조로 모시고 법맥을 세운다. 선종의 이해에는 이 법맥에 대한 이해가 있어야하겠다.

이후 선종禪宗은 오가칠종으로 나뉜다. 임제종(臨濟宗, 임제의현), 운문종(雲門宗, 운문문언), 조동종(曹洞宗, 동산양개), 위앙종(潙仰宗, 위산영우&앙산혜적), 법안종(法眼宗, 법안문익)이 이에 속하며 임제종에서 분파된 양기(楊岐, 양기방회)・황룡(黃龍, 황룡해남)파가 포함되어있다.

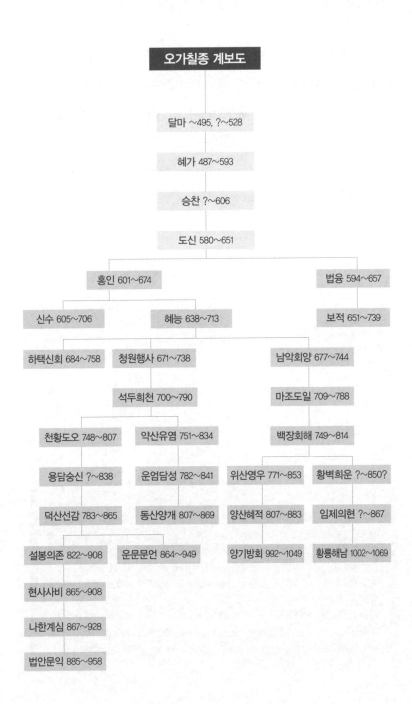

오가칠종 계보도

달마 ~495, ?~528

혜가 487~593

승찬 ?~606

도신 580~651

홍인 601~674

법융 594~657

신수 605~706

혜능 638~713

보적 651~739

하택신회 684~758

청원행사 671~738

남악회양 677~744

석두희천 700~790

마조도일 709~788

천황도오 748~807

약산유엄 751~834

백장회해 749~814

용담숭신 ?~838

운엄담성 782~841

위산영우 771~853

황벽희운 ?~850?

덕산선감 783~865

동산양개 807~869

양산혜적 807~883

임제의현 ?~867

설봉의존 822~908

운문문언 864~949

양기방회 992~1049

황룡해남 1002~1069

현사사비 865~908

나한계심 867~928

법안문익 885~958

일하지 아니하면 먹지도 아니한다.

○

선원에서는 선종의 조사로부터 사미에 이르기까지 거의 대부분의 선사들은 차를 가꾸고 차를 만들며 차를 마시면서 선심을 기르는 것이 생활이었다. 한편 당시 대부분의 선원에서는 차밭을 직접 경작했는데 그러한 속에서 차 화두가 자연스럽게 등장하였음을 알 수 있다.

선원에서 차밭을 경작한 흔적은 황벽과 임제의 화두에서도 찾아볼 수 있다. 배경은 평화스러운 차밭이다.

어느 날 대중이 울력으로 차밭을 매러 가는데 황벽이 늦었다.

[임제]대사가 인사를 하고 괭이를 짚고 서 있으니 황벽이 말했다.

"고단하지 않은가?"

"[임제개] 이제 겨우 파기 시작했는데 무엇이 곤하겠습니까?"

황벽이 주장자를 들어 때리니

[임제]대사가 주장자를 뺏고 황벽을 쓰러뜨렸다.

황벽이 소리치며 유나를 불렀다.

"유나야 나를 일으켜라"

유나가 일으키면서 말했다.

"화상께서는 어찌 저런 미친놈을 용서하십니까?"

그러자 황벽이 유나를 때렸다.

[임제]대사는 땅을 파면서 말했다.

"제방에서는 화장을 하지만 나는 산채로 매장(活埋)을 해야 하겠다."

사실 중국의 유명한 차 가운데 사원에서 재배·제다 되는 경우가 많았다. 몽산차夢山茶는 감로사의 보혜普慧가 처음 재배·제다 하였고, 강서성 운거산의 진여는 천 년 이상 내려온 차밭을 재배하였으며, 복건성의 무이산에서 생산되는 무이암차武夷岩茶도 초창기에는 승려들이 재배한 명차였다.

차밭에서 이루어지는 선문답들이 선어록에 실렸다는 사실 하나 만으로도 당시 선원에서 차 살림이 얼마나 중요한 위치를 차지하고 있는 가를 알 수 있다. 모든 구성원들의 존숭을 받는 높은 스승과 그의 제자마저도 차밭에서 차를 따는 일을 함께 하였다.

여기에서 "일하지 아니하면 먹지도 아니한다[一日不作 一日不食]"고 하는 선원의 청규를 몸소 실천하는 현장을 우리는 목격하게 된다. 또한 선종의 문헌에는 이전의 역사에서는 예를 찾아보기 힘든 흥미 있는 내용도 많다. 선문답의 소재는 일상생활에서 접할 수 있는 거의 모든 영역에 걸쳐 있고, 일상생활 중에서 선의 진경을 즐기며, 사제 간에는 그러한 경지를 점검을 통해 전수하였던 것이다.

이 밖에도 중국에서 차를 소재로 한 선의 기연이나 게송은 무수히 많고, 그것을 모은다면 실로 엄청난 양에 이를 것이다.

물질적 존재인 차가 종교라는 순수영역에 들어선 후 사람들의 환영을 받으며 정신적 음료로 변환되고, 그것이 다시 종교의 영역으로부터 다시 일반 사회로 전해지는 과정을 거치게 된다. 송대의 선원禪院에서 크게 유행하던 차가 선의 경지와 더불어 일반에 소개되면서 차선일미의 풍격을 지니고 사람들에게 다가선 것이다.

선이 없었더라면 차는 오늘날과 같은 품격 있는 문화적 주도체가 되지 못했을 것이며, 차가 없다면 선 또한 풍성하고 의미 깊은 소재를 소유하지도 못했을 것이다.

이처럼 선종의 승려들은 차를 사랑하면서 차를 소재로 한 많은 가르침을 제공하고 있으며, 차는 선문화와 결합하면서 단순한 기호음료에 그치지 않고 품격 높은 차문화를 형성해 온 것이다. 그와 같은 선과 차 문화의 케미를 일러 우리는 '차선일미'라 하는 것이다.

> ▽ 황벽희운
> 당나라의 승으로 백장회해를 이어 10대 조사가 되고 11대 임제의현에게 전등한다. 황벽산에서 입적해서 황벽희운이라 칭한다. 『황벽산단제선사 전심법요傳心法要』를 남겼다.
>
> ▽ 임제의현
> 어릴 때부터 총명하여 불교를 좋아하고 출가한 후에는 경론을 많이 탐구하였으며 선종의 거맥인 황벽 희운의 법을 이었다. 그는 선지에 뛰어나 많은 일화를 남겼고, 임제어록 1권이 있으며 임제종의 개조이다. 한국불교의 선종은 주로 임제에 맥을 대고 있다.

조사와 차의 기연

○

일반적으로 중국 불교에서 차는 약용·기호용·의식용 등 여러 가지 목적으로 사용되고 있었다. 그러나 그 중에서 차가 가장 독특하게 사용되었던 예는 선거량禪擧量의 기연機緣으로 사용된 경우일 것이다. 즉 차가 깨달음의 기연이 되고, 또는 선적 인간형성의 계기가 되는데 사용된 것이다.

그런데 선가에서 차가 그렇게 사용된 것은 특히 조사선祖師禪이 성하게 되었던 9세기에서 14~5세기 무렵까지 오랜 세월에 걸쳐서 지속되고 있었던 것으로 보인다.

중국의 역사상 풍류風流의 대상으로서의 차에 대한 시구詩句는 무수히 많다. 그러나 선에서 사용되는 것은 그 성격을 달리하는 독특한 것들이 많다. 오늘날 손에 잡히는 자료들만 살펴보아도 적지 않은 자료들이 있다. 그러한 사례들은 대부분 조사와 차와의 기연이다.

그것들은 후세에까지 존숭되어 시나 노래로 만들어지고 공안화公案化 된다. 선어록에 수록된 그러한 일화들은 불교 중에서도 선종에만 있는 독특한 것들로써, 다른 곳에서는 비슷한 예를 찾아보기 어렵다.

중국에서 선의 기연이 된 차는 '차를 마시는 것喫茶'에만 한정되지 않는다. 예를 들면 차나무나 차원의 풍광과 관련되기도 하고 차원에서의 작업이나 차 따기와 관련된 차의 공안도 있다. 그 밖에 차 보내기나 차의 품평과 관계있는 이야기도 있는가 하면 차 수저나 차 냄비茶銚 등에 관한 여러 물건과도 연관이 있다. 한 가지 예를 들어보면 운문雲門의 선문답이 있다.

[학인이]묻는다. "옛날부터 큰스님들은 무엇을 얻는 것을 존귀하다고 하였습니까?"

[운문이]답한다. "묻는 것은 좋지만 답하는 것은 좋지 않다."

[학인이]더 묻는다. "그렇다면 화상의 혓바닥을 빌어서 씹지는 않겠습니다."

186

[운문이] 답한다. "다리미와 차 달이는 냄비는 같지 않다."

다리미나 차 달이는 냄비 등을 빌어 선의 작약作略을 삼고 있는 것이다. 이처럼 찻잔이나 차와 관련된 여러 사물들과 부처 혹은 부처의 행위를 동일시하는 선가의 독특한 사유는 즉사이진即事而眞의 전통을 잇는 매우 중국적인 것으로 판단된다.

▼ 거량
거량 혹은 법거량이라 한다. 선종에서 문답을 통하여 상대의 깨친 경지를 시험하는 것을 말한다.
선거량은 선의 경지와 깨친 정도를 시험하는 것이다.

▼ 기연
부처의 가르침을 받을 만한 조건이 되는 상태나 선가의 스승과 제자의 인연을 이른다.

▼ 공안
화두와 동의어로 사용된다. 원래 공식적인 문서라는 뜻이며, 화두 중에서 중요한 것을 추려서 부르는 말이다.

▼ 운문문언
중국 선종5가禪宗五家의 하나로, 당말 북송대北宋代에 걸쳐 성행한 운문종雲門宗의 개조이다. 설봉 의존雪峰義存에게 배웠다. 운문산雲門山에 광태선원光泰禪院을 종파를 세워 운문종이라 한다.

현실이 곧 진실

○

'즉사이진'이란 '구체적 현실이 곧 진실'이라는 도가적道家的 사유인데,

이것이 어느 결에 불교에도 침투하여 선의 경지를 설명하는 중요한 기틀이 되고 있는 것이다. 그리하여 선사들은 삶에 동반한 모든 물건이나 사건들이 불성의 근본 뜻이나 그 작용을 떠나 존재하지 않는 것이라는 의미를 나타내기를 즐겼다. 그것들은 조사선의 근본 경지를 의미하는 선화두로 간주되었으며, 그 이야기들이 모여 방대한 선어록을 형성하게 된 것이다.

찻잔을 들어 보이는 기연은 문주文珠·도오道悟·고산鼓山·동산東山·현사玄沙·남전南泉·운문雲門 등의 여러 선사에게도 자주 선보이고 있으며, 차를 따는 행위에도 선과의 기연이 여러 가지 있다. 그 중에서 가장 이름이 높은 것은 위산潙山 靈祐, 771~853)과 앙산(仰山 慧寂, 803~883)의 차를 따는 문답이다.

위산 영우선사가 차를 따다가 앙산에게 말하였다.

"종일토록 차를 따는 데 다만 너의 음성이 들릴 뿐 모습은 보이지 않는구나. 나에게 네 모습을 보여 다오."

이에 앙산은 차나무를 잡고 흔들었다.

위산이 말하였다.

"너는 다만 그 용用을 얻었을 뿐 그 체體는 얻지 못하였구나."

앙산이 말하였다.

"스승님께서는 어떻게 하실지 궁금합니다."

위산은 '양구良久'하였다.

앙산이 말하였다.

"스승님께서는 그 체를 얻으셨을 뿐 그 용을 얻지 못하였습니다."

위산이 말하였다.

"너는 20대를 맞아야 하리라."

위산과 앙산은 법으로는 부자간인데 이들 둘로 인하여 선종 5가
중의 하나인 위앙종이 열린다. 이 가풍은 부자창화父子唱和의 가풍이라
하는데 여기서도 아버지와 아들이 어울려 종일토록 찻잎을 따고 있
는 것을 보여주고 있다. 이 문답에서 부자가 서로 체가 되고 용이 되
어 거량을 하는 것을 나타내고 있다.

위산은 양구, 즉 그대로 침묵하면서 체를 보인다고 하였지만 앙산
은 직전 스승의 말을 그대로 본 떠, 스승은 체를 얻었을 뿐, 용을 얻
지는 못했다고 대꾸하고 있다. 비록 부자간 보다 더 깊은 스승과 제
자라 하지만 선문답의 세계에서는 한 치의 양보도 없다.

평화로운 차밭의 오후는 위산과 앙산 부자의 시퍼런 선문답으로
인해 팽팽한 긴장감이 넘치는 선적 에너지로 가득 찬다.

2

조주의 반 마디

평상심시도와 본래면목

○

차와 선과의 관계에서 선종의 역사를 통하여 뛰어난 가장 유명한 인물 중의 하나는 조주라고 할 것이다. 그는 산동성 조현曹縣 학향郝鄕사람으로 성은 학씨郝氏이며 종심은 그의 법명이다.

어려서 출가한 그는 남전보원(南泉普願, 748~834)을 방문하여 제자가 된후 수십 년간 그를 시봉하였다. 그는 80세가 되던 858년에 화북성의 조주 관음원에 와서 40여 년을 주석住錫하였으므로 사람들은 그를 조주고불趙州古佛이라 불렀다.

남전보원은 한 때 제자 조주와 이런 대화를 나눈 적이 있었다.

어느 날 조주종심이 남전보원 스님에게 물었다.

"무엇이 도입니까?"

남전은 답한다.

"평상심이 곧 도(平常心是道)이다"

종심이 물었다.

"그래도 닦아 나아갈 수 있겠습니까?"

남전은 답한다.

"하려고 하면 그대로 어긋나버린다."

종심이 다시 물었다.

"하려고 하지 않는다면 어떻게 도를 알겠습니까?"

이에 남전은 답한다.

"도는 아는 것에도 모르는 것에도 속하지 않는다. 안다는 것은 헛된 지각妄覺이고, 모른다는 것은 아무런 지각도 없는 것無記이다. 만약 의심할 것 없는 도를 진정으로 통한다면 허공처럼 툭 트여서 넓은 것이니 어찌 애써서 시비를 따지겠는가?"

종심은 이 말에서 깨달음을 얻었다.

실상 남전이 조주에게 전한 바는 '평상심이 곧 도'라는 진리이다. 평상심이 곧 도라는 사유는 중국 선종의 역사상 남전에 이르러 뚜렷해진 것으로, 남전은 이를 자신의 핵심 가르침으로 삼았다.

그런데 남전의 사유는 특히 선종 제3조로 알려진 승찬의 『신심명信心銘』의 사상에 바탕을 두고 있는 것으로 판단된다. "도는 아는 것에도 모르는 것에도 속하지 않는다. 안다는 것은 헛된 지각이고, 모른다는 것은 아무런 지각도 없는 것이다. 만약 의심할 것 없는 도를 진정으로 통한다면 허공처럼 툭 트여서 넓은 것이니 어찌 애써 시비를 따지겠는가?" 하는 남전의 가르침은 『신심명』의 첫머리 글 "지극한 도는 어렵지 않으니 오직 간택을 멀리하면 된다.(至道無難 唯嫌揀擇)" 라는 내용과 통한다.

도가 아는 데에도 모르는 것에도 속하지 않는다는 조주의 말은, 간택을 멀리하라는 승찬의 뜻과 궤를 같이한다. 한편 이 말은 세월이 흐른 후에 고려 땅에 이르러서 보조지눌(普照知訥, 1158~1210)이라는 동방의 선사에게까지 인용되고 있다. 보조의 『진심직설』에는 이러한 논지가 그대로 흐르고 있다.

> ◗ 남전보원
> 당나라 승려로 불법을 두루 섭렵하고 마조도일을 만나 깨우침을 얻다. 남전산에서 30년을 지내고, 사람들의 요청으로 산을 나와 불법을 크게 일으킨다. 조주선사의 스승이다.
>
> ◗ 감지승찬
> 중국 선종의 3대 조사로 선禪의 요체를 146구句 584자字의 사언절구四言絕句로 풀이한 『신심명』이 있다.

지극한 도

○

실제로 "지극한 도는 어렵지 않으니 오직 간택을 멀리하면 된다."는 『신심명』의 말은 후일 조주의 선문답에서도 단골 메뉴였다. 남전이 말하는 평상심은 현실의 장소가 이미 깨달음의 장소라는 의미였다. 그것은 미혹과 깨달음의 전부를 포함하며 그 어느 쪽으로도 치우치지 않는 것이었다.

남전과 조주 간 이상의 문답에 대하여 후일 무문혜개(無門慧開. 1183~1260)는 그의 『무문관無門關』에서 "부질없는 일들을 마음에 두지 않으면 언제 어디서나 모두 족히 수도할 수 있다"고 주석하고 있다.

만약 한 잔의 차를 들면서 부질없는 일들을 마음에 두지 않고 현재 그 차에 온전히 깨어 있다면 그것은 훌륭한 수행이요, 선이라 할 수 있다는 말이다.

그것은 『임제록』에서 말하는 도의 경지와 통한다는 사실을 알게 될 것이다. "도를 구하여 모인 사람들이여 확실하게 잡아 자재하게 사용할지니, 차별적인 이름에 전혀 집착하지 않는 것이 현지玄旨이다." 여기에서의 현지는 차 마시는 자신과 차라는 대상 등의 차별을 초월한 차선일미의 경지라 할 수 있다.

그러나 차별을 여읜 것만으로는 충분치 않다. 임제의 현지에 대한 설명은 이 어구 바로 앞에 있는 "능히 평범함에 들기도 하고 능히 성스러움에 들기도 하며, 깨끗함에 들기도 하고 더러움에 들기도 하며, 참됨에 들기도 하고 속됨에 들기도 한다."고 하는 어구와 합해서 받아들여야만 온전한 의미로 이해될 수 있다.

범부와 성인, 깨끗함과 더러움, 참됨과 속됨이라는 차별의 경계에 막히는 일이 없이 자유자재로 범성정예진속凡聖淨穢眞俗 따위의 모든 경계를 수용하는 것이 현지이며, 그러한 경지에 이르러야 진정한 의미의 차선일미가 된다는 것을 알 수 있다.

따라서 어떤 면에서는 그 경지에 '현지'이니 '차선일미'이니 하는 이름조차 붙일 수가 없다. 이름을 붙인다는 것 자체만으로도 자유자 재로 모든 경계에 임할 수 있는 것에 걸림돌이 될 수 있기 때문이다.

이러한 경지에 이르러야 '본래의 면목'이라는 의미에 걸 맞는 상태 라 할 수 있을 것이다. 그러므로 차선일미를 논함에 있어서 인간의 진정한 본래 모습을 깨닫는 것은 무엇보다 중요하다 하겠다.

> ● 무문혜개
> 중국 남송南宋의 임제종臨濟宗 승려로 천룡사天龍寺의 광화상曠和尚에게 배우고, 1246년 항저우[杭州]에 호국인왕사護國仁王寺를 세웠다. 저서 『무문관』이 유명하다.

조주와 모든 경계

○

조주는 관음원에 주석하기 전에 강서의 운거산에서 지냈는데 그곳의 용창선원龍昌禪院에는 조주관趙州關이 있었다. 조주관 안에는 너른 차나 무 숲이 있었는데 조주는 날마다 차를 마시고 불경을 강론하는 이외 에는 산에 가서는 차나무를 돌보았다.

불문의 제자들은 이러한 선사를 기념하고자 조주관의 찬림차贊林茶 를 '조주차'라고 불렀다. 이처럼 조주는 차와 가까이 지냈던 것이다.

조주는 스승인 남전의 뜻을 계승하여 '뜻대로 움직이되 인연을 따르고 말에 얽매이지 않는다.[任運隨緣, 不涉言路]'는 입장에 서 있었다. 그러한 조주의 선법은 한편 촉류시도觸類是道와 평상심시도平常心是道라는 사상으로도 요약된다.

어느 수행자가 조주에게 물었다.
"달마조사께서 서쪽에서 오신 뜻이 무엇입니까?"
"뜰 앞의 측백나무다."
"스님께서는 경계를 가지고 수행자를 가르치지 마십시오."
"나는 경계를 가지고 수행자를 가르치지 않는다."
"달마조사께서 서쪽에서 오신 뜻이 무엇입니까?"
"뜰 앞의 측백나무다."

수행자는 뜰 앞의 측백나무라고 하는 조주의 말을 경계境界로 인식하였다. 경계란 밖의 사물이다. 즉 내면의 마음에 대한 가르침을 기대하고 있던 수행자에게 외부에 존재하는 측백나무는 외적 경계에 지나지 않았던 것이다. 관음원 뜰에 있는 나무는 잣이 아닌 측백이다.

그러나 조주의 경지에서는 마음과 외경外境이 둘이 아니었다. 심지어는 자신과 달마조사와의 구분도 없었다. 즉 공간과 시간을 통하여 조주는 활연관통의 경지에 있었고, 그것을 설했던 것이다.

그러므로 자신은 경계를 가지고 수행자를 가르치지 않노라고 자신 있게 말한 것이다. 따라서 수행자가 재차 "달마조사께서 서쪽에서 오신 뜻이 무엇입니까?" 하고 묻는 말에 "뜰 앞의 측백나무다." 라고 천

연덕스럽게 똑같은 말을 되풀이할 수 있었던 것이다. 조주에게는 앞서 말한 뜰 앞의 측백나무와 뒤에 말한 뜰 앞의 측백나무가 결코 이원적 존재가 아니었던 까닭이다.

촉류시도란 '대하는 모든 경계가 도'라는 말이다. 그러나 이 말은 듣는 이가 경계 그 자체로 시선이 고정된다면 도저히 도달할 수 없는 경지이다. 자심自心과 외경의 구분이 되지 않는 경지에서만이 내가 대하는 모든 사물이 도道로 화하는 때문일 것이다.

촉류시도와 통하는 용어로는 모든 만물이 진실 그 자체라는 '즉사이진卽事而眞'이라는 말이 제격이다. 이들 세계의 선법에서 핵심은 정원에 있는 측백나무로 대표되는 만물과 자신이 구분되지 않는 경지이다. 무릇 모든 것이 마음을 벗어나 있지 않는 것을 전제한다면, 외재한 측백나무가 내재한 자심과 다를 것이 없을 것이다.

이를 보면 일체유심조一切唯心造의 경지에 바탕을 두고 심心과 경境을 초월한 경지를 조주는 설한 것이다. 따라서 조주는 경계를 가지고 수행자를 가르치지 않았다는 것은 분명한 것 같다. 조주의 차원에서는 경계境가 경계로서 존재하지 않았다는 말이다. 그러므로 "스님께서는 경계를 가지고 수행자를 가르치지 마십시오."라는 수행승의 공박에 대하여 "나는 경계를 가지고 수행자를 가르치지 않는다."는 식으로 태연히 답할 수 있었던 것이다.

만약 조주의 말처럼 경계가 경계로서 존재하지 않게 되면 수행자의 일거수일투족은 그대로 무위의 나툼無爲之爲이 된다. 무위는 자연이다. 자연스러움에 바탕을 둔 행동이 되고 그 자연스러운 행동 속에서

도가 실현되는 것을 조주는 몸소 보이고 있는 것이다.

그러한 경지에 머물러 있었기 때문에, 조주는 경계라는 시비의 관문을 넘기 이전에도 "달마조사께서 서쪽에서 오신 뜻이 무엇인가?"라는 물음에 대하여 "뜰 앞의 측백나무다." 라고 답하였던 것이고, 그 관문을 넘어선 이후에도 동일하게 "뜰 앞의 측백나무다."라고 답할 수 있었던 것이다. 조주에게 경계라고 하는 것은 시비의 대상이 되지 않았다는 말이다.

조주의 차생활

○

조주의 어록 중에서 평상심과 자연스러움을 나타내는 선문답의 다른 예를 들어 보겠다.

어떤 수행자가 조주에게 물었다.

"제가 [선원]총림에 들어왔사온데 스님께 가르침을 청합니다."

조주가 말하였다.

"[식사로] 죽을 먹었느냐?"

수행자가 답하였다.

"먹었습니다."

조주가 말하였다.

"[그럼] 바릿대를 씻어라."

그 수행자는 [언하에] 깨우침을 얻었다.

밥을 먹으면 그릇을 씻는 것이 자연스러운 일이다. 그처럼 자연스러운 순서를 거슬리지 않는 것이 무위이다. 이 문답에서 도란 그런 것이라고 조주는 말하고 있는 것이다. 다만 그 자연스러움은 도의 궁극적 단계를 거친 후에 일상생활을 통하여 나타난 무위라 할 것이다.

아무튼 당시 조주의 생활은 일상차반사日常茶飯事로서 차를 마신 것 같다. 그의 선문답 중에 차를 소재로 한 내용이 다수 출현하고 있기 때문이다. 그것은 조주의 생활이 차와 떨어지지 않았음을 증명하는 것이다.

즉 밥 먹고 그릇을 씻는 것이 자연스럽듯이, 선을 하고 차를 마시는 것이 자연스러운 풍경이었다는 것을 보여준다. 일상차반사는 조주의 생활이었을 뿐만 아니라 당시 선원의 생활이었음도 짐작하게 한다.

어떤 수행자가 조주에게 물었다.

"말을 꺼낸다거나 손발을 움직이거나 하면 그 모두가 저의 그물 안에 떨어지게 됩니다. 선사께서는 이것을 떠나서 말씀해 주십시오."

이에 조주는 말하였다.

"나는 점심을 먹고 아직 차를 마시지 않았다.

웃음이 빵 터지는 아재개그 수준의 문답을 조주는 날리고 있다. 조주의 재치와 유머의 수준을 알게 하는 선문답이다. 말이나 행동을 떠나서 도를 일러달라는 수행자의 요청에 대하여 평상심이 곧 도임을 강조한 조주는 일상의 언어와 행동을 떠나 새로운 도의 세계를 요청하는 것 자체를 망상으로 규정한다.

"나는 점심을 먹고 아직 차를 마시지 않았다."라는 말은 촘촘히 설치해 둔 상대의 논리적 그물을 비대칭전략을 구사하여 보기 좋게 무용으로 만들어 버린 것이다. 그물과 말이 상징하는 이원적 사유에 대하여 "점심 먹었으니 차를 다오" 라는 심경혼연心境渾然의 불이不二의 경지를 피력함으로써 훨훨 나는 새와 같은 자유로움을 구가하고 있는 것이다.

조주의 반 마디

○

누군가 조주에게 "한 말씀 해주시라." 했더니, 그는 "이 늙은 중은 반 마디도 해줄 말이 없다네."라고 답하였다. 이 말은 자신은 스승인 남전의 가르침 이외에 덧붙일 말이 없다는 것으로도 해석할 수 있지만, 말로써 도달할 수 없는 본체의 세계에 대한 조주만의 유니크한 불이不二 차원의 답변이기도 하다.

한편 조주의 여러 선문답을 통하여 우리는 당·송대의 선원에서 차 반사가 일상인 것을 보여주는 선원의 소박한 삶을 엿볼 수 있다. 그것을 통하여 그들은 초월의 세계와 현실의 세계, 도와 일상이 구분되

Ⅲ 조주선사와 끽차거

어 있지 않은 미분未分의 상태를 향유하고 있었음을 짐작할 수 있다.

일상에서 차를 소재로 하는 대화가 출현하는 것은 일상생활 속에 차가 늘 함께 하고 있음을 나타내는 것이다. 당연히 도와 일상의 미분의 세계를 말할 때에도 차는 그 소재가 되고 있는 것이다.

조주가 차를 늘 마셨다는 것은 후래 황룡혜남(黃龍慧南, 1002~1069)의 어록에도 나온다. 알려진 것처럼 황룡은 '조주감파 趙州勘破'라는 기연이 있는 터이어서 그런지 '조주끽차 趙州喫茶'라는 제목의 시를 읊고 있다.

조주가 사람을 시험한 단적인 경계에
무심코 입을 열었어도 바로 속마음을 알았네.
얼굴을 마주할 때 푸른 눈 없었더라면
종풍이 어찌 지금에 이르렀으랴.
서로 만나 묻고는 내력을 알아
친소를 가리지 않고 바로 차를 주었네.
돌이켜 기억하니 바쁘게 왕래한 자들이여
바쁜 중에 뉘라서 [차]사발에 가득한 향기를 알았으리.

혜남은 오도의 기연이 있는 조주를 존경하고 그의 가르침대로 살기를 원했다. 그는 이 시에서 조주가 무심코 입을 열어도 바로 상대의 속마음을 간파한다고 말하였다. 원래 뛰어난 선사는 그 알아챔이 전광석화와 같다. 찰나에 제자의 상태를 알고 근기를 간파한다.

그런데 여기에서 중요한 것은 조주가 참문 하는 자에게 친소를 막론하고 차를 주었다는 점이다. 이를 통하여 모든 이에게 평등하게 대하였다는 대선사의 품격을 짐작할 수도 있겠으나, 다른 한편으로는 선원에서 차가 없어서는 안 될 필수품이었다는 증거이기도 하겠다.

차선일미란 선원에서 차가 필수적이었다는 말이기도 한 것이다.

불거촌 까치

불거촌의 까치

○

연전에 나는 〈불거촌 눈 내린 날〉이란 시를 쓴 적이 있다.

우리 집 터줏대감 까치

눈 속에 하나 남은 대추를 바라보고 있네.

두 줄짜리 간단한 이 시는 매우 시각적이다. 나는 한때 고향인 김제의 만경면에 있는 불거촌(佛居村)이라는 마을에 오두막을 짓고 겨울을 난 적이 있었다. 그곳은 진묵대사(震默, 一玉, 1562~1633)의 고향으로, 그분을 모시는 조앙사(祖仰寺)와 그의 어머니를 기리는 성모암(聖母庵)이 옹기종기 모여 있는 곳이다.

지금이야 새만금 공사로 인하여 내륙이 되고 말았지만 내가 어린 시절만 하더라도 그곳은 황포 돛대를 단 어선이 드나들던 포구였다. 일본 강점기 때 지적정리를 하던 일본인들이, 진묵이라는 부처가 살았다는 의미로 '불거'라 불리던 이름에서 불을 화火로 표기하고, 포구라는 이름을 붙여서 화포火浦라고 정해 버렸다. 이처럼 너무도 엉뚱하게 불거가 화포가 되고 말았지만 불교인들에게는 마음의 고향 같은 곳이다.

그 해 겨울은 유독 눈이 많았다. 오갈 수도 없을 만큼 흰 눈이 온 평야를 덮고 있었다. 어느 날 오두막에 앉아 문득 창문을 통해 뜰을 바라보았는데 온통 하얀 천지에, 흰 바탕에 검은 색 무늬가 있는 까치 한 마리가 검은 색의 대추나무 가지에 앉아 붉은 대추를 노려보고 있는 걸 보았다. 아마도 장면을 수채화로 그린다면 오직 검은 색과 붉은 색만 있으면 될 것이다.

며칠 동안 내린 하얀 눈 천지에 먹을 것이라고는 붉은 대추 한 알뿐인데 그 절체절명의 순간, 까치는 무슨 생각을 하고 있을까? 나는 '대홍포大紅袍'라는 차를 마시다가 그 광경을 보았는데, 순간 넋을 잃고 말았다.

눈 덮인 정원에 하나 남은 붉은 대추는 불타는 화두였고, 그것을 노리는 배고픈 까치는 화두를 참구하는 선 수행 그 자체였던 것이다.

활구와 사구

○

까치와 대추는 그대로 하나였다. 간화선看話禪에서는 참구參究하는 수
행자와 참구의 대상인 화두는 그대로 하나여야만 한다.

선가에는 화두를 드는 법에서 사구死句와 활구活句라는 말이 있다.
'죽은 글'과 '살아있는 글'이라는 뜻으로 대비되는 구분법에서 사구·활
구를 구분하는 여러 가지 견해들이 있지만, 나는 선방에서 떠도는 기
존의 설들에 동의하지 않는다.

활구는 선수행자와 화두가 결합하여 둘이 아닌 상태로 있는 것이
고, 사구는 선수행자와 화두가 둘로 각 노는 상태이다. 일단 거기까
지는 할 말이 없다. 옳은 말이기 때문이다. 그러나 활구와 사구를 가
르는 양 쪽 사이에 스승이 있다는 다른 생각 한 가지 때문에 기존의
설이 마음에 들지 않는 것이다.

아직도 한국불교 조계종은 화두를 드는 간화선의 전통이 주류를
이루고 있다. 간화선이란 화두를 바라보는 수행법을 말한다. 예를
들어 한 수행자가 "달마대사가 동쪽으로 온 까닭은 무엇인가?(祖師西
來意是甚麼)" 하고 물으니 조주가 "뜰 앞의 측백나무다.(庭前栢樹子)"라고 답
하였는데, 그 동문서답 같은 이야기를 바라보고 있는 것이 간화선의
수행법인 것이다.

어떤 선수행자가 공부를 해 보려고 서원誓願은 세웠는데, 화두가 잘
잡히지 않는다. 의문이 생기지 않는 것이다. 의문이 생하지 않으면
간화선 수행자는 몹시 허탈해진다. 선어록을 뒤지다가 조주의 어록

을 본다. "달마대사가 동쪽으로 온 까닭이 뜰 앞의 측백나무라니…". 다소 이상한 이야기인 것은 사실이지만 그렇다고 화두가 철커덕 하고 내 가슴에 와 들어앉지는 않는다.

이 대목에서 필요한 것이 스승이다. 제자의 근기를 알아보고, 그의 전생前生과 근기根機에 맞는 수행법, 그리고 그에 맞는 화두를 골라 주는 것이 바로 스승의 역할이다. 그리고 그것으로 끝나는 것이 아니고 화두가 가슴에 와 박히도록 하나의 기연機緣을 만들어 주어야 하는 것도 스승이다.

근대 한국 선불교의 중흥자인 경허스님(鏡虛 惺牛, 1849~1912)의 제자 중에 수월(水月 音觀, 1855~1928)이라는 분이 있었다. 그분은 평생 짚신을 삼아서 사람들에게 공양하며 살다간, 겸손하고 부지런한 숨은 도인이었다.

세간에는 수월스님의 말씀 서너 마디가 회자되고 뿐인데, 검찰총장을 지낸 김진태님이 여러 해 전에 그걸 소재로 책 한 권을 썼다. 『물속을 걸어가는 달』이라는 책이다.

그 책 중에서 한 마디가 백미이다. "스님 어떤 화두를 잡아야 합니까?" 하는 학인의 질문에 수월은 일도양단 한 마디로 핵심을 찌른다. "전생에 잡았던 화두를 골라잡으면 수월하다." 이것이 수월의 수월론이다.

이 세상에 수많은 선어록이 있다. 우리는 그 어록들을 다들 읽어보았다. 요즈음에는 인터넷을 통해서도 그러한 어록들을 다 접할 수 있으므로 우리는 그 이야기들을 다수 알고 있다. 앞서 말한 "뜰 앞의 측백나무니라"한 그 화두에 대해서도 설명이 나름대로 나와 있다.

번역자도 많고 강론자도 많다. 따라서 사람들은 그 이야기를 다 알고 있다. 알고는 있는데 맹숭맹숭 의심이 나지 않는 것이다. 이런 상황의 경우를 '사구死句', 즉 죽은 글이라고 말한다.

그런데 어느 순간 수행자는 뛰어난 스승을 만난다. 제자가 묻는 말에 그 스승은 똑같이 '뜰 앞의 잣나무'라고 답한다. 그런데 그 순간 수행자는 머릿속이 하얗게 되면서 그 화두가 가슴에 와서 꽉 박혀 움직일 수 없게 된다. 이때의 화두는 '활구活句'가 되는 것이다.

줄탁동시와 차선일미

○

선문답이 활구가 아니고 사구가 되어버리는 책임은 스승과 제자 양쪽에 있다. 그러나 구태여 경중을 따진다면 그 책임은 제자보다는 스승에게 있는 것이다. 강호에 눈 밝은 스승이 없으므로 눈 푸른 제자가 출현하지 못하는 것이라고 나는 생각한다.

이와 비슷한 예로 '줄탁동시啐啄同時'라는 말이 있다. 병아리가 알에서 부화해 나올 때 계란 안에서 병아리가 알을 톡톡 쪼면, 밖에서 어미가 껍질을 한번 쪼아 구멍을 내주는 것을 말한다. 사람들은 이 사실을 빗대어 수행자가 깨칠 때에 스승이 적절한 기연을 만들어 신선한 충격을 주는 것을 '줄탁동시'라고 정의한다. 참으로 멋진 순간이다.

그러나 나는 그렇게만 생각하지는 않는다. '줄탁동시'는 깨칠 때에

만 적용되는 것이 아니고, 스승이 처음 화두를 줄 때에도, 제자의 근기에 맞추어 활구가 되도록 만들어주는 '줄탁동시'가 되어야 한다는 말이다.

뛰어난 스승을 만나 활구를 가슴에 품은 화두수행자는 마치 뜨거운 쇳덩이를 입속에 문 사람처럼 매 순간 그 화두를 떠날 수 없다. 그러한 인연으로 그 수행자는 긴 구도의 여정을 단번에 끝내 버릴 수가 있는 것이다. 그것을 돈오頓悟라 한다.

나는 눈 내린 날 불거정사에서 본 까치와 대추의 모습에서 활구소식을 보았다. 활구란 한 마음이 도저히 그 자리에서 떠날 수 없도록 하는 법문을 이름이다. 만약 그 상황에서 생생한 한 의문을 머금도록 할 수 있다면, 그리고 그것이 움직일 수 없도록 할 수 있다면, 그 때 까치는 활구를 던진 스승이 될 수 있을 것이다. 따라서 스승은 꼭 사람이어야 할 필요는 없을 것 같다.

만약 우리에게 까치와 대추만이 아니고 한 마음으로 돌아가게 하는 기연機緣이 차라고 한다면, 차는 우리에게 활구의 소식이 된다.

차가 활구의 소식으로 내 앞에서 나타날 때에 차선일미는 비로소 살아 현전顯前한다.

활구와 차

○

활구는 제1차적으로는 스승이 내리는 데에서 존재한다. 그러나 그것만이 아니고 제2차적으로는 제자가 그것을 품어 굴리는 데에도 활구는 존재한다. 불법佛法의 적적대의的的大意, 즉 불교의 핵심적 가르침이 무엇인가를 묻는 제자에게 조주는 '끽차거喫茶去하라, 차나 한 잔 하라.'고 한마디로 일축한다. 그 말을 들은 수행자가 "목마른 김에 잘 되었군!" 하고 한 잔의 차를 얻어 마시고 간 사람이 있다면 그는 사구를 얻은 것이리라.

그러나 "차 한 잔과 너 자신이 하나가 된 경지를 깨달아 얻으라, 그것이야말로 네 영혼의 목마름을 해소해 주리라."는 말로 덜컥 가슴에 새겨진 사람이 있다면, 그리하여 차와 자신이 하나가 된 경지에 들어 참구에 몰입하는 수행자가 있다면, 그는 활구를 얻은 사람이라 하겠다.

차선일미는 그저 아무나 말할 수 있는 경지가 아니고 깨달아 안 사람이 향유하는 평등일미平等一味의 소식이라고 생각된다.

대추와 관련된 시 하나를 소개하겠다. 장석주(1955~) 시인의 「대추 한 알」이라는 시가 있다.

저게 저절로 붉어질 리는 없다
저 안에 태풍 몇 개
저 안에 천둥 몇 개
저 안에 벼락 몇 개

저게 저 혼자 둥글어질 리는 없다

저 안에 무서리 내리는 몇 밤
저 안에 땡볕 두어 달
저 안에 초승달 몇 날

　장석주 시인의 시에 대추 대신 차를 넣어도 조금도 의미가 다를 것이 없겠다.

저게 저절로 일창이기一槍二旗가 될 리는 없다
저 안에 태풍 몇 개
저 안에 천둥 몇 개
저 안에 벼락 몇 개

저게 저절로 차가 될 리는 없다.
저 안에 땀방울 몇 말
저 안에 살청 몇 번
저 안에 유념 몇 번

　지금 우리가 마시고 있는 차는 태풍과 땡볕과 천둥과 초승달이 함께 들어 있는 찻잎으로 만들어진 차이다. 그 차에는 살청殺靑과 유념揉捻 그리고 제차인의 땀이 깃들어 있는 것이다. 그 차를 마시면, 내 가슴이 뛰는 소리는 우주의 맥박이요, 자연의 리듬이 된다.
　차와 나는 같은 뿌리요, 천지여아동일체天地與我同一體이다. 그러므로 차를 마시는 한 마음은 우주와 함께하는 마음이다.

차인과 자연

○

그렇다면 진정한 차인이라면, 단순히 사람이라는 '한 인격'이 차라는
'한 사물'을 대하는 것으로 생각해서는 안 될 것 같다. 그 이면에 있는
천지를 함께 발견하는 사람이어야 할 것 같다는 말이다.

그런 의미에서는 차인들은 감히 "내 차 한 잔 하라"고 할 수는 없
을 것 같다. 땡볕 두어 달, 초승달 몇 날, 그리고 땀방울 몇 말이 든
자연의 정화精華를 어찌 내 것이라 할 수 있을 것인가.

자연은 내 것이 아니다. 그 천지와 자연의 집합체인 차는 바로 차
인의 한 마음에서 만나게 될 따름이다. 그러므로 차를 우려내는 것은
자연을 우려내는 것이요, 차를 마시는 것은 우주를 마시는 것이요,
차를 대접하는 것은 내 마음을 대접하는 것이 된다.

따라서 우리가 일상적으로 차관을 놓고 찻잔을 놓는 찻자리는 우
주자연을 상 위에 구현하는 것이라고 생각한다. 바꾸어 말하면 온 우
주 한 판의 일을 조그만 한 모서리의 찻상에서 보는 것이 차도라는

말이다.

차 한 잔을 이렇게 본다면, 차 한 잔에서 땡볕을, 태풍을, 그리고 초승달을 발견할 수 있을 것이다. 그렇다면, 만약 그런 경지에서 차를 마신다면, 우리의 내면에서 땡볕을, 태풍을, 그리고 초승달을 발견하게 된다는 점에서 차 한 잔이 선가禪家의 활구와 다를 것이 없을 것이다.

그러한 '한 찻상에 천지를 차린(一盤茶床 羅天地)' 경지에 이르러서야 비로소 차선일미가 성립하는 것이라고 나는 믿는다.

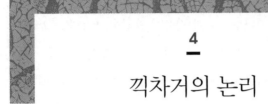

4
끽차거의 논리

차나 마시게

○

차를 마시는 것이 선문답의 소재가 된 예는 여러 가지가 있다. 그러나 그 가운데 선과 차와의 관계가 설명되어 있는 것으로 가장 유명한 것은 조주의 '끽차거'일 것이다.

그 끽차거 공안은 너무도 유명하여 여러 선어록에 등재되어 있다. 조주는 이 하나의 화두를 통하여 많은 사람을 제도한 것으로 유명하다. 이 화두를 다시 음미하여 보겠다.

조주화상은 객승들이 방문하면 물었다.
"일찍이 여기에 온 적이 있는가?"
한 스님이 답하였다.

"일찍이 온 적이 있습니다."

선사가 말하였다.

"차나 마시게(喫茶去)."

다음에 다른 스님에게 조주선사가 물었다.

"일찍이 여기에 온 적이 있는가?"

그 스님이 답하였다.

"일찍이 온 적이 없습니다."

선사가 말하였다.

"차나 마시게."

뒤에 원주가 화상에게 물었다.

"스님께서는 어찌하여 일찍이 온 적이 있다고 해도 '차나 마시게'라고 하고, 일찍이 온 적이 없다고 해도 '차나 마시게'라고 말씀하신 것입니까?

선사가 원주를 부르자, 원주가 "예" 하고 대답하였다.

그러자 선사가 말하였다.

"차나 마시게."

'끽차거'의 공안에서 조주는 세 사람에게 차를 권하고 있다. 그러나 조주는 똑같은 말로 '차나 마시게'라고 하고 있지만 속내를 들여다보면 실은 사람마다 같은 접대를 하고 있는 것은 아니다.

조주의 똑같은 말 속에 내재된 각기 다른 한 잔의 차 접대를 우리는 어떻게 이해해야 할 것인가? 그것을 위하여 우리는 끽차거 화두에 대한 의미를 깊이 생각해 볼 필요가 있다.

끽차거는 참구자에게는 화두가 되지만 차를 마시는 사람에게는 굴려볼 이야기가 될 수도 있다. 선가에는 의리선義理禪이라는 영역도 있거니와 찻자리에는 차담茶談이라는 청정한 대화도 있지 않은가.

깨어 바라보게

○

우선 조주의 끽차거 화두는 깨어 바라봄을 촉구하는 것으로 이해된다. 선의 핵심은 '깨어있음'에 있다. '깨어있음'은 평상심不常心이라는 키워드로 접근할 수 있다. 평상심은 앞서 말한 바와 같이 스승인 남전南泉으로부터 전수된 조주 선의 핵심을 이루는 개념이다.

다만 조주가 말하는 평상심은 일반 사람들의 삶인 일상심日常心과는 구분된다. 마음을 가리킨다는 점에서는 평상심과 일상심은 같지만 그 차이는 극에서 극이라는 말이다. 그 차이는 깨어있음의 여부에 있다.

깨어있는 마음은 평상심이요, 깨어있지 못한 마음은 일상심이다. 대부분의 사람들은 깨어있지 못하고 일상심에 매몰되어 있으므로 평상심에 이르지 못한다. 조주의 차나 마시라는 말은 단순히 차를 마시라는 말이 아닌 일상심을 벗어나 평상심의 세계에 들라는 말로 생각해야 한다.

깨어있음은 석존의 핵심교리인 팔정도八正道에서부터 중요한 위상을 차지하고 있다. 깨어있음과 관련된 팔정도의 항목은 정념正念이다. 정념의 빨리어인 Sammā -sati를 흔히 '바른 마음 챙김'이라고 번역을 하는데, 필자는 '깨어 바라봄'이라고 번역하는 것도 좋지 않을까 하고 생각한다.

바른 마음 챙김과 바른 알아차림의 교집합의 영역은 '깨어있음'이다. 깨어있지 못하다면 마음을 챙긴다든지 알아차린다든지 하는 것은 애시당초 가능하지 못하다.

깨어 바라봄이란, 선명상의 수행적 입장에서 말한다면 앞서 말한 바와 같이 법신광명관을 하는 것이지만, 차담 중에 말하는 것으로 한다면 현존의 상태를 지금 그 자체로 자각하는 것을 지칭한다. 그것을 위하여 우선 조주는 어디에서 왔는가를 묻고 있는 것이다. "이곳에 온 적이 있었는가?"를 묻는 것은 바로 어디로부터 온 것인가를 묻는 말이다.

어디로부터 온 것인가를 묻는 말에 자신이 태어난 고향 혹은 자신이 전날 머물렀던 곳을 답하는 것은 선문답에서는 예의가 아니다. 자신의 본래 고향 즉 본성에 대한 소식을 솜씨 있게 답하지 않으면 안된다. 본래 더할 것도 덜할 것도 없는 주인공의 면목을 즉각 제시하지 않으면 안 되는 것이다.

조주의 '차나 마시게' 화두에 출현하는 세 사람 중에서 그러한 물음에 부응한 사람은 없었다. 앞의 두 사람 모두 관음원에 온 적이 있다거나 혹은 온 적이 없다고 답하였을 뿐이었다. 형상 있는 관음원을 통과하지 못한 것이다. 그러므로 조주는 '차나 마시게' 라는 안내를 하지 않을 수 없었다.

조주의 답은 상대에 대한 극히 친절한 배려이다. 오답에 대해 일일이 수정해 주고 있는 것이다. 틀린 답안에 대하여 붉은 색연필로 정답을 써 주는 초등학교 선생님처럼 말이다.

'차나 마시게'에서 조주는 '지금 여기'를 알아차릴 것을 청한다. 모든 사물에 분별을 내지 않고 지금 여기를 그대로 깨어서 보라sati는 말이다. 그렇게 되면 마음의 활동을 일으키지 않고 평정하게 되는 멈춤Samātha에 이르게 되고 그것이 사물을 있는 그대로 알고 그대로 보게 되는 통찰Vipaśanā을 촉진시키는 일이 된다.

이것이 붓다 수행의 핵심적 의미이며 동시에 조주의 숨어 있는 의도이다. 그러기 위해서는 그 차 한 잔에 '현재'와 '여기', 그리고 그것을 알아차리는 '나'가 생생하게 깨어 있어야 한다.

끽차거와 독사

○

조주의 '차나 마시게'라는 선문답에 대하여 후세에 많은 게송이 지어지고 있는데, 숭악(崇岳, 1139~1203)은 조주의 '끽차거'가 "독사가 길에 누워있는 것과 같아서 목숨을 걸어야 한다."고 말한다.

길을 걷는 자가 길가에 누워 있는 독사를 밟거나 밟지 않거나 하는 것은 그가 깨어있거나 깨어있지 않거나 하는 차이이다. 그 차이는 결코 사소한 것이 아니다. 목숨이 오가는 차이인 것이다.

아니 목숨보다 더한 것이라 하겠다. 깨달음과 깨닫지 못함의 차이이니 말이다. 불법이란 깨어있음에 유도하는 것이므로 그것을 놓치면 부처님도 제도하기 어려울 것이니 말이다.

당시 중국의 모든 선원에서 차를 마시는 일은 일상차반사였고, 그러한 전통은 오늘날에도 이어져 사찰에서 많은 수행자들이 차를 마시고 있다. 그러나 일반 대중이 마시는 차와 조주가 권하는 차는 물리적으로는 동일한 카멜리아 시넨시스*Camellia sinensis*일지라도 그 차원은 사뭇 다르다. 조주가 권하는 차는 바른 알아차림을 동반한 차라야만 한다는 것이다.

바른 알아차림에는 바른 깨어있음이 필요조건이다. 깨어있을 때에 비로소 주인공은 주체적 작동을 개시한다. 후일 유행하게 된 간화선에서 화두의 성성함을 요청하는 까닭은 바로 깨어 바라봄을 유지하는 데에 요긴한 방법이기 때문이다.

선가의 스승들이 강조한 것은 깨어 바라봄이다. '차나 마시게'는 깨어 있음으로 인도하기 위한 조주 스타일의 가르침인 것이다.

이를 석존식의 마음공부 방정식에 대입하면 깨어있음의 차를 마심 즉 일곱 번째 팔정도의 정념正念을 닦음으로써 여덟 번째의 정정正定 즉 바른 삼매에 이르게 된다는 것이다. 차선일미라고 할 때의 경지가 바로 삼매에 든 상태를 말한다고 본다면, 사실상 차도 불교도 그 궁극은 삼매도달에 있다는 것으로 보아야 할 것이다.

'차나 마시게'는 생각과 분별을 자르고 일체의 의혹과 근심을 씻어내며 일체의 망상을 털어내어, 진실하고 순박하게 지금 이곳을 살라는 말이다. 조주 문하의 원주가 '분별'하는 의심이야말로 선불교에서는 고해苦海를 향한 출발이며 사바에 추락하는 중생들의 대표적 모습이라고 나는 규정한다.

앞의 두 사람이 언어의 관음원을 통과하지 못했다면, 원주는 언어의 논리적 구조를 통과하지 못한 것으로 대비할 수 있겠다.

원주마저 살리다

○

조주는 '차나 마시게'라는 말을 통하여 원주마저 구하려 하였다. 언어의 관문에서 어물쩍거리는 원주의 분별에 대하여 조주는 특별히 그를 부르고, 이어서 끽차거라고 하는 단칼로 내려친 것임에 분명하다.

그러므로 조주의 끽차거 화두는 평등함으로 인도하는 가르침이다. 조주는 세 사람에게 차를 마시게 했다. 자신을 만난 적이 있는 사람, 자신을 만난 적이 없는 사람, 그리고 자신과 늘 함께 있는 사람에게 '끽차거' 라는 동일한 방편을 선사한 것이다.

이 세 사람은 과거에 대한 분별, 미래에 대한 분별, 그리고 현재에 대한 분별을 대표한다. 따라서 이는 조주가 세상 사람들이 흔히 저지르는 과거·미래·현재의 모든 분별에 대하여 동일한 가르침을 선사한 것으로 해석할 수 있다. 즉 어떤 시간이나 어떤 공간에도 동일한 성품의 소식을 공평하게 나누어 준 것이다.

성품이란 그런 것이다. 따라서 조주의 '끽차거'는 과거·미래·현재라는 매개의 차이에 대하여 한 가지, 분별없는 성품이라는 공통의 처방을 하고 있는 점에서 평등을 선사하고 있다 하겠다. 세 사람이 지닌 분별의 종류는 각각 달랐다. 그러나 조주의 답이 한결같았던 것은 그 답에 이르는 것이 하나의 평등한 길이었기 때문일 것이다.

보통 사람들은 과거에도 사로잡히고 미래에도 사로잡히고 현재에도 사로잡힌다. 대부분의 고苦는 과거와 미래로부터 온다. 그러나 선의 핵심은 과거와 미래에 머물지 않도록 인도한다. 오직 이 순간 깨어 바라볼 때에 그 망심에 물들지 아니하고 수처작주隨處作主할 수 있다고 보는 것이다.

과거와 미래로부터 자유로운 사람이라야 현재로부터 자재自在로울 수 있다. 그와 관련한 가르침이 『금강경』에 있다. "과거심도 얻을 수 없는 것이며 미래심도 얻을 수 없는 것이며 현재심도 얻을 수 없는 것이라."는 말이다. 이 말씀은 선가에 널리 회자되는 명구로서, 일부 선종에서 『금강경』을 소의所依로 삼는 것은 이러한 명구가 있기 때문일 것으로 짐작한다.

평등은 다른 측면에도 적용된다. 그것은 '물음'이라는 면에서도 평등이라는 것이다. 화두를 보면 조주는 답하였을 뿐인데 왜 물음이라 할까? 그렇다. 외형적으로는 분명 조주가 '답'을 하고 있다. 그러나 실은 조주가 세 사람 모두에게 평등하게 하나의 '의문'을 던지고 있다는 점에서 물음이 된다는 것이다.

차선일미에서도 중요한 것은 깨어있음이다. 깨어 바라봄을 유도하는 공부법 중에서 강력한 방법 중의 하나는 간화선일 것이다. 간화선이야말로 한 순간도 그 깨어있음에서 멀어져서는 안 된다는 가르침이다.

그러나 간화선 참구 중에도 우리는 차를 마셔야 한다. 그리고 차를 마시는 동안에도 깨어있어야 한다.

끽차거와 거울

○

또 다른 측면으로 끽차거 화두에 접근해 보자. '차나 마시게'라는 화두에서 조주의 물음은 두 가지 안내를 하고 있다. 하나는 분별의 근본이 되는 모든 번뇌를 바라봄으로써 그것을 초월하라는 언명이며, 다른 하나는 자신의 본성과 하나가 되어 그 고향으로 돌아가라는 안내이다.

그러나 그 물음은 양면을 지니고 있을망정 한 개의 화살에 지나지 않았다. 그저 단 하나, '차나 마시게'라는 상대의 심장을 겨냥한 물음의 화살일 뿐이다.

선문답의 본질은 끊임없는 질문의 촉발제라는 점에 있다. '타고 남은 재가 다시 기름이 되듯이' 질문은 다시 끊임없는 의문으로 화하면서 수행자로 하여금 만유의 근원으로 돌입하게 한다. 그것은 오직 깨어있음에서만 가능하다. 적어도 조주의 깨어있음은 그 어떤 대문을 통해서 들어오든지 간에 평등하게 고향으로 인도하는 유일한 길인 셈이다.

그러므로 조주의 끽차거 화두는 거울과 같은 작용을 하는 것으로 볼 수 있다. 다만 상대를 비출 뿐 자신은 변함이 없는 거울말이다. 깨어 바라보는 평상심으로 마시는 차는 그야말로 깨끗한 거울과 같은 마음을 상징한다. 차와 선은 양자의 결합을 통해서 정신적 순수함이 제고된다.

차에는 깨끗함을 지향하는 성향이 녹아들어가 있기에 깨어있는 마음으로 차를 마시면 그것은 사람의 마음을 오롯하게 하며 청정하고 자연스럽게 만든다. 깨끗함은 수행자를 주체적 자각으로 이끈다. 깨어 바라보는 마음으로 행차함을 따라 차인 즉 수행자의 마음은 충분히 맑아있게 마련이고 그로인하여 주체적 자각이 가능해지는 것이다.

주체적 자각이란 다른 말로는 거울처럼 비춰내는 마음이다. 세상살이에 매몰된 일상심으로 분별하면 깨어 바라보는 마음인 평상심이 되기 어렵다. 일상적 분별은 두려움을 낳고 두려움은 인생의 고苦를 유발하게 마련이다. 그러나 깨어있는 평상의 마음에는 뒷그림자가 존재하지 않는 거울과 같다.

'차나 마시게'에는 깨어서 거울처럼 모든 그림자를 비추되 비우라는 메시지가 들어 있다. 즉 아픔이 다가오면 아파하고 슬픔이 다가오면 슬퍼하되, 더 이상 그것을 마음속에 머물러두지 말고 거울처럼 '비춰 보내라'는 촉구가 들어 있는 것이다.

거울은 색상色像을 취택하지도 않을 뿐 만 아니라 비춘 후에도 아무런 자취를 남기지 않는다. 마찬가지로 우리의 삶을 조주의 끽차거와 같이 깨어있는 평상심으로 한다면 세상살이에 부가되는 조건이 따라붙을 수가 없을 것이다.

차나 한 잔 하면서 마음 가운데 일물―物도 잔류하지 않도록 하면 그것이 무심도인이며, 그 마음이 평상심이라는 것이 조주의 가르침이다. 오되 온 흔적을 비우고, 오지 않되 오지 않은 흔적을 비우고, 분별하되 분별하는 흔적을 비우라는 의미가 조주의 끽차거 화두에 내포되어 있는 것이다.

자유로운 자재인

○

한편 조주의 끽차거 화두는 자재인自在人이 되기를 촉구하는 가르침으로 생각된다. 조주는 세 사람에게 '차나 마시게'라고 권하였지만 여기에서 우리는 중요한 사실을 하나 간취해야 한다.

그것은 조주가 분별하는 사람에 대한 처방은 내리지만, 정작 그 소재가 되는 차에 대한 분별은 전혀 하지 않았다는 점이다. 조주는 찻잎의 품질·차도구茶道具·행차行茶 따위에는 전혀 신경조차 쓰지 않는다. 심지어 조주는 어떤 방식으로 마시라든지 누구와 마시라든지 하는 부연설명조차 없다. 그냥 차를 마시라는 언명뿐이다.

그것은 임제의현(臨濟義玄, ?~866)이 말하는 인경양구탈人境兩俱奪의 경지가 아니면 도달하기 어려운 수준이다. 임제에게는 유명한 「사료간四料簡」이라는 법문이 있는데, 선의 경계를 네 가지 단계로 분류한 것으로 볼 수도 있다.

첫째는 탈인불탈경奪人不奪境이다. 사람과 경계를 나누어, 사람은 사라지고 경계가 중시되는 경지이다. 둘째는 탈경불탈인奪境不奪人이다. 경계는 사라지고 사람이 관심의 대상이다. 셋째는 인경구불탈人境俱不奪인데 이는 사람과 경계가 모두 사라지지 않은 경지이다. 넷째는 인경양구탈人境兩俱奪로서 사람과 경계가 모두 사라져 버린 경지이다.

네 번째 인경양구탈을 조주의 끽차거에 적용할 경우 차를 마시는 사람과 차가 모두 사라져 버린, 그래서 사람과 차의 구분마저 사라져 버린 경지를 말하는 것이 된다. 자신과 그 대상의 구분이 사라져버린 상태 즉 인경불분人境不分이야말로 진정한 자유·해탈에 이르는 경계이다.

왜냐하면 자유를 제한하는 것은 자신이라는 의식과 객관이라는 그림자이기 때문이다. 두 가지가 사라지면 진정한 자유의 상태가 전개된다는 것이 선불교에서의 가르침이다.

목마르면 물마시고 배고프면 밥 먹고 졸리면 자는 자재인自在人은 일상생활에 평상심을 적용하는 인물이다. 보통사람들은 도라고 하면 뭔가 기상천외하고 특별한 것을 떠올리지만 사실 특별한 것이 아니며, 무위無爲와 자연스러움 속에 도가 존재한다는 것이 중국 선종의 선사들의 공통된 입장이었다.

무위의 자연스러움 속에서 자재인의 풍모가 나타나게 마련이다. 끽차거에서의 무위는 자신에도 차에도 그리고 마시는 행위에도 걸림이 사라진 상태라야 한다. 다만 깨어 바라봄으로 차를 마실 때 말이다.

황벽과 조주

○

선어록에서 자재인의 풍모를 잘 표현하고 있는 사람 중에 또 하나의
두드러진 인물로 황벽희운(黃檗希運, ?~?)을 들 수 있다. 그는 "종일토록
모든 일에서 떠나지 않고, 모든 경계에 미혹되어지지 않는 것을 바로
자재인이라고 이름 한다."고 말한다.

대부분의 사람들은 아침부터 밤까지 세상일로부터 떠날 수 없다.
심지어 출가자도 마찬가지이다. 그것은 인간이 살아있는 한 당연한
일일 것이다.

그러나 자재로운 경지를 얻은 사람은 하루 종일 일 속에 있으면서
도 모든 세상일에 미혹당하는 일이 없다. 이것이 이른 바 자재인의 풍
모라는 것이다. 자재인에 대하여 황벽은 또한 "안연(安然)히 단좌(端坐)하고
임운(任運)에 구애되지 않는 것을 바로 해탈이라 이름 한다."고 말한다.

단좌란 단정히 앉는 것을 뜻하는 말이지만 이는 어떠한 상황에서
도 사로잡히는 일이 없이 사는 것을 의미하는 것으로 해석해도 좋을
것이다. 자신에도 대상에도 사로잡히는 일이 없이, 오직 깨어 바라보
는 하나의 의식만이 온 우주에 가득한 상태라야만 안연히 단좌하고
임운에 구애되지 않는 상태라 할 만한다.

황벽과 거의 같은 시대를 살다 간 조주에게 있어서도 한 잔의 차는
안연히 단좌하고 임운에 구애되지 않는 해탈의 심경으로 인도하는
하나의 매개일 뿐이었다. 그에게 차 한 잔은 그의 사유를 구속하거나
그의 행위를 규정하는 사물이 아니었다. 그러므로 역설적으로 그가

권하는 한 잔의 차는 깨어 평상심을 즐기는 자재인의 풍모를 담기에 조금도 모자람이 없어 보인다.

하루 종일 밥을 먹고 있어도 한 톨의 밥도 씹는 일이 없으며, 종일 토록 걷고 있어도 한 치의 땅도 밟는 일이 없으며, 하루 종일 차를 마 셔도 한 잔의 차를 마신 일도 없으며, 하루 종일 사람을 대하고 있어 도 단 한 사람과도 만난 일이 없다는 자재로움과 한가로움이 조주의 끽차거에는 담겨 있는 것이다.

5
간택을 버리려면 간택을 하라

끽차거와 삼공三空

○

조주의 '차나 마시게'를 불교 교학적으로 조명해 본다면 대승의 핵심 개념인 공空의 체현으로 생각할 수 있다. 공에 바탕을 두어야만 깨어 있음과 평등함과 자재인의 풍모가 가능해지기 때문이다. 또한 그러한 경지에서만이 참된 의미에서 물아일체物我一體를 논할 수 있다. 그러한 경지는 다음의 몇 가지 교학적 측면으로도 분석이 가능하다.

첫째, 끽차거 법문의 핵심은 삼공三空의 실현에 있다. 조주는 차를 마시는 사람과 차 그 자체, 그리고 차를 마시는 행위의 세 가지가 본래 공임을 암시하고 있다. 시간·공간·주체에 대하여, 그리고 동시에 그러한 세 가지를 분별하는 사유에 대하여 조주는 모두 한 잔의 차를 평등하게 부었다.

이 공안公案에서 경계하고 있는 대상은 '분별'이다. 온 일이 있는 분별, 온 일이 없는 분별, 그리고 그러한 사실에 대하여 의문스러워 하는 분별들에 대하여 조주는 한 잔의 차를 매개로 공의 세계에 안내하고 있는 것이다.

"차와 선이 하나이다"라는 차선일미의 차원에서 차는 있음有을 상징하는 것이라면 선은 없음無을 상징한다. 차는 유형의 빛깔[色]이라면 선은 무형의 빔[空]이다. 『반야심경』에서 "색은 공과 다르지 않고 공은 색과 다르지 않다. 색은 곧 공이요 공은 곧 색이다[色不異空 空不異色 色卽是空 空卽是色]."라고 하였는데, 그와 같이 색이니 공이니 하는 따위의 모순을 포월包越한 곳에 끽차거 화두는 존재한다.

포월이라는 말은 존재의 모습을 표현하는 데에 매우 유용하다. 예컨대 모든 만유가 현존한다는 인식은 포함包含이라는 개념에 속한다. 그리고 모든 만유를 초월한다는 인식은 초월超越이라는 개념의 영역이다. 그런데 진리는 현존하는 면에도 초월하는 면에도 존재한다. 따라서 현존한다든지 초월한다든지 하는 식의 한 편에 치우친 개념은 진리를 지칭하는 데에 적절치 못하다.

그래서 현존과 초월을 동시에 표현하는 포월이야 말로 진리의 모습을 표현한 적절한 용어 중 하나라 할 수 있다. 이러한 인식의 밑바닥에 이른 수행자야 말로 유와 무, 색과 공, 주체와 사물, 그리고 현존과 행위 등이 둘이 아닌 상태를 향유하게 될 것이다. 포월의 밑바닥에 있는 깨달음이야말로 삼공의 철저한 인식이라 하겠다.

조주의 끽차거 법문에서는 공함을 통하여 중도中道를 실현하고 있다. 석존의 무아無我가 중도를 지향하듯이 공의 궁극도 중도로써 파악할 수 있는 것처럼 조주의 '차나 마시게'는 중도를 지향하고 있는 것으로 볼 수 있다.

이처럼 간단한 언명에 불과한 조주의 '차나 마시게'라는 한마디에 대승의 공사상이 숨 쉬고 있는 것을 발견할 수 있는 것이다. 끽차거 화두의 교학적 기반을 논한다면 반야의 공 즉 중도에 바탕을 두고 있다고 볼 수 있겠다.

조주와 승랑僧郎

○

공과 중도에 대하여 논리적으로 접근한 것으로는 삼론종三論宗의 교학적 가르침이 뛰어나다. 반야에 기반을 두고 삼명三明의 독특한 논리를 제시한 고구려의 뛰어난 스승 승랑(僧郎. ?~?)의 생각을 통하여 끽차거 화두를 분석하여 보겠다.

승랑은 고구려 출신으로 일찍이 중국에 가서 삼론종의 조사가 되신 분이다. 진리에 도달하려는 노력은 시간과 상관이 없다. 조주 이전에 살다간 승랑의 논리로 후손인 조주의 생각을 가늠하는 것이 조금도 이상할 것이 없는 이유이다.

승랑이 강조하고 있는 것은 진속이제眞俗二諦의 선명한 대비를 통한 중도의 지향이다. 물론 진제와 속제란 진리를 나타내기 위한 전제적 방편에 불과하다는 것이므로 무와 유, 진제와 속제는 모두 중도의 진리를 도출하는 방편이라는 것이 그의 생각이다.

승랑은 우리나라의 자랑스러운 큰 스승이지만 아쉽게도 그의 저술이 남아있는 것은 없다. 다만 그의 후손인 삼론종의 뛰어난 스승 길장(吉藏, 579~623)에 의하여 그 편린을 엿볼 수 있을 뿐이다. 길장의 『이제의』에 승랑의 사상적 자취가 남아있는 것이다. 그곳에 나타나 있는 승랑의 삼단논법을 통하여 이제합명중도설二諦合明中道說의 성격을 알아보기로 한다.

第一明:　　　　　첫 번째 밝힘:
說有爲世諦　　　　유를 설하면 세제가 되고,
說無爲眞諦　　　　무를 설하면 진제가 된다.

第二明:　　　　　두 번째 밝힘:
說有說無二並世諦　유를 설함과 무를 설함은 둘 다 세제가 되고
說非有非無不二眞諦　유도 아니요 무도 아니어 둘이 아니라 하면 진
　　　　　　　　　제이다.

第三明:　　　　　세 번째 밝힘:
有無二非有無不二　유와 무 둘 다 아니며 유와 무가 둘이 아니니
說二不二爲世諦　　둘이라고 하여도 둘이 아니라고 하여도 세제가
　　　　　　　　　되고,
說非二非不二爲眞諦　둘도 아니고 둘 아님도 아니라고 하면 진제가 된다.

이 세 가지 이제설을 통하여 승랑이 이루고자 하는 것은, 중도의 진리란 속제나 진제 그 자체에 있는 것이 아니라 그것들마저도 넘어선 차원에서만 진정한 진제라는 것이다. 여기에서 중요한 것은 진제의 차원이 속제를 떠난 것이 아니고 모두 포함한 것이다. 승랑의 삼명은 용수가 공空을 무기삼아 삿된 견해를 타파한 것과 같은 논리를 적용한다.

▼ 삼론

인도 나가르주나(龍樹, 150~250)의 『중론』, 『십이문론』, 그의 제자 제바(提婆)가 지은 『백론』 이 셋을 이른다. 구마라집(鳩摩羅什, 344~413)이 5세기 초 중국에 번역하여 전한다.

▼ 승랑

그의 생몰일은 정확하지 않다. 대략 5~6세기경 활동했다. 479년경 둔황(敦煌)에 가서 담경曇慶 법사에게 삼론三論을 배운다. 제나라의 수도 건강에서 불법을 전한다. 512년 무제의 요청으로 삼론학을 가르쳤다. 또한 무제를 통해 고승 10명에게 삼론학을 전수했다고 한다. 승전의 학통을 법랑法朗이 계승했으며, 법랑의 후계자인 길장(吉藏, 549~623) 대사는 삼론학을 집대성했다.

진속이제와 끽차거

○

삼단계의 이제설을 참고삼아 조주의 끽차거 법문을 살펴보겠다.

조주는 그곳에 온 적이 있는 사람有도, 온 적이 없는 사람無도, 유와 무에 분별을 일으킨 사람有無에게도, 똑같이 '차 마실 것'을 권하였다. 그러나 여기에서 우리는 '차나 마시게'를 말하기 전의 조주의 찰나적

의도, 즉 순간적인 진공상태를 눈치 채야 한다. 그것은 분별과 혼선의 진공상태인 것이다.

조주는 "이곳에 온 적이 있는가?" 혹은 "원주야!" 하는 다소 당혹스러운 질문을 상대에게 던짐으로써 그 상대가 조주에게 바라고 있는 모든 분별에 대하여 진공의 크레바스를 설정하고 있다.

이는 상대로 하여금 '차나 마시게'라는 가르침을 주기 이전의 모든 일상적 사유를 단절케 하는 효과를 노리고 있다. 즉 상대로 하여금 당혹스러운 질문을 맞게 함으로써 자신들의 사유에 브레이크를 밟도록 촉구하고 있는 것이다.

이를 이제합명중도에 적용하여 본다면 조주는 매우 단순한 질문을 통하여 당혹함이라는 진공상태로 유도함으로써 상대를 단번에 제3명의 단계까지 유도하는 데에 성공하고 있다고 볼 수 있다.

이처럼 혼선의 단절無을 거친 후 이윽고 조주는 '차 한 잔'을 권함으로써 다시 현실有을 살리는 배려를 하고 있다. 그 차 한 잔은 색·향·미를 갖추고 있는 현상적 물질이다. 앞에서는 당혹의 진공眞空상태로써 현실을 죽이고, 다시 묘유妙有로써 현실을 살리고 있는 것이다.

승랑의 논리를 빌어 표현한다면 조주는 한 마디의 말로써 돌연 제삼명第三明에 이르러 진제의 세계를 열었다. 그리하여 있음에도, 없음에도, 그리고 있음과 없음에 대한 분별에도, 모두 차별 없이 중도의 선물을 안긴 셈이 된다.

깨달음의 최고 경지인 중도는 공과 유의 모순을 초월한 일미一味에 있다 할 때, 승랑의 이제합명중도가 조주의 한 잔의 차 속에서 살아난다고 보아도 좋다. 조주의 차는 중도 그 자체인 것이다.

차와 선이 하나의 맛을 이루는 차선일미에는 중도가 필수조건이다. 후일 초의가 그의『동차송』에서 중정中正을 말하는 것이 다 이유가 있는 것이다.

공과 물아일체
○

공과 중도를 체현한 조주의 차 한 잔은 물아일체物我一體의 소식이다. 공에 바탕을 두고 있으므로, 조주의 차 한 잔은 이번에는 우주 그대로가 물아일체의 차원으로 드러나는 것도 자연스럽다.

조주의 차원에서는 삼공이 곧 물아일체인 것이다. 그것은 공과 유를 포함하면서도 그것들을 모두 넘어선包越 진제 차원의 속제적 표현이라고 볼 수 있다.

끽차거는 극히 신비하고 요원한 반야의 경지를, 너무도 평범한 세속의 생활과 하나로 융합함으로써 현세와 극락, 차안과 피안을 하나의 맛[一味]으로 화하게 하고 있는 것이다.

물아일체의 차원에서 차 한 잔 마시면『증도가證道歌』의 '취할 것도 버릴 것도 없는 대장부의 일대사를 끝낸 한가한 도인의 모습[絶學無爲閑道人]'이 나타난다.『증도가』의 저자 영가 현각(永嘉 玄覺, 637~713)은 중국 선종의 승려인데, 스승의 처소에 하룻밤 머물면서 깨달음을 얻었다 하여 일숙각一宿覺이라는 별호를 얻었던 인물이다.

이처럼 깨달음의 세계에서는 시차가 없는 듯 보인다. 조주는 남종선의 특징 가운데 하나인 심心·물物의 통일장統一場을 한 잔의 차에서 보이고 있는 셈이 된다. 이러한 차원에서라야 비로소 선과 차는 하나가 된다.

조주의 끽차거는 일체의 개별적이고 타율적이며 세속적인 고정관념을 뛰어넘어 곧장 물아일체의 경지로 몰아 들어가는가 하면, 다시 일체의 외래 사물에 대응하여 자재로운 활력과 창조력으로 현실로 뛰어 들어서게 하는 양 방향의 선기禪機를 우리에게 제시하고 있는 것이다.

끽차거와 자비

○

조주화상 끽차거의 선문답에서는 이상의 의미 이외에 행行의 정신도 엿볼 수 있다. 구체적으로는 자비慈悲의 행과 실수實修의 행이 그것이다. 즉 행이라는 차원에서 끽차거의 화두에 접근해도 하나의 세계가 있다.

사실 차나 선에 행이 사라진다면 공허한 메아리가 되어 구두선口頭禪에 그치고 말 우려가 있다. 조주는 그러한 우려를 결코 소홀히 하지 않았다. 즉 조주의 '차나 마시게'에는 행의 정신이 깔려 있는 것이다.

먼저 조주의 '차나 마시게'에는 자비행이 흐르고 있을 보게 된다. 일부의 선수행자들은 살불살조殺佛殺祖가 선의 핵심인 양 아는 경우가 있다. 그리하여 한국의 선가에서는 아직도 선문답 중에 무애無碍한 언사와 심지어는 폭력마저도 용인하는 전통이 더러 남아있다.

그러나 선기가 자비를 떠나는 순간 불제자가 불교를 떠나는 것과 마찬가지이다. 마치 약한 소년을 때리는 것은 동일한 행위지만 부모가 때리는 것과 뒷골목 불량배가 때리는 것과는 차원이 다른 것과 같다. 부모가 때리는 매에는 사랑과 자비가 묻어 있기 때문이다. 그처럼 뛰어난 스승들의 법문을 보면 늘 자비가 흐른다.

조주의 '차나 마시게'라는 당부에도 자비가 넘치는 것을 보게 된다. 대하는 모든 수행자의 물음에 단 한 차례도 비켜간 적이 없었던 그의 행동이 그것을 증명한다. 말 배우는 손주가 던지는 수십 차례의 똑같은 지루한 물음에 단 한 차례도 싫증내지 않고 일일이 대답해 주는 할아버지의 사랑을 조주는 지니고 있는 것이다.

수행자들의 어떠한 물음이나 행동에도 반응을 회피한 적이 없는 것은 자비의 스승 석존의 생애에서도 볼 수 있다. 석존은 어떤 물음에도 친절하게 대하며 일생을 일관하였다.

마찬가지로 조주의 문답에서도 자비가 흐른다. 대하는 모든 인연을 결코 비키지 않는 것을 나는 큰 스승의 자비로 생각한다. 물론 인연을 꺼리지 않는 것만이 자비가 아니라, 깨우침을 유도하는 그 내용이 자비인 것도 당연하다.

끽차거와 선수행

○

조주의 '차나 마시게'는 또한 실수행實修行에 바탕을 두고 있는 가르침
이다. 남종선의 전통은 몰록 깨달음을 이룬다는 돈오頓悟를 표방하고
있으므로 닦아 이룬다는 점수漸修는 필요 없다는 생각을 할 수 있다.
그러나 모든 선은 실수행을 전제할 때에 비로소 성립 가능한 것이다.

왜 조주는 '차를 마신다飮茶'고 하지 않고, '차를 먹는다喫茶'고 하였
을까? 실제로 조주 이전의 중국인들은 거의 음차라는 말을 사용했고
끽차라는 말은 사용하지 않았다. 조주 이후에 많은 사람들이 끽차라
는 말을 사용하게 되었다. '끽喫'에는 물론 '마신다'는 의미도 있지만,
원래 '먹다'는 의미가 강한 말이다.

조주가 '음차'라는 말 대신에 '끽차'라는 말을 사용한 것은 나름 의
미가 있는 것 같다. 그냥 꿀꺽꿀꺽 음료로서 마시는 것이 아닌, 그것
을 먹는 것처럼 차의 맛을 음미하라는 의도도 있을 것 같다. 그것은
건성건성 살지 말고 한 생각과 행동을 진지하게 실행하라는 의미가
있어 보인다.

그러면 조주가 생각했던 진지한 실행은 무엇을 의미할까? 그것은
선명상의 행이었을 것으로 생각한다. 모든 스승들은 선명상의 실행
을 목숨처럼 여겼다.

모든 불자의 스승인 석존을 보겠다. 석존은 35세 되던 해에 항마
와 정각을 동시에 성취하였다. 그리고 그는 거의 매일 제자들에게 설
법을 계속하다가 80세 되던 해에 열반에 들었다.

그런데 여기에서 짚고 넘어갈 사항은 45년간의 전법 기간 동안 그가 설법만을 했던 것인가 하는 점이다. 함께 하는 제자들과 더불어 그가 매일 빼놓지 않고 했던 것은 타좌수련打坐修練이었다. 정각을 얻기 전에 목숨을 걸고 수행하였던 선 수행을, 정각을 이룬 후에도 다시 일생동안 지속하였던 것이 석존의 삶이었다는 것이다.

석존 당시 상가samgha의 생활은 엄격한 금욕생활이었다. 아침에 일어나 독송과 좌선을 하며 오전 중에 마을로 나가 걸식을 하고, 하루 단 한차례의 식사를 한다. 오후에는 좌선과 설법청취, 그리고 해질녘에 좌선에서 깨어나 법당에 집합하여 하루 동안의 좌선에서 깨친 바나 느낀 바를 가지고 법담을 한다. 그리고 자기 숙소로 돌아가 다시 좌선을 거듭하는 거룩한 침묵과 법담의 생활이 일상이었다.

석존 자신 역시 이러한 상가의 계율을 단 한 차례도 어긴 적이 없었다. 석존 자신 역시 좌선과 설법이라는 상가의 두 가지 규칙을 지키며 살았던 것이다.

기와를 갈아 거울을 만들다

○

그런데 중국의 선종에 이르러 그러한 타좌수련의 전통에 대한 것에 자칫 혼선을 일으킬 수 있는 선문답이 발생한다. 그것은 당의 개원開元연간에 살았던 마조도일(馬祖 道一, 709~788)의 일화이다. 마조는 남악(南嶽 懷讓, 677~744)의 전법원에 주하며 하루 종일 좌선을 하고 있었다. 그

가 법기임을 알고 스승인 남악 회양이 다가온다.

회양이 마조도일에게 질문한다.

"대덕은 좌선하여 무엇을 하려는가?"

도일은 답한다.

"부처가 되려합니다."

그러자 회양은 기와 한 장을 가지고 와서 그 암자 앞에서 열심히 닦기

시작하였다.

도일이 묻는다.

"스님께서는 무엇을 하고 계십니까?"

회양은 답한다.

"갈아서 거울을 만들려 한다."

도일이 묻는다.

"기와를 닦은들 어찌 거울이 될 수 있을까요?"

그러자 회양은 말한다.

"좌선을 한들 어찌 성불을 할 수 있을까?"

[충격을 받은] 도일이 방법을 묻자, 회양은 답한다.

"수레를 타고 가다가 멈추면 차를 때려야 하는가, 소를 때려야 하는

가?"

이에 마조는 답할 수 없었고… 제호를 마신 것과 같은 깨달음을 얻었다.

마조도일은 회양의 문하에서 9년을 머문 후 남강南康**의 공공산**龔公

山에 들어가서 백장회해·남전보원 등 여러 제자를 얻었다. 그리고 그 남전의 문하에서 조주가 나왔다. 육조 혜능은 회양에게 "그대의 발아래에 말 한 마리가 나와 천하 사람을 밟아 죽일 것이다."라고 했다고 한다. 후인들은 그 말이 마조를 두고 한 말로 인식한다.

마조의 사상은 철저하게 돈오에 입각하여 있다. 그리하여 '즉심시불卽心是佛' 즉 마음이 부처임을 깨달으면 부처요, 깨닫지 못하면 중생이라고 일갈한다. 또한 중생 외에 부처가 없으며 만법이 마음에서 생긴다고 말하고 있다.

그것은 바로 중생과 부처가 따로 없다는 생각에 바탕을 두고, 깨어바라보는 평상심 그대로를 행하는 일이었다. 마조는 조작이 없고 시비가 없으며 취함과 버림이 없고 끊어짐과 항상 됨이 없으며 범인과 성자의 구분이 없는 마음을 '평상심平常心'이라 하였다. 그 평상심으로 깨어있을 때 부처가 된다는 것이다.

마조의 일화나 깨달음을 얻은 이후의 언행으로 미루어, 그의 가르침은 실수實修는 중요하지 않고 깨치면 그만이라는 데에 있다고 생각할 수 있다. 그러나 만약 그런 생각이 있다면 오해이다.

마조가 행주좌와의 일체 행위를 모두 부처의 행佛行이라고 단언할 수 있기 위해서는 그 이전에 인생 전체를 건 힘든 타좌수행이 있었기 때문임을 알아야 한다.

불적령 시절에 물 긷고 나무하는[汲水拾薪] 생활을 하고 또는 남강의 공공산에서도 뼈를 깎는 수행이 있었다. 회양으로부터 좌선하여도 부처가 될 수 없다는 말을 듣고 깨침을 얻은 것은 그 이전에 남악 산

중에서 9년간의 타좌가 밑받침을 이루고 있었기 때문이다.

회양은 그의 근기와 실수행이 가득 찬 것을 짐작하고 줄탁동시啐
啄同時의 선기를 발휘한 것이다. 그래서 남전은 평소 이렇게 말한다.
"비록 저쪽[出世間]에서 깨닫더라도 이쪽[世間]에서 실천에 옮겨야 한
다.[直向那邊會了 却來這邊行履]" 공과 유가 행을 통하여 중도가 실현되는
순간이다. 마조의 이러한 면까지 알아야 그를 다 이해하는 것이 된다
하겠다.

진실된 선 수행을 통하여 99℃에 이른 마조도 훌륭하며, 그 사실
을 꿰뚫고 기왓장을 빗대어 1℃를 넘어서게 한 회양도 스승자격이
있다. 줄탁동시의 이면에는 [그럴 만한] 자격이라는 게 있는 것이다. 마
조가 '평상심이 도'라고 단언할 수 있기 위해서는 신명을 아끼지 않은
타좌가 밑에 깔려 있었기 때문에 가능하였던 것이다.

선 화두 중에서 '백척간두진일보百尺竿頭進一步'라는 말을 듣는 사람들
은 백 척에서 한 걸음 나아가는 것에 포인트를 둔다. 물론 백 척에서
한 걸음 나아가는 것이 중요하며 그것이 선의 핵심이기는 하다. 그러
나 그것을 위해서는 백 척이나 되는 높은 곳에 올라가는 수고가 먼저
있어야 하는 것임을 잊어서는 안 된다.

석존은 설산고행의 기간이 6년이나 있은 후에 고행을 포기하고 보
리수 아래에 정좌하여 21일 만에 정각을 이루었다. 그렇다면 6년이
라는 세월은 석존에게 의미 없는 기간이며 21일 만이 필요했을까.
그렇지 않다고 본다. 6년의 세월이 있었으므로 21일의 시간이 의미
를 발한 것이다.

마조도일

한주漢州 사람으로 남악회양의 선법을 이었고 개원사에서 선풍을 크게 드날렸다. 제자로는 백장·대매·남전 등 뛰어난 인물들이 많다. 속성이 마씨였으므로 세상 사람들이 그를 마조라 불렀다.

간택을 버리려면 간택을 하라

○

불심인佛心印은 흔히 예시되는 본체의 상징이다. 그러나 현실에서 도장이라는 물건을 보자. 그것은 찍고 난 후에 그것을 치워야 한다. 그래야 도장자국이 나타나고, 효력이 나타난다. 즉 도장은 움직임으로써 활용성이 드러난다는 말이다.

마찬가지로 아무리 고준한 깨달음도 인적印蹟이 나타나지 않는 마음도장이라면 심인은 그 가치가 없다. 실천이라는 자취를 통해 보여주어야 비로소 올바른 깨달음은 가치를 발하게 된다.

선불교는, 관념적이며 사변적인 교학불교를 실천불교로 되돌리려는 혁명적 목표를 가지고 출발한 불교이다. 그러므로 깨달음 이전에도, 깨달음 이후에도, 자비와 실천의 행이 분명한 것이 선불교인 것이다. 선에 실천이 없다면 선은 의미가 없다.

반면에 차는 행차 등의 형식도 중요하지만 행차의 근원인 차의 정신에 사무치는 바가 있어야 비로소 차도가 성립된다. 차선일미의 향기는 '근원에 사무침'과 '실지로 행함'이라는 향상向上과 향하向下의 두

가지 모순이 조우한 곳에서 피어나는 것이다.

차와 선이 가지는 또 하나의 중요한 공통점은 직접 맛보지 않으면 안 된다는 것에 있다. 차는 마셔야 하고 불법은 체험해야 한다. 이처럼 '끽차거'라는 공안에서 조주가 암시하고 있는 가르침은 불법은 직접 체험해야만 한다는 것을 암시하고 있다.

말로는 불법을 결코 드러낼 수 없다. 진정한 불법은 닦음을 통해서만 나타날 수 있음을 조주는 '차나 마시라'는 법문을 통해서 하고 있는 것이다.

선과 차는 직접 먹어야만 한다. 그래서 조주는 처음 온 사람, 온 적이 있는 사람, 또는 머물러 사는 사람, 모두에게 '맛을 보는' 체험의 세계로 인도한 것이다. 이런 정도가 되어야 '차와 선이 같은 맛으로 화하는 차선일미'의 소식이 된다고 나는 생각한다.

차와 선이 지니는 다른 하나의 공통점은 힘든 경계를 지나 마침내 맞이하게 되는 해방이라는 점에도 있다. 차 생활은 평범하고 자연스러운 것이다. 그러나 그 한순간의 차 생활을 위하여 닦음과 제차과정을 거치는 등 수많은 땀의 과정이 필요하다. 그뿐 아니라 한 잔의 차를 솜씨 있게 달여 내는 행차에도 상당한 반복과정이 필요하다.

마찬가지로 선이 '평상심이 도'라는 경지에 이르기 위해서는 일상심의 극복이라는 힘든 과정을 거쳐야만 한다. '간택揀擇을 버리면 그대로 도道'라는 최종경지에 이르기 위하여 수행자는 진실로 많은 땀과 눈물을 간택하는 과정을 겪어야만 하는 것이다.

차와 선의 만남이라는 돈오의 순간적 접점 이면에 수많은 시간과,

수많은 고뇌와, 수많은 역사가, 인드라망의 구슬처럼 얽혀 있음을 알아야 한다. 그러므로 조주가 권한 차 한 잔에는 우주적 연기가 함께한다.

'한 티끌 속에 시방을 머금었다(一微塵中 含十方)'는 화엄의 법문이 그것을 잘 표현하고 있다. 그러한 구조를 이해하고 그러한 과정을 밑에 깔고 선과 차가 일미를 이룰 때에 수행자는 비로소 진제의 세계에 직입直入하게 될 것이다.

그 경지에 이른 사람만이 '차나 마시게'라는 한 마디를 무사無事·무심無心·무위無爲의 심경으로 토할 자격이 있게 될 것이다.

끽차거에서 차의 운명

○

이제까지 조주가 시나리오를 쓴 '끽차거'라는 단막극을 관람하면서 우리는 "분별을 놓으라."는 개념에 입각해서 사람 중심으로 그 연극을 이해해 왔다. 그러나 조주의 차원에서 생각해 본다면 이는 온전한 이해라고 할 수 없다.

왜냐하면 이 끽차거의 연극에서는 조주나 그 상대자들뿐만이 아니라 또 다른 주연인 차의 입장도 헤아려 볼 필요가 있을 것이기 때문이다. 끽차거가 '물아일체의 경지'라고 해놓고 아我에 대한 논의만을 주로 했을 뿐 물物에 대해서는 아직 언급하지 못했다는 말이다.

조주의 '끽차거'라는 연극에서 차는 당당히 공동 주연의 하나이어야 한다.

한 잔의 차를 마시는 과정을 차의 입장에서 생각해 보겠다. 사람의 입장에서야 차를 마시는 일이란 게, 물을 끓이고 차를 우려 향기로운 차를 즐기는 행복한 차사茶事이겠다. 하지만 그것을 차의 입장에서 보면 정반대의 상황이 벌어진다.

차의 입장에서는 스스로의 몸을 희생하여 올리는 절체절명의 소신공양燒身供養을 하고 있는 중이다. 생살이 찢기고 꺾여[採茶], 뜨거운 증기에 한 차례 죽고[蒸之], 찧여서[擣之] 틀에 채워 눌리고[拍之], 불에 쬐어[焙之] 말린 채 죽은 미라가 되고 만다. 이건 당시의 제차법이다.

그 뿐인가. 차를 달일 때는 굳은 미라가 다시 한 번 해체되어 뜨거운 물에 몸을 던져[投茶] 일생을 마감하는 것이 '끽차거'라는 의식儀式에 쓰이는 차의 운명이다. 이는 부친의 개안開眼을 위하여 임당수에 몸을 던져 생명을 바치는 심청이를 연상케 한다. 이처럼 '끽차거'라는 연극에서 소신공양을 통하여 찻자리[茶席]를 빛내는 것이 차의 운명인 것이다.

그러나 차의 운명은 그것으로 끝나는 것이 아니다. 다른 측면으로 본다면 차의 최후 공양은 무無로써 마감하는 것이 아닌, 찬란한 생명으로 새롭게 태어나는 유有의 부활의식이기 때문이다.

차를 우려내는 의식을 통하여 차는 다시 아름답게 피어난다. 갈아둔 찻가루는 뜨거운 물을 만나 새롭게 부활하면서 자신 몸속에 갊아있는 모든 것을 토해내어 맑음과 기쁨을 제공하면서 사람들을 건강하고 행복하게 만든다. 찻잔 속에 퍼지는 차의 소생에서 우리는 마치 임당수에 빠졌던 심청이가 연꽃잎 속에서 다시 살아나는 생명의 축제를 보는 듯하다.

이러한 찻잎의 일생 또한 열반으로 볼 수 있지 않을까. 사람의 열반만을 논해서는 온전하지 않을 것이며, 사물의 열반도 평등하게 논하는 것이 조사선祖師禪의 핵심이다.

그 뿐만 아니라 죽음에 드는 것만이 열반이 아니요, 찬란하게 부활하는 것도 열반이다. 그렇게 본다면 죽음과 부활을 동시에 연출하는 차의 열반은 다른 사람에게 행복과 본래 고향을 공양하는 생생한 동체대비同體大悲의 실현 과정이다.

차의 열반과 끽차거

○

그러한 차의 모습이야말로 선의 용어로 말한다면 살활자재殺活自在의 활발발상活鱍鱍相이 아닌가 한다. 조주가 차를 마시라고 권한 것은 차를 통한 또 하나의 가려있는 진실을 직시하라는 숨은 언명이 있는 것은 아닐까 생각한다.

조주는 끽차거의 법문을 통하여 우리에게 다른 차원의 열반을 요청한다. 일단 조주는 과거와 현재의 죽음, 경험과 비경험의 죽음, 의식과 분별의 죽음이라는 열반의 세계를 통과하게 한다. 그리고 그 주검을 '차 마심'이라는 살림의 부활의식을 통하여 새로운 차원의 열반을 체험하게 하는 것이다.

끽차거에서 조주의 권에 의하여 마시는 것은 차라기보다는 열반이다. 그것은 죽음 이전도, 죽음 이후도, 사람도, 차도, 동일하게 적용되는 열반인 것이다.

그렇다면 조주의 '끽차거'라는 권청에 의하여 차를 마시는 사람은 차를 마시기 전도 열반이요, 마신 후도 열반에 들어야 한다. 그것이 조주가 말하는 평상심의 도를 실현하는 바일 것이기 때문이다.

열반에서 시작하여 열반으로 끝나는 이 연극의 말미에 공동 주연인 조주가 빙그레 웃으며 나타나 에필로그를 한마디 할 것 같다. 그 한마디는 '모두들 차나 한 잔 드시게'이어야 한다.

차인들 사이에서 간혹 '지가 차를 알아?'라는 말을 하는 경우가 있다. 알게 모르게 상대를 폄하하려는 의도가 있는 물음이다. 그 물음에 대하여 조주의 차원에서 답해 보겠다.

조주의 차원에서 차를 안다고 하는 것은 차와 자신의 물아일체적物我一體的 동화同化과정을 거쳤을 때만이 비로소 '차를 아는 것'이 가능하다고 말할 수 있다.

추운 겨울을 거치고 눈바람 속에서 가지 안의 찻잎을 잉태하며 준비하다가, 봄의 기지개와 더불어 일창이기一槍二旗의 찻잎을 내는 인고의 과정을 체인體認해야만 차를 아는 차인이 된다. 그뿐만 아니라 꺾이고 익히고 찢기고 말려지는 형극荊棘의 과정도 가슴에 담아야만 한다.

그리고 행차를 통하여 모든 이들을 위한 따뜻한 한 잔의 차로 부활하는 생명의 의식에도 열반의 또 다른 주체로써 동참할 수 있어야만 참으로 차를 아는 사람이라 할 것이다.

어차피 조주는 '차나 마시게'라는 선문답에서 답을 원하지는 않는다. 다만 한 가지, 의문만을 촉발할 뿐이다. 선문답의 본질은 끊임없는 의문의 촉발재라는 점에 있다. 의문은 다시 끊임없는 새로운 의문으로 우리의 삶 속에서 화현한다. 그러면서 수행자로 하여금 내면의 근본으로 돌입하도록 인도하는 것이다.

SF영화에서 우리는 다른 별 혹은 다른 차원으로 가기 위하여 빛의 막을 통과하게 하는 것을 본다. 한 잔의 차를 마시는 것은 다른 차원에 들어가게 하는 얇은 막이다. 거기에 차와 선은 구분이 없다. 차와 선이 구분이 없는 상태 그것을 우리는 '차선일미'라 부른다.

5

사미를 때리다

목주의 끽차화두

○

조주 끽차거의 화두를 이해하는 데에 도움을 주는 또 하나의 공안이 있다. 그것은 목주睦州의 끽차공안이다. 목주의 생몰연대는 분명치 않으나 내용을 보면 조주와 동시대의 인물인 것 같다.

현재 남아있는 목주의 끽차공안은 모두가 조주와 관련이 있다. 여기서는 목주의 두 가지 대비되는 끽차 공안을 살펴보겠다.

〈제1공안〉

목주가 어떤 수행자에게 물었다. "요즈음 어디서 왔는가?"

수행자가 답하였다. "하북에서 왔습니다."

[목주] 선사가 다시 묻는다.

"하북에는 조주화상이 있다는데 [그의 도량에] 가 보았는가?"

수행자가 답하였다. "제가 그곳에서 왔습니다."

선사가 다시 묻는다. "조주가 뭐라고 하던가?"

수행자가 답하였다. "차를 마시라(喫茶去)고 하였습니다."

[목주]선사가 말하였다. "아이고 좋아라."

〈제2공안〉

목주가 어떤 수행자에게 물었다. "요즈음 어디서 떠나 왔는가?"

수행자가 답하였다. "하북에서 떠나왔습니다."

선사가 다시 묻는다. "하북에는 조주화상이 있다는데 [그 도량에] 가 보았

는가?"

수행자가 답하였다. "제가 그곳에서 왔습니다."

선사가 다시 묻는다. "조주가 뭐라고 하던가?"

수행자가 답하였다. "차를 마시라喫茶去라고 하였습니다."

선사가 말하였다. "[그것은] 부끄러운 일이로다."

이어서 [목주가] 수행자에게 묻는다. "조주의 뜻은 무엇인가?"

수행자가 답하였다. "[조주의 가르침은] 일시적인 방편입니다."

선사가 말하였다. "괴롭도다. 조주가 그대에게서 똥 한 바가지를 뒤집

어썼구나." 하고 [그 수행자를] 때렸다.

그리고는 [목주가] 사미에게 묻는다. "너는 어떻게 생각하느냐?"

사미가 절을 하거늘 선사가 사미를 또 때렸다.

[다음에] 그 수행자가 사미의 처소에 가서 물었다. "아까 화상께서 그대

248

를 때린 뜻이 무엇인가?"

사미가 답하였다. "우리 화상이 아니시면 나를 때리지는 않을 것입니다."

두 개의 화두는 비슷한 내용을 공유한다. 조주의 끽차거라는 법문을 전해 듣고 첫 번째 공안에서는 목주가 몹시 기뻐하는 장면이 나온다. 두 번째 공안에서는 끽차거에 대하여 목주가 부끄러운 일이라고 폄하하는 장면이 나온다.

목주와 조주의 의도

○

나는 같은 소재를 가지고 정 반대의 반응을 이끌어내는 이 두 가지 공안의 결론은 전혀 다르지 않다고 생각한다. 왜냐하면 두 번째 공안에서 목주목주(睦州道明 753~850)가 부끄러운 일이라고 말했지만, 조주의 뜻을 일시적 방편이라 말하는 수행자에 대하여 똥바가지 수준으로 폄하는 목주의 말에서 그의 의도를 알아챌 수가 있기 때문이다.

즉 두 번째 화두에서 목주가 부끄러운 일이라고 말한 것은 조주의 견지를 폄하하려는 의사가 전혀 없고, 눈앞의 수행자를 일깨우기 위한 한 방편이었다는 말이다.

이 화두들을 통하여 볼 때 일단 목주는 조주의 끽차거에 대하여 깊은 관심을 가지고 있었으며, 조주의 끽차거 법문을 높이 평가하고 있었음은 분명하다. 여기서는 두 개의 공안 중에서 두 번째 공안을 중심으로 살펴보겠다. 첫 번째 공안은 논지가 명백함에 비하여 두 번째 공안은 몇 차례 비틀어 놓아서 알아채기 어려운 대목이 있기 때문이다.

화두의 전반부에서 목주는 하북의 조주가 머물던 관음원觀音院으로부터 자신에게 참문參問하러 온 수행자에게 물었다. 조주를 만나고 왔느냐는 것이었다. 목주는 조주를 만나고 온 수행자가 조주의 법문을 본질 그대로 받아들였는지 궁금하였다.

천하의 목주가 당시 슈퍼스타였던 조주의 '끽차거' 법문에 대하여 모를 리가 없었을 것이었으며, 따라서 조주의 '끽차거' 여부를 확인하러 물었을 리도 만무한 것이다.

조주는 모든 이들에게 평등하게 다만 일구 '끽차거'를 설하였지만 받아 소화한 사람은 천이면 천, 만이면 만이 같을 수가 없다. 같은 물이건만 소가 마시면 우유가 되고 뱀이 마시면 독이 되는 법이다.

목주는 우유든 독이든 네 것을 내 보이라고 채근하였던 것이다. 그러나 참문수행자는 목주의 뜻을 모르고 보기 좋게 걸려들고 말았다. 그만 맹물을 토해놓고 만 것이다. 그 물은 조주가 건넨 싱싱한 맑은 물이 아닌 참문 수행자가 이미 머금고 있던 상한 물이었다.

목주는 그 참문 수행자가 조주의 '끽차거' 법문의 뜻을 제대로 요해了解하지 못한 것을 금세 알아차렸다. 그래서 '부끄러운 일'이라고 말한 것이다.

숙달된 조교의 시범

○

그리고는 그만 두어야 할 것이지만 목주는 참문 수행자에게 다시금
자비를 베풀었다. 다시 한 차례 똑 같은 언구로써 '끽차거'의 의미를
촉구한 것이다. 조주가 평등하게 베풀었던 그 맑은 물, 혹은 네가 소
화한 우유든 독이든 내놓아보라고 한 것이다. 그런데 참문 수행자가
이번에는 '일시적인 방편'이라 답하는 것이 아닌가.

순간 참문 수행자는 자신의 견지에서 조주의 깨끗한 물을 다시금
3급수로 만들어 버리고 만 것이다. 조주의 '끽차거'는 절대 일시적인
방편이 아니었다. 평등하고 심원한 본성의 소식을 무위로 전한 것이
기 때문이다.

이번에는 정말 그만두어야 했다. 그러나 자비로운 스승 목주는
"너는 똥바가지를 조주에게 뒤집어 씌웠다"고 말하고 그를 때렸다.
다시 한 차례 근본 뜻에 이르도록 친절하게 안내한 것이다.

그런데도 참문 수행자는 아직도 철이 덜 들었다. 자신이 어떤 그릇
됨을 범했는지조차 알지 못하고서 어리둥절한 상태였다. 그 광경을

보며 목주는 마지막 자비심을 일으킨다. 곁에 있는 사미에게 "너는 어떻게 생각하느냐?" 하고 말을 건넨 것이다.

이 말은 원리와 내용을 설명하고 그것을 네가 한번 일러보라고 지시한 격으로 볼 수 있다. 즉 선사 스스로 논산훈련소의 교관이 되어 신병을 가르치고, "이제부터 숙달된 조교로부터 시범이 있겠다."는 말을 하고 있는 것이다.

모든 상황을 파악한 사미는 단지 한 차례의 절로써 답을 한다. 조주의 뜻과 수행자의 머리를 때린 일이 둘이 아니라는 의미이다.

일원一元의 소식을 다만 묵묵히 한 차례의 절로써 숙달된 조교다운 시범을 보인 것이다. 차를 마시는 일이나 머리를 때리는 일이, 자신의 절을 하는 것처럼 본성 그 자체의 작용에 지나지 않음을 보인 것이다.

사미를 때리다
○

그러나 이게 웬일인가? 목주는 다시 사미를 때리는 것이 아닌가?
이 화두에서 목주는 두 차례의 매질을 하였다. 그러나 앞서 참문한 수행자를 때리는 것과 자신의 사미를 때리는 것은 차원이 달랐다. 앞서의 때림은 참문 수행자의 눈을 가리는 찰간대를 빼어내기 위함이요, 뒤에서의 때림은 앞에서 보여준 것과는 전혀 다른 상황임을 보여주기 위한 것이었다.

그럼에도 불구하고 착종錯綜의 가림 속에 헤매던 참문수행자는 몇 차례나 불꽃 튀기는 선기가 나투어지는 현장에 있으면서도 고수끼리의 시범이 이루어진 것조차 눈치 채지 못하였던 것이다.

목주와 사미의 눈부신 가르침과 시범에 대하여 알지 못한 참문 수행자는 사미에게 때린 뜻을 물음으로써 기어코 촌뜨기 행세를 다시 한 번 노출하고 말았다.

그런데 호랑이 굴에 사는 것은 새끼일망정 호랑이였다. 그 새끼 호랑이는 마지막으로 나지막하게 으르렁거렸다. "우리 화상이 아니시면 나를 때리지 않을 것입니다."라고 답한 것이다. 우리 화상이므로 나를 때릴 자격이 있는 것이요, 나쯤 되니까 우리 화상에게서 맞을 자격이 있다는 것을 자랑스럽게, 그러나 은근하게 건넨 것이다.

사제계합師弟契合의 소식을 참문 선사가 알아들었는지 알아듣지 못하였는지는 그의 몫이겠으나 전체 흐름으로 보아서는 아무래도 끝내 문門에 든 것 같지는 않다.

목주의 이 화두를 보면, 당시에 조주가 '끽차거' 화두를 전가의 보도삼아 휘두르고 있었다는 정황을 알 수 있다. 그리하여 많은 수행자들이 그 '끽차거' 화두를 건네받고 때로 웃고 때로 울면서 조주를 떠났다는 것을 알 수 있다.

그러나 대다수는 무슨 영문인지도 모른 채 조주의 곁을 떠난 것 같다. 조주의 문하에서 한 잔의 차로 열리지 못했던 수행자는 목주의 문하에서 한 방 얻어맞아도 열리지 못했던 것 또한 분명해 보인다.

친절한 조주씨

조주와 동서남북

○

조주의 선사상을 여러 가지로 생각해 볼 수 있겠으나 그 중에서 가장
유력한 것으로는 간택揀擇 즉 분별의식을 경계하는 것을 들 수 있다.
조주의 '끽차거' 또한 분별과 간택을 버린 경지로 접근할 때 풀어낼
수 있다는 것은 앞에서 밝힌 바 있다.

　조주의 선적 경지를 잘 나타내고 있는 것으로 『벽암록』 제9칙에는
'조주사문趙州四門'이라는 공안이 있는데, 이곳에서도 실은 분별간택을
경계하는 그의 가르침이 내재되어 있다고 생각된다.

　어떤 수행승이 조주화상에게 물었다.
　"어떤 것이 조주의 모습입니까?"

조주가 답하였다. 동문 서문 남문 북문이다.

선가에서 '본래 면목', '불성', '주인공' 등 성품 본연의 모습을 가리
키는 용어는 다양하다. 선이 지향하는 바의 핵심이 본성을 드러내고
자 하는 데에 있다면, 큰 스승들이 본래모습을 어떻게 인식하고 있는
가 하는 점은 고금을 막론하고 몹시 궁금한 사항이라 하겠다.

그래서 수행승은 조주화상에게 "어떤 것이 당신 조주의 본래 모습
입니까?" 하고 질문한 것이다. 당시 수행자들에게 이런 종류의 선문
답은 흔한 것이었다.

그런데 그에 대한 조주 답이 자못 묘하다. '동문 서문 남문 북문'이
라니! 무슨 성벽에 대하여 물은 것도 아니요 성내의 길을 물은 것도
아닌데 성문을 거론한 것도 이상하거니와, 한 개의 문도 아닌 네 개
의 문을 모두 다 거론한 것도 괴이하기는 마찬가지이다.

그래서 『벽암록』을 편집한 설두(雪竇 重顯, 980~1052)는 이 화두에 송을
붙이기를 "동서남북에 문이 마주 보고 서 있으니 철퇴를 마구 휘둘러
도 열리지 않네."라고 노래하고 있다. 문은 문이로되 마주 보고 서 있
는 문이지만, 그것은 철퇴를 휘둘러 부셔도 열리지 않는 굳게 닫힌
문이라는 것이다. 조주의 4문은 너희 따위가 열 수 있는 물리적인 문
이 아니라는 설두의 조롱 섞인 평송(評頌)이다.

그러나 조주가 말한 4문은 실제로는 물리적인 문이 아니다. 나무
나 쇠 등으로 만들어진 문이 아니므로 꽉 닫힌 문도 아니다. 사통팔
달로 확 트인 문이다. 동서남북 어느 쪽으로 들어가도 성안에 들어가

는 것은 마찬가지인 그 열린 문이라는 것이다. 그야말로 대도무문大道
無門의 그 문인 것이다.

대도무문은 대도에 드는 문이 없어서 꽉 막혀있다는 식으로 해석
할 수도 있지만 그런 식으로 풀이하는 사람은 없다. 대도에 이르는
길은 어느 곳으로 들어가도 마찬가지라는 말로 새겨야 할 것이다. 실
로 조주는 열린 통로를 제한 없이 제공하는, 품이 너른 큰 스승이다.

그 대도라고 부르는 성은 동문을 통해서도 들어갈 수 있고 서문 남
문 북문을 통해서도 들어갈 수 있다. 그러나 사방으로 열린 문을 통
해 들어오면 입구는 다르더라도 동일한 성내요, 그곳이 그곳인 셈이
된다. 어느 문으로 들어오든지 성내에 들어오기만 하면 조주의 쌩얼
을 볼 수 있다는 것이다.

뿐만 아니라 성내에 들어서면 너도 나도 모두 성안의 사람이 되어
버린다. 장삼이사張三李四가 모두 동일한 성안의 사람일 뿐이다. 들어
오기만 하면 어느 문을 통해 들어왔든지, 어느 곳 출신이든지 문제가
되지 않고, 평등한 성안의 사람이 되어 버리는 것이다.

🍵 벽암록
설두중현 선사가 펴낸 『송고백칙頌古百則』에 원오극근圜悟克勤 선사가 내린 해석을 첨
가했다. 『경덕전등록景德傳燈錄』에 실린 1,700칙의 공안 중에서 중요하다고 생각되는
100칙을 선발하여 하나하나에 종지를 드러내는 운문의 송을 달았다.

🍵 설두
송宋의 승려로 사천성四川省 수주遂州 출신이다. 호북성湖北省 수주隨州 용거산龍居山
의 지문광조智門光祚에게서 법통을 이어받는다.

256

조주와 놈놈놈

○

조주의 모습은 동서남북으로 활짝 열린 문을 통해 누구에게나 공개
되어 있다. 그러므로 그는 자신에 이르는 문을 모두 열어두었다는 친
절한 안내를 한 것이다.

문제는 네 개의 성문을 닫혀있는 것으로, 또는 그 네 성문이 각기
다른 곳에 이르는 통로라는 식으로, 고착되게 인식하는 중생들의 관
념과 집착에 있다.

이를 보면 '조주사문'이라는 화두는 '끽차거'의 상황과 조금도 다르
지 않다는 것을 알게 된다. '끽차거' 화두에서 조주는 이곳에 온 사람
과 이곳에 오지 않은 사람, 그리고 그것을 분별하는 사람의 세 사람
에게 동일하게 '차나 한 잔 하게'라고 처방을 내린다.

마찬가지로 '조주사문'에서는 동문을 통해 들어오는 사람, 서문을
통해 들어오는 사람, 남문을 통해 들어오는 사람, 북문을 통해 들어
오는 사람 등 네 종류의 사람들에게 동일하게 성안의 광경을 제공한
다. 불성의 '평등성'이 바로 이 두 화두에 내재하여 있는 것이다.

한 때 '놈놈놈'이라는 말이 유행한 적이 있었다. '좋은 놈 나쁜 놈
이상한 놈'이라는 영화 때문인데, 그 영화 이후 각종 형태의 놈놈놈
시리즈가 유행하기도 했었다. 조주가 만약 그 영화를 보았다면 아마
도 이런 멘트를 하였을 것 같다. "놈놈놈이라구? 그놈이 그놈이고 그
놈이 그놈일 뿐이야"라고.

찻자리에서라면 조주는 또 한마디를 했을 것임에 틀림없다. '차를

내는 놈이 차를 대접받는 바로 그 놈'이라고…. 차를 내는 놈과 차를 대접받는 놈이 둘이 아니라고 하는 인식을 가로막는 단 하나의 걸림돌은 바로 '그 놈'과 '저 놈'이 다르다고 생각하는 '간택'일 뿐이다.

선악과 호오^{好惡}를 가려서 달리 대접하려는 태도인 '간택'을 부수는 것이야말로 조주 화두의 컨셉트이다. 간택이 사라진 단계에서야 차와 선은 둘이 아닌 상태가 된다. 차와 선이 둘이 아닌 상태야 말로 차선일미가 아니고 무엇이겠는가?

나도 모르겠다

○

조주가 분별·간택을 경계한 케이스는 그밖에도 여러 곳에서 발견된다. 간택과 관련된 화두를 더 찾아보겠다.

먼저 『벽암록』 제2칙에 나와 있는 '조주부재명백^{趙州不在明白}'이라는 이야기가 있다. "조주는 명백한 곳에 있지 않다." 라고 하는 이야기이다.

> 조주화상이 대중에게 일렀다.
>
> "지극한 도는 어렵지 않다. 오직 간택하는 것을 꺼리면 된다. 조금이라도 [도의 경지를] 말하려 한다면 바로 간택이나 명백에 떨어지는 것이다. 그러나 나는 명백한 그것 속에도 있지 않다. 그런데도 그대들은 그것을 아까워하며 지키려 하느냐?"

이 때 한 수행승이 물었다.

"이미 명백한 데에도 있지 않다면 무엇을 보호하고 아껴야 합니까?"

조주화상이 말하였다.

"나도 모른다."

수행승이 말하였다.

"화상이 모르신다면 왜 명백한 속에도 있지 않다고 말씀하십니까?"

이에 조주화상이 말하였다.

"묻는 것은 잘하는 구나. 절이나 하고 그만 물러가라."

선종 제3조로 일컬어지는 승찬僧璨의 『신심명信心銘』에 나오는 첫 구절인 '지도무난 유혐간택至道無難 唯嫌揀擇'에 '명백'을 더하여 조주는 이 공안의 주제를 삼고 있다.

승찬은 선종의 제2조 혜가에게 입참할 때 창瘡이 가득한 상태였다고 한다. 창은 부스러기라는 말로 문둥병을 가리키기도 한다. 그는 늦은 나이에 혜가의 법을 이어 제3조가 되었고, 제4조 도신(道信, 580~651)에게 법을 전한 후 합장한 채로 설법하다가 세상을 떴다. 그의 저술인 『신심명』의 첫 머리글이 바로 저 유명한 '지도무난 유혐간택'이다. 이 구절만큼 후일의 선종에 커다란 영향을 미친 것은 없다고 할 정도로 뛰어난 글이다.

조주는 평소에도 승찬의 말씀을 금과옥조로 다루고 있다. 그리하여 이번 공안에서도 승찬을 빌어 간택에도 명백에도 떨어지지 않도록 가르치고 있는 것이다.

그런데 문제는 묻는 수행승에게 있었다. "[도가] 명백한 데에도 있지 않다면 [내가] 보호하고 아끼는 등의 간택을 할 필요가 없지 않느냐?"라고 하는 것이다. 일리 있는 반박이며 논리적으로 완벽하다.

그러나 조주는 완벽한 논리로 자신의 턱 밑에 비수를 들이대는 상대의 반박에 간단한 몸의 비틂으로 피해버리고 만다. 마치 성룡의 영화 '취권'에 나오는 한 장면을 보는 듯하다.

조주가 "나도 모른다"고 한 것은 실제로 무엇을 모르고 있다는 말이라기보다는 네가 보호하고 아끼고 있는 새로운 '간택'에 대한 조주식의 대응인 것이다.

그것은 조주가 명백과 간택을 멀리하여 이원적 사량 분별이 사라진 자리에 머무르고 있었음을 암시하고 있었음에도 불구하고, 수행승은 명백함과 간택에 대한 주객의 이원성二元性을 너무도 뚜렷이 드러내고 있었기 때문이다.

자신은 간택과 명백 어느 쪽에도 있지 않다고 말하는 조주는 주객으로 이분화 되지 않았으므로 분별과 명백 또한 사라져 있었음을 이미 명백하게⑦ 알린 바 있다. 이에 대하여 "[누가] [무엇을] 보호하고 아껴야 하느냐?"는 질문을 하는 수행승은 아직 주객의 분별 속에서 벗어나지 못한 채 허우적거리고 있는 것이다.

그 수행승을 분별이라는 수렁에서 건져낼 구원의 도구는 얼른 보이지 않았다. 급한 김에 조주는 "나도 모르겠다[我亦不知]"는 구명조끼를 던졌으나 수행승은 아직도 자신이 수렁에 빠져 점차 가라앉고 있다는 사실을 인식하지 못하고 있었다.

아직도 이원성의 소용돌이 속에 헤매고 있었던 것이다. 그 증거는 "모른다면서 왜 명백한 속에도 있지 않다고 하느냐?"는 강변에 있다.

> ◯ **혜가**
> 초조 달마를 이은 중국 선종의 제2조이다. 달마의 제자가 되었을 때, 눈 속에서 왼팔을 절단하여 구도의 성심을 보이고 인정을 받았다는 전설로 유명하다. 이것이 후일에 '혜가단비慧可斷臂'라는 말로 화제가 되었다.
>
> ◯ **도신**
> 중국 선종의 제4대 조사로서 '동산법문'을 열어 중국 선종의 교단을 형성하였다. 중국 선종禪宗의 제4대 조사祖師로 속성은 사마司馬이다.

천하의 조주도 방책이 없네

◯

천하의 조주도 뾰족한 방책이 없었다. 별 수 없이 정답을 던져주고 연극의 막을 닫으려 한다. "묻는 것은 잘하는 구나[問事卽得]" 너의 묻는 것에서 사량 분별이라는 수렁이 생겨나고 있다는 마지막 안내를 한 것이다. "절하고 물러가라."는 말은 허탈함에 그저 던진 마감구에 지나지 않는다.

이 칙에 대하여 설두는 말한다. "[그것은] 바른 말씀이다. 그러나 하나같지만 많은 종자가 있고, 둘이지만 둘 만이라고 할 수가 없구나.… 간택이니 명백이니 하는 것은 그대들 스스로가 알아보라." 분별간택을 여의는 것은 수행승의 몫이지 이제 조주는 책임이 없다는 것을 설두는 꿰뚫어보고 조주의 오른 손을 들어주고 있는 것이다.

'간택'과 '명백'은 정 반대의 말 같으나 실은 아귀가 꽉 차도록 동일한 말이다. '이것인가 저것인가' 하고 망설이는 간택과, '이것이 분명하다'라고 하는 명백함에 대한 굳은 신념은 동일하다. '집착'이라는 병에서 나온 것이기 때문이다.

움직이거나 고정되거나 하는 것 따위는 중요하지 않다. 따라서 간택과 명백은 병으로 치면 똑같은 병인 셈이다.

그래서 설두는 덧붙인다. "고목에 바람소리 사라졌어도 아직 마르지 않았네." 간택의 습기習氣가 다 사라진 고목인가 하였더니 아직 명백이라는 습기가 남아있는 덜 마른 고목이라는 말로 해석된다.

설두는 여전히 명백하게 조주의 편에 서 있음을 알 수 있다.

미분화의 영역

○

"지극한 도는 어렵지 않으니 오직 간택을 멀리하면 된다[至道無難 唯嫌揀擇]"라고 하는 선종의 제3조 승찬의 법문을, 차茶를 소재로 바꾸어 말할 때의 버전은 '차나 마시게喫茶去'인 것이 분명하다.

'차나 마시게'에서 가장 중요한 포인트는 차 혹은 차를 마시는 사람에 있는 것이 아니고 간택함을 버림에 있다. 차 혹은 차를 마시는 사람을 구별하고 간택하는 것뿐만이 아니라, 이것은 차 저것은 차를 마시는 사람이라는 명백함도 버려야 한다는 것이다.

'간택의 버림'에 관한 가르침으로 『벽암록』 제57칙이 있다.

한 수행자가 조주에게 물었다.

"'지극한 도는 어려울 것이 없으니 오직 간택을 그만 두면 된다.'고 했

는데 어떤 것이 간택하지 않는 것입니까?"

조주가 말했다.

"천상천하에 오직 나 홀로 존귀하니라."

수행자가 말했다.

"그것도 간택이 아닙니까?"

조주가 말했다.

"이 촌놈아 어떤 것이 간택이란 말이냐?"

수행자가 아무 말 하지 않았다.

'지도무난 유혐간택'이 이곳에서도 주제가 되고 있는데, 조주의 답

이 흥미롭다. 돌연 '천상천하유아독존天上天下唯我獨尊'이라 말한 것이다.

"천상천하에 나 홀로 존귀하다."는 말은 석존이 룸비니에서 탄생하

자마자 사방으로 일곱 걸음씩을 걷고 난 후 한 손은 하늘을 다른 한

손은 땅을 가리키면서 외쳤다는 바로 그 말이다.

　아프리카의 세렝게티 평원에 사는 얼룩말이나 루는 낳은 지 잠깐

후면 비척거리면서 일어나 걷고, 두어 시간 후면 어미를 따라 사자를

피하는 달음질을 함께 한다. 그러나 사람은 제 목숨 하나 보존하는

자력을 얻는 데에 무척 시간이 걸린다. 걷기만 하는 데에도 1년여가

걸리는가 하면, 말을 하는 것은 훨씬 후의 일이다.

요즘 한국에는 30이 넘어도 독립조차 못하는 젊은이들이 흔한 세상이 되었다. 그런데 석존의 경우 낳자마자 사방으로 일곱 걸음씩을 걸은 것도 신기한 일인데, 손을 뻗고 "천상천하에 나 홀로 존귀하다"라며 외침의 퍼포먼스까지 완벽하게 하였다 하니 참으로 경탄할만한 일이 아닐 수 없다.

그러나 그러한 석존의 모습은 후일 신비화로 포장된 모습일 것이 분명하므로 논외로 하되, 석존이 떠난 후 1,300년이나 지난 중국의 한 산중에서, 조주가 그걸 들어 말하는 연유가 궁금하다.

사실 지도무난 유혐간택에서 중요한 것은 지도무난이 아닌 유혐간택이다. 왜냐하면 지도至道는 목적지를 이름이요 유혐간택 이야말로 그곳에 이르는 교통수단이기 때문이다. 그래서 도를 묻는 수행자도 "어떻게 하는 것이 간택하지 않는 것입니까?"하고 물은 것이겠다.

그런데 간택하지 않는 것이 유아독존이 된다는 조주의 말은 무슨 까닭일까?

조주에게 석존의 탄생 신화는 그다지 중요한 것이 못되었을 것이다. 그것이 사실이거나 혹은 신비화된 것이거나 하는 것 따위는 조주에게 그다지 관심을 끄는 사항이 아니었다는 말이다. 핵심은 유아독존에 있었다.

오직 홀로 존귀하다는 말에서 우리는 두 가지 포인트를 찾아낼 수 있다. 아[我;나]와 독존[獨尊;홀로 존귀함]의 두 가지 말이다. 적어도 조주와 같은 최상급 마스터의 입장에서 아와 독존은 분화된 개념이 아닌 미분화未分化의 영역에 존재하는 개념이어야 한다.

욕먹어 행복한 사람

○

다시 천상천하유아독존으로 가 보자.

분화分化의 영역에서 벗어나지 못하는 중생들을 위하여 또 다른 뛰어난 마스터인 운문(雲門, ?~949)이 극약처방을 한다. "내가 만약 그 [천상천하유아독존을 외치는] 자리에 있었더라면 [그 어린 석존을] 때려죽여 개에게 나 주었으리라."

그 말은 촌놈들에게 부르짖는 운문식의 가르침이다. 만약 '나'와 '홀로 존재함'이 이원화된다면 수행자는 즉각 상대성에 떨어지고 만다. 조주나 운문의 경지에서는 '나'란 홀로 존재함과 나뉘어 있는 상태가 아니었기 때문이다. 요는 분화의 상대성에 떨어진다면 그 즉시 간택의 차원에 머무르게 된다는 점에 있다. 역으로 간택을 넘어선다 함은 주객의 미분화를 말하는 셈이 된다.

조주가 자비심을 가지고 수행자에게 일러 주었으나 객승은 그러한 가르침과는 정반대 편에 서서 한마디를 하고 있었다. 천상천하 유아독존이라는 말 또한 간택이 아니냐는 말이다. 그것은 말은 그럴 듯하나 진실과는 퍽이나 거리가 있어 보인다. 왜냐하면 같은 말이라도 조주의 차원에서 하는 말과 객승의 입장에서 하는 말은 천지차이가 있는 법이기 때문이다.

연평도 피폭사건 때 평양을 향해 미사일을 발사해 버리자는 말이 뒷골목 막소주집에서 나오는 것과 청와대 안보실 회의에서 나오는 것은, 말도 똑같은 말이요 내용도 같은 내용이다. 그렇지만 그것이 지닌 파괴력과 영향력은 결정적인 차이가 있는 것과 같다. 그래서 조주는 '촌놈' 운운한 것이다.

그래도 그 객승은 행복한 사나이인 것 같다. 천하의 조주에게서 촌놈이라는 욕을 얻어먹었으니 말이다. 칭찬을 들어도 욕을 먹어도 깨친 스승 가까이에서 육성을 듣게 된다는 것은 그 수행자가 세세생생에 걸쳐 헤아릴 수 없이 많은 공덕을 쌓은 결과임에 틀림없을 것이기 때문이다.

그런 스승에게서 욕을 먹을 수만 있다면 촌놈이면 어떻고 똥 막대기면 어떻겠는가. 그 자체만으로 넘치게 행복한 일이다.

한편, 설두는 그러한 조주의 의도를 잘 파악하고 있는 것처럼 보인다.

바다처럼 깊고 산처럼 견고하네.
모기와 등에가 매서운 바람 속에서 허공을 희롱하고
청개구리와 개미가 무쇠기둥을 흔들려 하는구나.
가리고 택함은 소리 나지 않는 북과 같네.

바다처럼 깊고 산처럼 견고한 조주의 세계를 모기나 개구리 따위가 어찌 흔들 수가 있을 것이냐는 말이다.

간택과 분별은 소리 나지 않는 북과 같으니 그 북에서 소리를 듣는 것은 애시 당초 불가능한 일이다. 윤도현 밴드의 드럼 소리를 잘 듣기 위해서는 귀를 기울이고 몸을 리듬에 맡기는 것으로 충분하지만, 조주의 북소리를 듣기 위해서는 그 소리를 들으려 해서는 어림도 없다. 단 하나 그 북 속으로 들어가는 방법 외에는 길이 없어 보인다.

소리 없는 북이 "야 이 촌놈아" 하고 우레와 같은 소리를 내자, 수행자는 아무 말이 없었다. 아니 아무 말도 할 수 없었던 것이다.

선불교 최상의 가르침이나, 차를 마시는 일에서나, 간택과 분별을 없애는 일은 똑같이 중요한 일 같다. 그래야 차선일미가 될 테니까.

연못에서 익사할 처지

○

『벽암록』 제58칙에서는 앞서 제57칙의 이야기가 다시 소재가 되어 이어진다. 아마도 아무 말도 할 수 없었던 동일한 그 수행자가 또 질문을 하는 지도 모른다. 그렇다면 당연히 그 중간에 차 마시는 끽차의 시간이 있었을 것이다.

한 잔의 차는 이렇게 중요한 의미가 있는 것이다. 그저 쉴 때에도, 국면을 전환할 때에도, 당황하여 마른 목을 축일 때에도, 그리고 다시금 질문을 할 때에도 한 잔의 차는 극히 유용하다.

한 수행자가 조주에게 물었다.

"'[스님도] 지극한 도는 어려울 것이 없다. 오직 간택을 그만 두면 된다.'
고 말하는데 요즘 사람들은 그 말에 소굴을 짓고 [너무 집착하고] 있는 것
이 아닙니까?"

조주가 말하였다.

"예전에도 어떤 사람이 나에게 같은 질문을 하였는데 5년이 지났어도
알지 못하겠다."

알지 못하겠다는 말은 어디선가에서 많이 듣던 소리이다. 달마와
양무제 사이의 대화에서 그 말이 나온다. "수많은 불사를 한 나의 공
덕이 얼마나 되오?" 하고 묻는 양무제의 물음에 "공덕이 없소[所無功
德]"라고 달마가 답한다. 어이가 없어진 무제가 "[나와 마주한] 당신은 누
구요?"라고 묻는 무제의 말에 대한 달마의 답이 그것이었다. 그것은
단 한마디. "모르겠소[不識]." 였던 것이다.

달마는 "모르겠다[不識]"고 말했고, 조주는 "알지 못하겠다[分疎不下]"
라고 말했으나 두 말의 뜻은 다른 것이 아니다. 만약 두 사람이 하는
말의 성격이 다르다고 주장하는 사람이 있다면 그는 간택이라는 이
름의 연못에서 익사할 처지에 놓인 사람임이 분명하다.

본 공안의 내용은 두 가지로 생각할 수 있다.

첫째, 간택을 그만 두라는 『신심명』의 말씀을 당시의 사람들이 툭
하면 자주 인용하여 유행하고 있다는 정황을 알 수 있다. 그러므로
그 말을 이제 하도 들어서 신물이 나도록 물렸으니 그만하라는 말로
생각할 수 있다. 『신심명』의 유혐간택은 당시 선가에서 대유행하던

언구였다.

　둘째, 간택을 그만두라는 말 자체에 얽매어 간택의 본래 의미를 제대로 알지 못하고 있다는 것을 저어하는 의미도 내포되어 있을 것이다.

첫사랑과 소주
○

그럼에도 불구하고 정작 조주는 그 사항에 대하여 전혀 관심이 없어 보인다. 5년 전의 그 질문에 대해서 관심이 없다는 말이 그것이다. 아마도 그 일은 5년이 아니라 15년 전의 일이었을지도 모른다.

　하지만 5년 전이건 15년 전이건 시간의 차이는 선문답에서 아무런 의미도 없다. 첫사랑에 실패한 것이 5년 전이든 혹은 15년 전이든 햇수를 헤아리는 것이 무슨 의미가 있겠는가 하는 말이다.

　첫사랑의 아련한 아픔이 떠올라 소주 한 잔이 필요해지는 '지금 이 순간'의 감정이 문제일 따름이다. 그러므로 여기에서의 핵심은 '모르겠다'는 말에 있다. '5년 전' 혹은 '어떤 사람'은 상대를 이끌기 위한 수단일 따름이었다.

　그것은 선가에서 흔히 말하는 통발[筌]에 불과한 것이다. 통발은 물고기를 잡기 위한 도구이다. 물고기를 잡을 때는 참으로 유용한 도구이지만 잡고 난 후에는 필요 없는 것이 통발인 것이다. 통발의 다른 이름은 방편方便이다.

이 때 '모르겠다'는 것은 조주의 지능이 부족하다거나 실지로 모르겠다는 말 보다는, "너 따위 답답한 인간에게 무슨 말을 해야 할지 모르겠다."는 말 정도로 보아야 하겠다. 무슨 말로 너를 깨우쳐 주어야 할지 모르겠다는 말이다.

그런데 그 말을, 그 수행자의 물음에 대한 조주의 일상적인 마감이라고 생각한다면, 그 사람 또한 촌놈이 될 가능성이 높아 보인다. 왜냐하면 그것은 입을 막아 새로운 깨침의 세계로 인도하기 위한 의도된 송곳이기 때문이다.

그래서 설두는 말한다. "맛을 알 수 없는 말씀을 하니 사람의 입을 꽉 막아버렸구나[無味之談 塞斷人口]." 그러나 어찌 그 상대의 입만을 꽉 막았을 것인가. 그 말은 상대의 입을 꽉 막고 가슴을 꽉 막고 동시에 그의 사유조차 꽉 막아버렸다. 그리하여 마침내 내면에서 솟아오르는 거센 격류의 힘으로 다시 사유를 트고, 다시 가슴을 트고, 마침내 자비로운 스승이신 조주 고불古佛에게 삼배三拜를 올리도록 유도하는 '오직 모름'의 송곳인 것이다.

그 수행자가 어떤 행동을 보였는지는, 모르겠다![不識].

고수와 초짜

○

만약 어떤 수행자가 조주에게 간택이니 소굴이니 하는 이야기 대신에 '차 한 잔 하게'라는 말이 무슨 뜻인가? 하고 물었다면 조주는 무슨 답변을 했을까?

"예전에도 어떤 사람이 나에게 같은 질문을 하였는데 500년이 지났어도 알지 못하겠다." 라고 답변을 했을 것임에 틀림없다. 그렇다면 조주의 의도가 어디에 있는지를 알 수 있다.

『벽암록』에는 '지극한 도는 어렵지 않으니 오직 간택을 버림'을 주제로 한 조주의 화두가 세 개 나오는데 마지막 공안이 바로 제59칙에 나오는 '다만 지도를 말하다' 이다.

한 수행자가 조주에게 물었다.

"[화상께서는 늘] '지극한 도는 어렵지 않으니 오직 간택을 버리면 된다'고 말씀하시는데 그렇게 말로 하는 것이야말로 간택이 아닙니까? 화상께서는 어떻게 사람들을 가르치시려는가요?."

조주가 말하였다. "왜 말을 하다 그치느냐?"

수행자가 말하였다. "[당황하여, 저는] 여기까지 밖에 생각이 나지 않습니다."

조주가 말하였다. "다만 지극한 도는 어렵지 않으니 오직 간택을 버리면 된다."

『벽암록』에 나오는 '간택을 버림' 시리즈 가운데 이 내용이 가장 백미이다. 여기에 출현하는 수행자는 상당한 수준의 고수임에 틀림없다. 그래서 당신이 간택을 그만두라는 당신의 말이 오히려 사람들을 간택으로 몰고 가는 것이 아니냐고 몰아붙이는 솜씨가 만만치 않다.

우리 속담 가운데 '조문상덕弔問傷德'이라는 말이 있다. 그 말처럼 '그냥 잠자코 있으면 좋았을 것을 굳이 조문을 하는 바람에 오히려 분위기가 이상하게 된 것'이 아니냐고 수행자는 공박하는 것이다. 그는 아마도 "부처님과 조사가 세상에 나오니 바람 없는 데 파도만 일으킴이라(佛祖出世 無風起浪)"라고 하는 서산의 『선가구감禪家龜鑑』이라도 앞당겨 읽었는지 모른다.

그러나 수행자가 상당한 고수일지라도 그는 상대가 천하의 조주라는 사실을 망각하였다. 조주는 상대의 물음이 끝나기도 전에 상대에 대한 살림살이의 파악이 이미 끝난 최상승 고수였기 때문이다.

틈을 놓치지 않고 매서운 조주의 비수가 날아간다. "왜 말을 하다 마느냐?" 다음 말을 내 놓으라는 것이다. 후말구後末句를 강력하게 요청하는 예는 공안에서 더러 보이는 수법이다.

선가구감

서산대사의 대표적인 저술이며 60세1579의 봄에 제자들에 의하여 간행되었다. 이 책은 한국불교의 주류를 이어온 선禪의 사상과 방법을 간추린 일종의 입문서로서 선학개론서라 말할 수 있다.

서산휴정

법호는 청허淸虛이며 선禪·교敎를 일원화하였으며, 유儒·불佛·도道가 궁극적으로 일치한다는 삼교통합론을 펼치고 다수의 저술이 있다. 임진왜란 때 승병장으로 공을 세운다.

검객 조주

○

그런데 상황은 거기까지였다. 기세가 좋게 몰아붙이던 수행자가 갑자기 기가 꺾이고 말았다. 조주의 다그침에 그 수행자는 지레 겁먹고 주저앉은 것처럼 보인다. "저는 여기까지밖에 생각이 나지 않습니다."라고 꼬리를 내려버린 것이다.

그러나 조주가 다음 말을 내놓으라고 다그친 것은 그저 비수를 살짝 빼어 칼날만을 보인 것이지 실제로 비수를 사용할 생각이 있었던 것은 아니었다.

"'[화상계서] 지극한 도는 어렵지 않으니 오직 간택을 버리면 된다.'고 말씀하시는데 그렇게 말로 하는 것이 간택이 아닙니까?"라는 말은 사실 완벽한 언어다. 수행자가 조주에게 물은 그 물음은 검법 교과서 제3쪽에 나오는 기본 초식이었던 것이다.

그는 검객으로서 바른 자세를 취하고 기본적 공격인 제1수를 던졌다. 따라서 "왜 말을 하다 그치느냐?"라는 조주의 답은 수행자의 그 말을 반박한 것이 아니었다. 그의 공격이 지극히 옳은 정석에 입각한 것이었기 때문이다.

따라서 이번에는 조주가 공격해야 할 차례였음에도 불구하고 조주는 공격할 의사가 없었다. 다만 상대의 살림살이가 제 것인지를 확인만 할 생각이었던 것이다. 그래서 조주가 사용한 초식은 실제로 휘두른 것이 아니고 휘두른 것처럼 보이는 그림자 검법이었다. 허허실실의 검법은 검술의 고수들이 흔히 사용하는 초식이다.

그런데 의외로 상대는 허약하였다. 그 뿐만 아니라 순진하기까지 한 수행자였다. 비수의 칼날을 실제로 휘두른 것도 아닌데 칼의 그림자만을 보고서, "저는 여기까지밖에 생각이 나지 않습니다."라고 칼을 떨어뜨린 것이다.

친절한 조주씨

○

그 수행자의 발언은, 자신의 물음이 진정한 자신의 살림살이가 아니었던 것을 드러내고 말았다. 사실 이건 빌려온 초식인데 그 다음 수를 아직 익히지 못했다는 사실을 그만 실토하고 만 것이다.

순식간에 모든 상황을 파악한 자비로운 조주가 다시 말한다.

"지극한 도는 어렵지 않으니 오직 간택을 버리면 된다!" 이게 웬일인가? 그것은 수행자 자신이 이미 조주를 공격했던 것과 동일한 초식이 아니었던가? 그렇다. 똑같은 초식이었다. 그러나 수행자의 검법과 조주의 검법은 그 내공에서 엄청난 차이가 있었던 것이다.

"지극한 도는 어렵지 않으니 오직 간택을 버리면 된다."는 『신심명』의 첫 구절은 고금을 통틀어 더할 것도 덜할 것도 없는 극절極絕한 일구(一句)이다. 조주는 여기에 한 초식도 변형하거나 덧붙일 생각이 없었다. 뿐만 아니라 그럴 필요도 없었다. 그래서 친절하게 말해 주었던 것이다. "지극한 도는 어렵지 않으니 오직 간택을 버리면 된다."

이 부분에서 구경꾼 설두는 또 말한다. "물도 묻지 않고 바람도 스미지 못하나 범과 용이 달리고 귀신들이 울부짖는구나." 물도 묻을 것도 없고 바람을 탈 것도 없는 초식이지만, 범과 용이 달리는 것 같은 용맹스러운 내리침이라는 말이다. 사실 태권도 초보자와 전설의 핵주먹 마이크 타이슨이 주먹을 내지르는 형태야 다를 것이 무엇이 있겠는가. 다만 공력의 차이가 있을 뿐이다.

"차나 마시게"라는 조주의 말을 들은 어떤 수행자가 혹시 이런 말을 할 수도 있겠다. "아니 스님께서는 '차나 마시게'라는 말 밖에는 모르십니까? 너무도 '차나 마시게'에 집착하고 계시 것 아닌가요?"

그렇다면 조주는 반드시 이렇게 말할 것이다. "차나 마시게!" 왜냐하면 조주는 냅다 친절하므로.

IV

차선일미 사유의 산책

1

달마가 동쪽에 온 까닭

붓다와 아폴론

○

요즈음 발에 대한 중요성이 강조되고 있다. 발은 제2의 심장이라는 말도 있고, 한의학에서는 발에 전신과 통하는 경혈이 다 모여 있다고도 한다. 그래서 요즈음은 몸 전체가 아니고 발만을 따로 마사지하는 '발 마사지 숍'도 있다고 들었다.

불교인들은 '발'이라고 하면 대부분 붓다의 발을 떠올린다. 왜냐하면 불교의 사원에 가면 붓다의 발을 조상彫像해 놓은 곳이 있기 때문이다.

붓다에게는 보통사람과 다른 점이 많았다. 그 종류는 서른두 가지나 되는데, 특이한 서른두 가지의 신체의 모습을 '삼십이상三十二相'이라고 한다. 그 속에는 발에 대한 내용이 포함되어 있다. 발바닥이 평

평하고, 발바닥에 수레바퀴 자국이 있으며, 발이 매우 부드럽고, 손
가락 발가락 사이에 얇은 막이 있고, 발꿈치가 원만하게 생겼으며,
발등이 높고 원만하다는 것이다.

여섯 조항이나 되는 내용들을 합하면 어떤 발의 모습인지 잘 그려
지지 않는다. 그러나 일단 평발이므로 요즈음 살았으면 현역입대는
어려울 것 같다. 그리고 발가락 사이에 얇은 물갈퀴 같은 게 있으므
로 수영선수로 나가면 쉽게 올림픽 신기록이 나올 것이다.

석존이 열반에 든 후 한 동안은 그분에 대한 상을 조성하는 것이
금지되었다. 색신을 통해 붓다와 만난다는 것은 불가능하다는 생각
때문이기도 하고 조각기술도 문제가 되었었다. 그 기간을 무불상의
시대라고 부른다.

그러나 붓다를 그리워하는 사람들의 바램을 어찌할 수 없었던 모양
이다. 그리하여 불상이 처음 만들어진 것은 석존이 가신 후 500여 년
이 지난 후, 간다라 지방에서였다. 그것도 그리스 사람들의 조각술을
빌려서 가능하였다. 그래서 초기 간다라 불상은 아폴론을 빼닮았다.

붓다의 발

○

무불상의 시대에도 사람들의 붓다에 대한 숭모의 정성이 왕성했기
때문에 그들은 불탑佛塔 혹은 불족적佛足跡을 붓다의 몸을 대신하여 숭
배하곤 했다. 특히 붓다의 발은 불탑 이전의 시대에도 신성시되었고

경배의 대상이 되었다. 그 전통이 지금에도 내려와서 불교에서는 아직도 불족적을 모셔놓고 신성시하는 전통이 남아 있다.

요컨대 붓다에 대한 경배의 대상 가운데 첫 번째는 발이었던 것이다. 머리도 가슴도 배도 무릎도 아닌 발이 맨 처음 경배의 대상이 된 것은 좀 이상한 일이다. 발이 경배의 대상이 된 첫째 이유는 아마도 붓다의 발에 그려진 법륜法輪 때문이 아닌가 생각한다.

법륜이란 법의 수레바퀴라는 말인데, 불법을 전하는 것을 수레에 비유하여 하는 말이다. 따라서 '법의 수레를 굴린다'는 의미의 전법륜轉法輪은 석존의 깨달음 이후 일생 동안 교화의 모든 행적을 말한다. 전법륜은 자비의 행적이며 모든 중생들은 그 자비의 법문을 따라서 제도를 받았기 때문이다.

불족적을 경배한 두 번째 이유는 발의 중요성을 초기 불교도들은 중시했기 때문일 것이다. 주지하다시피 석존은 평생을 길에서 태어나서, 길을 찾다가, 길을 깨닫고, 길을 걸으며, 길을 세상에 전하고, 그리고 길에서 떠난 분이다. '길의 성자'이신 석존의 일생 가운데 육신 중 가장 신세진 것이 발이었을 것은 쉽게 짐작이 가는 일이다.

그래서 불전에 보면 제자들이 향유로써 발을 씻겨드리는 공양이 나오기도 하고, 설법 직전에 발을 씻고 자리에 앉는 모습 등이 경전의 첫머리에 출현하기도 한다. 석존뿐만 아니라 당시 거의 모든 사문들의 공통점은 한곳에 오래 머무르지 않으며, 또한 머문다 해도 나무 아래나 풀숲, 공동묘지 등에서 머물도록 되어있었다. 그러한 사문의 삶에 충실한 모습을 두타행頭陀行, dhūta)이라고 말한다.

후일 석존의 교단에서는 수행자들이 많아짐에 따라 정주定住하기
도 하였지만 그래도 카샤파 등은 두타행에 충실하였으므로 두타제일
頭陀第一이라 불리기도 하였다. 아무튼 석존시대 수행자들에게 발처럼
소중한 것이 있었을까 싶다.

그런데 발은 그 밖에도 여러 곳에서 소재가 된다. 특히 한국불교의
주류를 이루는 선종의 경우 발과 깊은 관련이 있다.

울음을 그친 카샤파

○

발은 선종의 후예들 사이에 회자되는 이야기 속에도 등장한다.

석존의 일화들 가운데 세 가지 사실에 대하여 선종의 후예들은 주
목한다. 그들은 붓다가 대장경을 설하였지만 별도로 법을 전했다고
믿었다. 그것을 교외별전敎外別傳이라 지칭한다.

그것의 증거를 그들은 '삼처전심三處傳心'에서 찾았다. 삼처전심이란
붓다가 말씀으로 전하신 내용 외에 수제자인 마하 카샤파에게 세 차
례에 걸쳐 법을 전했다고 보는 선종의 주장이다.

첫째, 다자탑전분반좌多子塔前分半座는 『아함경』・『중본경中本經』의 대가
섭품大迦葉品에 근거를 두고 있다. 석존이 사위국 급고독원에서 대중을
위하여 설법하고 있는데 마하 카샤파가 뒤늦게 해진 옷을 입고 밖으
로부터 들어오자, 석존은 앉은 자리 반을 나누어주며 앉으라고 하였
다는 것이다.

둘째, 영산회상거염화靈山會上擧拈花는 송나라 오명悟明이 편찬한『전등회요傳燈會要』에 근거를 두고 있다. 석존이 영산회상에 계실 때 대범천왕이 금색 바라화波羅花를 올렸는데 그것을 석존이 손에 들어 대중에게 보이니, 일천대중이 다 망연히 있는데 오직 카샤파 만이 빙그레 웃었다는 것이다. 이에 석존이 "나에게 정법안장正法眼藏과 열반묘심涅槃妙心이 있으니, 실상은 상이 없는 미묘한 법문이라. 마하가섭에게 부촉하노라." 하였다는 것이다.

셋째, 니련하반곽시쌍부泥連河畔槨示雙趺는『대열반경』『다비품茶毘品』에 근거를 두고 있다. 석존이 열반에 든 며칠 후 카샤파가 먼 곳으로부터 뒤늦게 이르니 석존의 유체는 이미 입관되어 있었다. 카샤파가 관 주위를 세 번 돌고 세 번 절하며 "세존께서 어찌 벌써 열반에 드셨나이까?" 하고 호소하자 석존이 두 발을 관 밖으로 내놓으며 광명을 놓았다는 것이다.

오늘의 주제는 '발'인만큼 세 번째 이야기인 곽시쌍부를 살펴보자. 왜 석존의 관에서 두 발이 불쑥 나왔느냐? 그리고 그 발이 불쑥 나온 것을 보고 카샤파는 어떤 행동을 보였느냐? 하는 부분이다

여기에서 "죽은 사람이 어떻게 발을 관 밖으로 내밀 수 있을까?"라는 질문은 일단 하지 말아야 한다.

만약 당신은 관 속에서 두 발이 쑥 나왔다면 어떤 느낌일까? ① 망자가 살아났다고 생각하고 환호한다. ② 헛것을 보았나보다 하고 생각하고 눈을 비빈다. ③ 너무 무서워서 '아악!' 하고 비명을 지른다.

일단 카샤파는 세 가지 모두에 해당하지 않았다. 카샤파는 즉시 눈

물을 그쳤다고 한다.

　물론 삼처전심의 이야기는 선종의 삽삼조사설三十三祖師說 등과 더불어 역사적으로나 학문적으로 연구가 필요한 이야기이기는 하지만, 선종의 출발을 설명하는 데에는 매우 유용한 내용이고, 그래서 동아시아 선종의 전통에서는 금과옥조처럼 여기는 이야기이다.

관에서 발이 나오다
○

관에서 발이 나왔다는 곽시쌍부 이야기를 보는 데에는 세 가지 포인트가 있다.

　첫째, 곽시쌍부는 살아있다는 표징을 보인 것이다. 왜 하필 발이 소재가 되었느냐 할 때, 그것은 발이 우리 삶의 표징이었기 때문이었다. 우리 몸에서 발이 아니라도 살아있음을 나타내는 것은 많은 것들이 있다. 영화에서 나오는 터미네이터처럼 엄지손가락을 치켜세울 수도 있고, 눈으로 윙크를 할 수도 있다. 그런데 왜 하필 발을 내밀었단 말인가?

　그것은 석존의 생명을 책임졌던 것이 손이나 얼굴이 아니라, 발이었기 때문이다. 하루 한 차례씩 평생 동안 빌어서 먹는 사문에게 두 발이야말로 어떤 기관보다 삶과 관련이 크다. 두 발로 걷지 못할 때, 그래서 일반적으로 탁발이 불가능해질 때, 사문은 그 자리에서 죽음을 맞이해야 한다. 그러므로 발은 바로 삶의 표징인 것이다.

둘째, 곽시쌍부는 살아있음과 죽음이 둘이 아니라는 것을 보인 것이다. 석존의 육신은 죽었지만 그의 법신은 여전히 살아있다는 사실을 보인 것이다. 이러한 사유는 후일의 불교학에서 붓다의 몸이 법신불(法身佛, Dharma-Kāya Buddha)로 존재한다는 사상으로 전개한다. 사찰에 가면 모신 부처에 따라 건물의 이름이 달라진다. 석존을 모실 경우에는 대웅전, 아미타불을 모시면 무량수전이나 아미타전, 그리고 법신불이 주불일 경우에는 대적광전이 된다.

셋째, 변화를 뜻한 것이다. 곽시쌍부에서 왜 발이 두 개 나왔는가? 답은 간단하다. 발이 두 개이기 때문에 두 개가 나왔다. 만약 사람의 발이 세 개라면 세 개가 나왔을 것 아닌가? 그러나 상징적인 측면에서 발 두 개의 의미를 생각해 보자. 발은 변화를 뜻하기 때문에 그것을 보인 것이다. 발의 역할은 걷는 것인데, 하나로는 걷지 못하므로 의미가 없지 않은가.

석존은 길에서 출생하였고 일생동안 삶이라는 길을 걸었다. 그리고 사라쌍수娑羅雙樹 아래에서는 더 이상 길을 걸을 수 없었다. 석존에게 발은 걸음을 의미하고, 걸음은 삶을 의미하고 그리고 삶은 변화를 의미한다.

요컨대 상징적으로 볼 때, 곽시쌍부에서 발이 두 개가 나온 것은 바로 살아있음과 변화함을 보인 것으로 해석할 수 있는 것이다. 거룩한 스승의 '죽음'을 슬퍼하는 제자에게 죽은 석존이 두 발을 보인 것은 뜻밖에도 정 반대의 시그널을 보인 것이다. 사死에서 생生을, 정靜에서 동動을, 그리고 불변에서 변화를 보인 것이다. 예수의 경우만 부활이 있었던 것은 아닌 모양이다.

죽은 스승이 삶의 소식을 보인 곽시쌍부는 '죽음과 삶이 둘이 아니라'는 것과 '모든 것은 변화한다'는 것을 보여주는 석존 최후의 퍼포먼스인 것이다.

바로 그 순간, 스승이 내민 두 발을 보는 순간, 마하 카샤파는 죽음과 삶이 둘이 아니라는 것을 알아챘던 것이고 그리고 울음을 그쳤던 것이다.

"내 비록 죽었다 하나 죽음과 살아 있음이 둘이 아니다." "죽음과 삶은 단지 변화일 뿐 본질은 하나이다." "가는 것과 오는 것이 바로 하나이다." 카샤파는 이 생사일여生死一如라는 엄청난 법신 차원의 가르침을 눈치 챈 것이다.

일여의 태도는 생과 사의 갈림길에서나 차를 마시는 것에서나 다 같이 중요한 것 같다.

🍵 사라쌍수

붓다는 두 그루의 사라수娑羅樹 아래에서 입멸한다. 혹은 사방에 두 그루씩의 사라쌍수가 있었다고도 한다.

달마도의 발

○

원불교에는 달마도를 그리는 전통이 이어 내려오고 있다. 그런데 그 전통의 연원은 근대의 이름난 고승 백학명(白鶴鳴, 1867~1929)과 관련이 있다. 당시 월명암月明庵에 있던 학명은 봉래정사蓬萊精舍에 머물던 소태산(少太山, 1891~1943)에게 자주 내려와서 선문답을 즐겼는데, 그 일부가 원불교 경전인 『대종경』 「성리품」에 기록되어 있다.

학명은 평소에 달마도達摩圖 그리기를 즐겨하였다. 소태산은 학명이 그린 달마도 한 폭을 얻어 봉래정사 벽에 걸어두었다.

그 당시의 달마상은 달마대사가 갈대 한 잎을 밟고 서서 강을 건너는 그림인데, 이 달마도를 당시에 어린 소년이었던 주산 송도성(主山 宋道性, 1907~1946)이 모사하였고, 그 전통을 고산 이운권(高山 李雲捲, 1914~1990)이 이었다. 고산의 모사로 인하여 우리는 주변에서 강 건너는 달마상을 가끔 본다.

그런데 이상한 점은 학명으로부터 고산까지 내려 온 달마도에는 발이 하나 밖에 보이지 않는다. 이 대목에서 우리는 당혹스러운 생각이 든다. 석존은 두 발을 보였는데 왜 달마는 한 발인가? 우리 모두가 발이 두 개인데 왜 달마는 발이 하나인가?

달마의 한 발에 관한 이야기는 또 있다.

▼ 소태산

원불교의 교조.

▼ 대종경

소태산 대종사의 언행록

▼ 백학명

이름은 계종啓宗이며 학명은 법호이다. 전남 영광 출생으로 20세에 불갑사에서 출가하였다. 힘든 정진 끝에 깨침을 체험한 그는 부안의 내소사와 월명암 등에서 선풍을 일으켰으며 만년에 정읍 내장사 주지를 역임하였다. 그는 반선반농半禪半農을 말하여 자력으로 수행할 것을 주창하였다. 소태산 대종사의 부탁으로 한 때 정산종사를 제자로 맡아 주었고, 소태산이 봉래정사를 지을 때 재목을 보조하였으며, 석두암이라는 현판을 써서 걸어주기도 하였다.

▼ 송도성

경북 성주군 소성면에서 출생하였다. 법호는 주산主山이며 정산종사는 그의 형이다. 정산종사의 연원으로 소태산의 제자가 된 이후 40세의 짧은 생애를 마칠 때까지 27년 동안 초창기 교단의 지도자로써 굵은 족적을 남겼다.

▼ 이운권

전남 영광군 묘량면에서 출생하였고, 신흥교당에서 원기 18년1933 입교와 동시에 출가하였다. 총부의 각 요직을 거쳤고, 원기 38년1953 수위단에 피선되었다. 법호는 고산高山이다. 고경에 대한 연구가 깊어서 『금강경』『도덕경』『중용』 등을 해설한 『삼가정수』를 썼다.

전달마와 후달마

○

원래 보리달마(菩提達摩, ?~?)는 남인도 향지국의 셋째 왕자로 태어났다. 한편 인도가 아닌 안식국安息國 즉 페르시아 출신이라고 하는 설도 있다.

　아무튼 그가 출가하여 불법을 배우게 되었는데, 달마가 스승 밑에서 수행하기를 40여 년에 이르러 스승 반야다라는 유언을 남겼다.

"내가 죽은 후 67년이 지나면 동쪽 중국이라는 나라에 가서 전법하도록 하여라."

스승을 여의고서 어언 60여 년, 반야다라가 유언한 햇수에 이르렀다. 이제 인도에서 할 일을 어느 정도 마쳤다고 생각한 달마는 중국으로 갈 것을 결심하고는 왕을 찾아갔다. 왕은 눈물을 흘리며 만류했지만 달마의 결심은 흔들리지 않았다. 이에 왕은 꼭 돌아오기를 기원하면서 달마의 항해를 준비해 준다.

달마가 바닷길을 출발하여 중국 남쪽으로 가는 데에는 전해오는 이야기가 있다. 달마가 배를 타려고 항구에 이르자 엄청나게 큰 물고기가 항구의 길목에 죽어있어 주민들이 큰 불편을 겪는다는 것이었다. 달마는 그런 불편을 없애려 생각하고, 숲 속에 들어가 조용히 선정에 들어서 그 영혼이 몸을 벗어나 고기의 몸으로 들어갔다.

그래서 물고기를 운반하여 먼 바다에 내다버리고 돌아와 보니, 이게 웬 일인가? 자신의 몸은 오간 데 없고 괴이한 몸이 있는 것이었다. 달마가 혜안으로 관해보니, 그 나라의 이름 높은 오통선인이란 도인이 숲 속에 대사의 그럴듯한 몸이 누워 있는 것을 관하고는 자신의 몸을 벗어버리고 대사의 몸을 바꾸어 가지고 간 것이었다.

달마의 얼굴은 원래는 꽃미남이었는데[전달마], 그 바꾼 몸은 눈이 퉁방울처럼 생겼고 수염이 많아서 산적두목 같았다[후달마] 한다. 우리가 흔히 보는 달마도는 후달마를 그려놓은 것 같다. 요즈음 이 달마도를 집에다 걸어만 두어도 수맥이 차단되고 잡귀가 사라진다는 말이 있다.

벽관에 든 달마

○

달마가 힘든 항해 끝에 중국의 광저우에 도착한 것이 양梁나라 무제
(武帝, 464 ~ 549)의 보통普通 원년520 9월 21일이었다고 한다. 광주자사
소앙이 바로 이 사실을 무제에게 알리자 무제는 대단한 흥미를 가지
고 달마를 궁궐로 초청한다.

양무제가 물었다. "나는 지금까지 많은 절을 짓고 경문을 직접 옮
기기도 했으며, 또한 많은 승려를 육성했소. 그러니 그 공덕이 얼마
나 되겠소?" 불교의 인과의 법칙에 의하면 황제에게는 엄청난 선업善
業의 과보가 있을 것이 당연하였다. 그러나 달마는 "조금도 공덕이 없
소所無功德"라고 답한다.

남쪽 지방에 아직 자신의 불교를 널리 퍼트릴 분위기가 성숙하지
않은 것을 깨달은 달마는 조용히 양나라를 떠나 북쪽 위나라를 찾아
가기로 마음먹었다. 이 때 달마가 한 잎의 갈대에 의지하여 장강을
건넜다는 이야기가 유명하다.[折蘆渡江]

달마의 신통력을 보여주는 또 하나의 일화인 듯하다. 학명의 달마
도는 바로 이 장강을 건널 때의 모습이다. 재미있는 것은 이 강을 건
너는 모습에서 발이 하나밖에 보이지 않는다는 것이다.

그 후 달마는 후위 효명제의 정광正光 원년에 낙양에 도착하여, 접
경지역에 있는 숭산 소림사를 찾아가 그곳에 머물며 선정진에 몰두
한다. 주야로 얼굴을 벽에 향하고 고요히 앉아 있을 뿐이니 당시 사
람들은 그를 벽관바라문壁觀波羅門이라고 불렀다. 벽을 바라보는 수행

자라는 뜻이다. 이런 수행을 수년 동안 한결같이 하였다.

이 때 수행 중에 잠이 오자 달마는 눈꺼풀을 잘라 문 밖에 던져버렸다고 한다. 그런데 봄이 오자 그 자리에서 이상한 나무가 자라는 것이었다. 달마는 그 잎을 달여 마시고 잠을 극복하였다는 이야기가 있다. 그 나무는 바로 카멜리아 시넨시스*Camellia sinensis* 즉 차나무였다는 것이다.

달마대사와 차와의 관계는 이와 같이 시작된다. 일각에서는 이 이야기에 바탕을 두고 달마대사가 차의 시조라고 주장하는 사람들도 있다. 그러나 그 당시에는 CCTV가 설치되어 있지 않았던 관계로 실제로 달마대사가 눈꺼풀을 베어 던졌는지는 확인되지 않고 있다.

달마가 혜가에게 전한 것

○

어느 날인가 신광神光이라는 수도자가 달마를 찾아온다. 이 사람은 불법의 깊은 이치에 정통하였으나 아직 가슴이 답답하였다. 그리하여 이상하게 생긴 서역의 스님이 수행하고 있다는 말을 듣고 달마를 찾아온 것이다. 하지만 달마는 본체도 하지 않고 묵묵히 벽을 대하고 앉아있을 뿐이었다.

그러던 중 그날 밤, 눈이 내리기 시작한다. 뜰 앞에 선 신광은 꼼짝도 하지 않고 있었는데 눈이 쌓여 무릎 위까지 덮었다. 다음 날이 되자 달마가 그것을 보고, "네가 눈 가운데 서서 무엇을 구하느냐?" 그

러자 신광이 말한다. "스승님께서는 가르침을 주시어 널리 중생을 제
도케 하소서." 달마가 이렇게 대꾸한다. "모든 부처님의 법은 오랜
시간을 두고 정진해야 한다. 행하기 어려운 일을 능히 행하고 참기
어려운 일을 능히 참아야 한다. 그대는 어찌 작은 덕과 지혜를 가지
고 최상의 도를 구하려고 하는가?" 만약 달마가 한국에 살았다면 그
렇게 길게 말했을 리가 없다. "턱도 없다."

　신광이 그 말을 듣자 차고 있던 칼로 왼팔을 끊어서 달마 앞에 바치
자 비로소 달마는 그가 법을 이어 받을 그릇임을 알았다. "네가 내 앞
에서 구도하는 정성이 가상하다."라고 감탄하고 입실을 허락하였다.

　후일 신광이 물었다. "저의 마음이 편안치 않습니다. 스승님은 저
를 안심케 하소서." 달마가 이르기를 "그 불안한 마음을 가져오너라.
너를 안심케 하리라." 혜가는 "마음을 찾을 수가 없습니다." 달마가
이르기를 "나는 너의 마음을 편안케 했느니라." 그 순간 신광은 큰
깨달음을 얻어 달마의 뒤를 이을 제자가 되었다. 이에 이름을 고쳐
혜가慧可라고 하였다.

🥣 양무제
양나라의 초대 황제로 문무에 뛰어났다. 제나라를 멸망시키고 정권을 장악하여 양왕
에 오른 후, 제나라 화제和帝를 폐위시키고 황제가 되어 국호를 '양'이라 한다. 불교를
중흥시킨다.

달마의 죽음

○

어느 날 달마가 혜가에게 말했다. "내가 본래 중국에 온 것은 법 구하는 사람을 위함이었다. 이제 너를 얻어 법을 전하였으니 내 일은 이미 끝났다." 하고 고향으로 돌아갈 생각을 내비쳤다.

사람들은 불교가 팔만장경의 가르침으로 가득 찼고, 그 가르침을 다 세상에 펼쳐야만 하는 것으로 알고 있지만, 선불교禪佛敎에서의 미션은 의외로 간단하다. 하나는 깨치고, 둘은 전하는 것이다. 그리고 그것으로 끝이라는 것이다.

일각에서는 달마가 인도에서 건너와 전혀 새로운 차원의 선불교를 가르쳤기 때문에, 기존의 불교 학자들이 좋지 않게 여겨 달마를 해칠 마음으로 여러 차례 독약을 보내 죽이려했다는 이야기가 있다. 역사적으로는 달마의 실존 여부마저 분명치 않은 마당에 그 이야기도 설정된 이야기일 것이다.

달마에게 보내진 독약이 얼마나 독한 것이었던지 독약을 담은 그릇을 돌 위에 놓으면 돌이 깨져버릴 정도의 극약이었다고 한다. 그럼에도 불구하고 달마는 그것을 다섯 차례나 마셨고 결국 아무렇지도 않았다 한다. 그러나 여섯 번째 독약을 마시고나서는 가만히 죽음을 맞이하였다고 한다.

사람들은 그 시신을 웅이산에 장사지냈는데, 그때가 양나라 대통 2년(528)이었다고 한다. 그래서 달마대사가 면벽한 기간을 통상 '9년 면벽九年面壁'이라고 말한다.

그때 서역에 사신으로 갔던 송운松雲이라는 사문이 총령 즉 파미르 고원에서 대사를 만난다. 달마는 주장자에 신발 한 쪽을 꿰어 들고 유유히 걸어가고 있는 것이었다.[隻履歸西] "대사님 어디로 가십니까?" 라고 묻자, "나는 서역으로 간다. 너의 임금은 이미 돌아가셨다." 송운이 귀국해보니 과연 임금이 승하하고 다음 왕이 즉위해 있었다.

이상하게 생각한 송운이 겪은 일을 왕에게 보고하니 왕은 달마의 무덤을 파보도록 하였다. 그런데 이게 웬 일인가? 관속에는 다만 신발 한 짝이 있을 뿐 아무것도 없었다는 것이다. 이 이야기가 유명한 달마의 달마단혜達磨單鞋 즉 '달마의 한쪽 신' 화두이다.

사람이 죽었는데 후일에 무덤을 파 보니 지팡이 한 개, 혹은 신발 한 짝만 있을 뿐 시신이 없더라는 이야기는 실은 중국 도교의 이론이다. 이는 신선이 된 것을 증명하는 이야기 중의 하나로 도교에서는 이를 '시해법尸解法'이라고 한다. 아마 달마의 죽음도 중국 사람들의 눈에는 시해의 한 모습으로 비쳤을 것으로 생각된다.

오늘날 종교인들이나 차를 하는 사람들은 되도록 많은 사람들을 모아 가르치고 단체를 형성하는 것을 중요하게 생각하는 것 같다. 그러나 달마는 오직 혜가 한 사람만을 만나 그를 가르치고는 훌훌 떠났다. 예나 지금이나 세상에서 한 사람을 만나는 것이 이토록 중요한 것 같다.

사람이 세상에 나서 목숨을 교환할 만한 친구 한 사람만 있다면 그것은 성공한 인생이라는 말이 있다. 그러나 그보다 더 귀한 것은 자신의 모든 것을 안심하고 맡길 만한 제자 한 사람이라는 것을 달마의 삶을 보면 알게 된다.

불교의 전통에서나 차의 가문에서나 한 사람의 진정한 전승자가
절실하다.

> 🍵 시해
>
> 도교에서 신선이 되는 두 가지 방법 중 하나이다. 첫째는 환골탈태換骨奪胎법으로 육
> 신을 가진 채로 불로장생하는 법이다. 두 번째는 시해법으로 시해를 행하여 혼백이
> 신선이 되는 것을 의미한다. 전통적으로 금단을 만들어 두었다가 금단을 녹인 물로
> 칼날이나 대나무 또는 나무에 '태상태현음생부太上太玄陰生符'라는 부적을 양쪽에 그
> 려서 침대나 방위에 놓아두면 집안사람들에게는 이 법을 행하는 사람이 죽은 것같이
> 보인다고 한다. 그 사이에 수행자의 혼백은 집을 빠져 나와 신선이 된다고 한다.

2

달마와 개그콘서트

달마와 황당 시리즈

○

내친 김에 달마이야기를 더 해 보자. 달마의 이야기를 살펴보면 온통 황당 시리즈이다. 왕자로 태어나 스승 밑에서 공부하다 120세의 나이로 중국으로 온 것도 황당하다. 중국으로 오면서 큰 물고기를 옮기고서 몸을 바꾼 것도 황당하다. 공덕을 하늘같이 쌓은 양무제에게 아무런 공덕이 없다고 일갈한 것도 황당하다. 갈대 한 잎에 의지해서 장강을 건너는 것도 황당하다. 9년 동안 벽을 보고 앉아만 있는 것도 황당하다. 독약 다섯 번에 끄떡도 하지 않다가 여섯 번째 독약에 죽는 것도 황당하다. 죽은 후에 살아나서 신발 한 짝을 꿰어 메고 서역 가는 것도 황당하다.

　온통 황당해서 말이 막힌다. 황당해서 말이 막힐 때에 우리는 언어도단言語道斷이라 그런다. 그러나 진실의 입장에서 말한다면, 언어도단해야 비로소 달마의 행적이 풀린다.

발만을 대상으로 생각해 볼 때 달마대사의 이야기에서 나오는 것은 온통 외발에 관한 이야기이다. 갈대 한 잎에 의지하고 파도를 타고 장강을 건너가는 것도 한 발이다. 송운이 만난 달마대사가 지팡이에 꿰어 가고 있는 신발도 한 짝이다. 그리고 무덤 속에 있는 것도 신발 한 짝이다.

달마는 왜 발이 하나인가

○

여기에서 우리는 의문이 생긴다. 앞서 석존의 '곽시쌍부'에서는 발이 둘이더니, 달마에 이르러서는 발이 하나가 된다. 왜 달마는 발이 하나인가?

황당하지만 선적禪的으로 볼 때 우리는 달마의 발이 하나인 사실에서 중요한 힌트를 얻는다.

첫째, 상식을 가지고 재단하지 말라는 이야기이다. 상식의 차원에서는 발도 둘이요, 신발도 둘이다. 그러나 상식을 떠나 지혜의 문에 들고 보면 발도 하나요 신발도 하나가 된다. 선에서는 상식을 파괴하는 것을 중요하게 여긴다.

외발의 달마대사는 우리에게 말한다. "너희가 나를 볼 때 자신만의 패러다임으로 나를 볼 생각을 말라. 너희의 대가리와 너희의 언어로 나 달마를 재단하거나 규정하지 말라." 이 말을 한자어로 '막존지해莫存知解'하라'고 하는데, 한 발로 선 달마는 막존지해를 말하고 있는 것이다.

둘째, 죽음과 삶이 하나라는 이야기이다. 무덤 속의 신발 한 짝과 매달고 가는 신발 한 짝은 한 켤레가 된다. 여기에서도 우리는 죽음과 삶이 하나의 짝이며 결코 둘이 아니라는 사실을 눈치 챌 수 있다.

여기에서 우리는 새로운 관점을 가지게 된다. 석존의 곽시쌍부에서는 발이 두 개이므로 생사가 둘이 아닌 진리에 도달하는 것이라면, 달마의 경우는 발이 한 개이므로 생과 사가 둘이 아닌 진리에 도달한다는 것이다.

문은 전혀 다르지만 도달하는 목표는 동일하다. 이처럼 둘이기 때문에 생사불이生死不二가 되는 것이나, 하나이기 때문에 생사불이가 되는 것이나 선의 세계에서는 똑같다. 선문답에서는 상황에 따라 전혀 다른 언어가 출현하는 것이 다반사다.

이것이 선불교의 핵심이다. 그래서 선가에서는 정해진 법이 없고 [無有定法], 열고 닫음을 자유롭게 한다[開遮自在]는 말이 나왔다.

조사가 서쪽에서 온 뜻이 무엇인가?[祖師西來意是甚麼]? 이것은 유명한 화두이다. 여기서의 조사는 달마를 가리킨다. 달마조사가 서쪽으로부터 온 뜻을 묻는 일은 선문답에서 흔히 묻는 질문이다.

그 답변 중에서 가장 유명한 것은 조주의 화두이다. "뜰 앞의 측백나무[庭前栢樹子]"라 대답한 것이다. 조주는 바로 끽차거 화두로도 유명한 조주는 달마가 서쪽에서 온 까닭은 뜰 앞의 측백나무라는 것이다.

진실의 경지에서 볼 때는 사람의 다리가 두개도 맞고 하나도 맞다. 진실의 경지에서는 죽은 부처도 맞고 산부처도 맞다. 죽은 달마도 맞고 산 달마도 맞다. 티베트에서 지팡이에 꽂고 가는 신발과 중국에 있는 무덤 속의 신발이 바로 한 켤레인 것도 맞다. 심지어 그 모든 것과 뜰 앞의 측백나무도 별개의 것이 아니다. 진실의 측면에서는 그렇다.

문제는 진실에 얼마나 통했는가 하는 데에 있다. 선불교에서도 차에서도 진실 그것이 중요하다.

달마를 걷게 할 수 있겠는가

○

포인트는 발이나 신발이 아니고, 하나 혹은 둘이라는 숫자도 아니다. 그것을 보는 눈 즉 지혜의 눈이 중요한 것이다.

사실 참으로 황당한 것은 달마 이야기에서 보이는 것과 같은 모순된 현상에 있는 것이 아니고 그것을 보는 우리들의 시각에 있다. 우리의 시각에 의하여 사물은 천만 변화하여 인식된다.

집착을 벗어나고 본질에 입각하면 한 짝이든 두 짝이든, 발이든 신발이든, 죽었든 살았든 문제가 되지 않는다. 문제는 신발은 반드시 두 짝이라는 사실에 집착하는 우리들의 사유, 죽은 것과 산 것은 세계가 다르다는 우리들의 고정된 사유, 그것이 문제인 것이다.

선불교에서는 그 고정된 이분법적 사유를 깨기 위한 여러 방편들을 동원한다. 덕산(德山, 782 ~ 865)은 방망이로 치기도 하고, 임제(臨濟, ? ~

는 고함을 지르기도 한다.

원불교 『대종경』 「성리품」에 보면, 다음과 같은 이야기가 나온다. 소태산 대종사가 봉래 정사에서 제자 문정규에게 묻는다. "벽에 걸린 저 달마 대사의 영상을 걷게 할 수 있겠는가?" 정규 사뢰기를 "능히 할 수 있습니다." "그러면 한 번 걷게 해 보거라." 정규 곧 일어나 몸소 걸어간다. 그러자 대종사 말한다. "그것은 정규가 걷는 것이니, 어찌 달마의 화상을 걷게 했다고 하겠는가?" 정규 말하기를 "동천에서 오는 기러기 남천으로 갑니다."

이거 무슨 뜻인지 알 수 있을까?

달마가 양자강에서 갈대 하나에 의지하여 수상스키를 타는 것을 자연스러운 일로 볼 수 있다면, 벽에 걸린 달마를 걷게 한다며 사람이 일어나서 걸어가는 것이 조금도 이상할 것이 없다.

동천에서 오는 기러기, 남천으로 가는 기러기에서 중요한 것은 동천이나 남천이 아닌 기러기라는 사실이다. 동천이니 남천이니 하는 것이 중요한 것이 아니고 그 기러기가 동일한 기러기라는 사실이 중요하다는 말이다.

달마와 개그콘서트

○

둘이 아닌 성품의 입장에서는 달마와 나, 뜰 앞의 측백나무와 달마가 둘이 아니다. 다니엘 헤니 같은 꽃미남 전달마나, 산적 같은 후달마도 그가 지닌 마음이라는 차원에서 본다면 다를 것이 쥐뿔도 없다.

이처럼 달마의 생애에서 나타나는 황당함이란, 사실은 황당함이 주된 포인트가 아니고, 모든 것이 둘이 아닌 것을 드러내려는 개그콘서트의 한 코너에 불과한 것이다.

다른 예를 찾아보자. "제 마음이 불안합니다. 저의 마음을 안심시켜주십시오." 하는 혜가의 요청에 달마는 "불안한 그 마음을 가져오너라." 하니 "그 마음이 아무리 찾아봐도 없습니다." 라고 혜가가 말한다. 그 말에 달마는 말한다. "내 너를 안심시켰다."

이러한 차원에서는 '불안한 마음心', '찾는 마음心', '안심하는 마음心'의 3심이 모두 하나의 세계를 나타낸다. '삼심일체 유일진심三心一體 唯一眞心'인 것이다.

『무문관無門關』 제33측에 보면 어느 승려가 묻는다. "부처가 무엇입니까?[如何是佛?]" 마조스님이 답을 한다. "비심비불非心非佛이다. 즉 마음이 없으면 부처도 없다." 마음이 부처라는 말이다. 선불교에서는 한 마음이 주제이다. 그 주제를 벗어나면 선의 세계가 아니다. 부처도 달마도 혜가도 모두 한 마음에서 만나는 것이다.

사실 황당한 것은 곽시쌍부나 달마단혜의 이야기가 아니다. 황당한 것은 오늘날의 사람들이며, 오늘날의 사회이다. 왜 황당한가? 그것은 둘로 나뉘어 있기 때문에 그렇다. 둘로 나뉜 사고에 이 세상이 썩어간다.

남과 북은 서로 칼을 갈고 있고, 정당은 벼랑끝 대치를 계속한다. 일생을 살고서도 황혼이혼 하는 부부가 기하급수적으로 늘고 있다.

왕따와 학교폭력이 난무한다. 이 모두가 너와 나를 구분하는 한심한 분리적 사고 때문이 아닌가.

둘로 나뉜 이분적 생각이야말로 어이가 없는 황당시리즈가 아닐까? 상대를 인정하지 못하고 제 주장만 하는 데에서 모든 문제가 발생한다. 언제나 이원성을 떠나지 못하고 사는 것이 진정 황당한 우리들의 삶인 것이다. 곽시쌍부나 달마단혜에서 얻을 수 있는 지혜는 우리의 삶에서 이원성을 극복하라는 당부이다.

그렇다면 선승이 아니면 삶의 이원성에서 벗어날 수 없단 말인가. 사실 현실의 평범한 삶에서 이원성을 벗어날 수 있는 방법이 있다. 그것은 역지사지易地思之이다. 상대의 입장에 서보면 나와 너라는 두 입장을 동시에 이해할 수 있다.

그렇게 하기 위해서는 우선 선입견을 버려야만 한다. 선불교에서 중시하는 것은 선입견을 버리라는 당부이다. 우리가 지닌 황당한 고정관념들에서 벗어날 때 전혀 다른 평화가 나의 내면과 우리 사회에 찾아올 것이다.

차를 마신다는 것은 분명 상대가 있다. 그러나 '한 마음'이라는 차원에서는 '차'나 '차를 마시는 사람'이나 '차를 마시는 행위' 따위의 상대적 구분은 의미가 없다. 차를 좋아하는 선지식들의 일관된 요청은 상대적 구분을 버리라는 당부이다.

그러한 상대적 구분을 넘어선 차원에서 나타나는 경지야말로 차선일미라 할 것이다.

발과 마음공부

○

이제 우리들의 발로 돌아가 보자. 다소 못생겼지만 소중한 우리들의 물리적인 발로 돌아가 보자는 것이다.

얼마 전 TV에서 테니스 선수 정현이 호주오픈 준결승전에서 발 때문에 경기를 포기하는 장면을 보았다. 그 후 인터넷에서는 그의 상처투성이 발바닥 사진이 발레리나 강수진 씨의 발과 함께 떠돌며 그의 투혼을 높이 사는 것을 본 적이 있다.

그 사진들을 보면서 들었던 또 다른 느낌은 발에게 잘해줘야 하겠다는 생각이었다. 운동선수나 발레리나의 발이 아닐지라도 발은 몸의 가장 아래에서, 심한 무좀에도 아무런 불평도 하지 않으면서, 묵묵히 하루 종일 무게를 버티는 일을 하고 있다. 생각해 보면 너무 고마운 일이다.

그래서 나는 저녁시간에는 발을 만져주면서 발운동을 해 준다. 발운동이래야 기껏 발목 앞뒤로 젖히고 발가락들을 한껏 벌려주고 뭐 그런 운동들이다. 발가락으로 묵찌빠를 하면 건강에 좋다고도 한다. 그리고 말한다. "고맙다 발아! 오늘도 수고 많았어."

한의학계에서는 발이 우리의 몸과 장기 모든 부분과 연결되어 있어 병이 생길 경우 발을 잘 눌러주고 발에다가 침을 놓거나 뜸을 놓아 주어도 건강에 큰 도움이 된다고 말한다. 발은 우리의 건강에도 중요한 포인트가 된다는 것을 알 수 있다.

뿐만 아니라 발은 우리의 일상생활 속에 마음공부를 하는 데에도 매우 유용하다. 현대인의 병통은 발은 도외시하고 머리만을 쓰는 데에서 나오기 때문에 발에 마음을 집중하는 것은 마음공부의 좋은 방법이 된다.

제임스의 발바닥 수행
○

미국 동부 버지니아에 제임스라고 하는 한 청년이 살고 있다. 그는 2003년에 27세가 되었던 정신지체 장애 청년인데, 욱하는 성질이 있어 날마다 욕설 혹은 폭력으로 주변 사람들을 공포에 떨게 하여 지역사회에서 내놓은 사람이었다. 어쩌다가 그와 부딪치거나 감정을 건드리면 즉각 주먹이 먼저 날아오는 인물이었다.

이 청년을 대상으로 버지니아 대학의 마음챙김연구소에서 마음공부 프로그램을 개발했다. 그 방법으로 하루 30분씩 1일 2회를 실시하고 1주일 단위로 점검하고 1년 간 치료를 했다.

그런데 놀라운 것은 겨우 1년 사이에 욱하는 성질이 죽고 주변 사람들에게 편안한 사람으로 바뀌었다는 사실이다. 그런데 그 프로그

램의 이름이 다소 해괴하다. '발바닥 마음챙김(sole of the feet mindfulness)'
이라는 이름이다. 연구소에서 전력을 기울여 1년이나 걸려서 개발한
그 엄청난 프로그램이란 게 사실 너무도 간단한 것이었다.

① 분노가 일어나는 순간, 발을 마룻바닥에 가지런히 놓고 멈추어
라.
② 마음을 발바닥에 집중하고 발을 느끼라. 발뒤꿈치, 발가락, 양
말과의 접촉, 신발 따위를 느끼라.
③ 화를 그냥 흘러가게 내버려두라. 잘잘못을 따지지 말고 화를 바
라보라.
④ 호흡을 자연스럽게 가다듬으라.
⑤ 마음이 진정되면 씩 웃고 자리를 뜨라.

[걸음을] 멈추라, [발을] 느끼라, [화를] 바라보라, [호흡을] 편히 하라, [씩
웃고] 떠나라. 이건 간단한 것 같지만 마음공부에서 매우 유용한 공식
이다. 요즈음 유행하고 있는 힐링의 대명사 위빠사나 수행법의 핵심
이 이 다섯 가지에 다 있다. 제임스의 경우는 그것을 발에서 시작함
으로써 큰 효과를 본 케이스이다.

발이 깨어 있다

○

그 원리를 요약해 보면 더욱 간단하다.

① 깨어있음 : 화가 나면 화를 유발하는 경계가 아닌 그것을 바라
보는 주체로 자신의 중심을 옮겨온다. 이 상태를 알아차림 혹은
깨어있음이라고 말한다.
② 바라봄 : 이것은 화를 바라보는 것이다. 여기에서는 선악·잘잘
못·복불복 따위를 따지지 말고 그저 바라보는 것이 중요하다.

위빠사나에서의 마음공부는 '깨어 있음'과 '바라봄' 딱 두 가지인
데, 그것을 한 마디로는 '알아차림'이라 말할 수도 있다. 특이한 것은
제임스의 경우에 발이 그 매개가 되고 있다는 점이다.

그렇다면 왜 발이 마음공부에 중요한 매개가 될까? 그것은 심장과
머리에서 가장 멀기 때문에 그렇다. 사람이 머리에 집주集注하면 열을
받고, 심장에 집주하면 사랑이나 미움에 빠진다. 사랑과 미움은 동질
의 다른 모습이다. 사랑과 미움은 똑같이 심장의 박동을 빠르게 하고
아드레날린을 다량으로 분비시킨다.

특히 제임스의 경우는 아드레날린 대량·즉각 분비형이다. 그래서
즉시 주먹과 욕설이 난무한 것이다. 그를 위한 맞춤형 마음공부는 그
런 것과 가장 관련이 적은 발에 집주하게 함으로써 아드레날린을 감
소시키고 엔돌핀을 분비하여 마음을 비우게 한 것이다.

이처럼 발이 마음공부에 너무도 유용하다는 사실을 알기 바란다. 한 가지 팁을 더 드린다면 머리가 복잡한 사람, 상기上氣가 잘 되는 사람, 정리가 필요한 사람들은 산에 가시기 바란다. 단, 산에 오르면서 발에 집주해야 한다. 발에 집주하게 되면 잡념·열기·복잡·복수심 등이 빠른 속도로 감소한다.

이처럼 발에 집주하는 것은 일상생활하면서 마음공부 하는 사람이나 상기병으로 고생하는 전문 수행자에게나 매우 필요하다. 물론 논문 쓰다가 머리가 무거운 사람도 발을 만지거나 발에 집주하는 것은 매우 유용하다.

발에 집주하는 것만으로도 우리는 마음공부의 효과를 경험할 수 있다. 차를 마실 때도 마시는 행위에 집주하여 바라보는 버릇을 들인다면, 그것만으로도 훌륭한 마음공부가 된다는 것을 알 수 있다.

이제부터 발을 우습게 알지 말고, 무관심 하지도 말고, 잘 활용하여 마음공부와 건강이라는 두 마리 토끼를 한 번에 잡도록 하자. 그렇다고 차를 마시지 말자는 것은 아니다.

🍵 집주

마음속 주인공을 불러낸다는 뜻. 주의를 집중함. 한곳에다 힘을 쏟다.

3
홀로 마시는 차와 조건반사

내면의 행복

○

우리의 삶은 고요한가? 그렇지 아니한 것 같다. 우리의 일상은 매우 분주하다. 그런데 그 분주함은 과연 의미 있는 분주함인가? 내가 분주하게 살아가고 있는 것이 내가 지향하고 있는 인생과 방향이 같은 것인가? 하는 것을 가끔 반조해 볼 필요가 있을 것 같다.

대개 우리의 일상은 분주하고 바쁘지만 실제로 우리의 살림살이가 지향하는 바는 인생의 진정한 가치와는 거리가 있어 보인다. 차선茶禪은 그 분주함을 고요함으로 가라앉히고, 다시 파적破寂의 일성一聲을 따라 진정한 내면의 세계, 내면의 행복Inner Happiness의 세계로 인도하는 데에 궁극적 목적이 있다고 생각한다.

그러므로 찻자리는 우리를 일상의 분주함으로부터 고요함으로 인도하고, 다시 그 고요함을 통하여 본성이 깨어나도록 하는 데에 목적을 두어야 할 것이다. 그 방편이 차이며, 그 상태를 차선일미라 하는 것이 아닌가 생각한다.

그러한 상태에 이르면 차인은 일상적인 나가 아닌, 본래적인 나를 회복하게 되어 홀연히 우리 마음의 고향인 성품의 문을 두드리고 그 안에 들게 되는 것이다.

선가禪家에서는 그 상태를 견성見性이라 한다. 견성은 어마어마한 것이 아니고 세상을 보는 눈이 달라지는 것을 의미한다. 일상적인 삶의 눈에서 본성에 입각한 새로운 눈으로 달라지는 것을 가리킨다.

그런데 이처럼 세상을 달리 보기 위해서는 고요함이 먼저 필요한 것이다. 차를 마시면서 우리는 진정 고요해질 필요가 있다. 고요함은 어떠한 형태의 고요함이든 '없음'이라는 점에서 공통적이다.

그러나 세상살이는 오직 '있음'의 형태로 나타난다. 따라서 차인들은 한 마음으로 돌아갈 때는 고요한 하나의 본성에 돌아가지만, 그것이 나타날 때는 각자의 특성대로, 각자의 취미대로, 각자의 필요만큼 '있음'을 나타내도 좋다.

따라서 어떠한 행차의 형식이든지 만약 '없음'을 내면에 품고 있다면 그것은 일단 차선일미의 세계에 들어설 자격이 있다할 것이다.

독철獨啜의 행차行茶

○

서양의 춤은 각과 절도가 분명하고, 혼자 혹은 둘이서 추는 것보다는 많은 사람들이 같은 동작으로 통일할 때에 더욱 아름답다. 그러나 한국 사람들 좋아하는 시골 춤은 똑같이 춤을 추는 것 보다는 다소 흩어지며 다소 자유스런 경우가 좋은 것 같다.

떵떠덩! 하고 장구소리가 나면 앉은 자리에서 선 자리에서 그저 손도 올리고, 고개도 흔들고 다리도 올리면서 춤을 추는 것이 우리 평범한 사람들의 삶속에 있는 춤의 문화인 것 같다. 춤을 춘다는 사실은 같다. 그러나 각자 자기 나름대로의 춤을 추는 것은 각기 다른 것이다.

차를 행차 할 때도 각지고 통일된 모습으로 나타나야 할 필요는 없다고 본다. 화려한 사람은 화려한대로, 소박한 사람은 소박한대로, 자신의 일상대로 행차를 하면 된다. "나는 이렇게 하는데 왜 너는 그렇게 하느냐"고 나무랄 필요도 없다. 중요한 것은 차를 따르는 그 하나의 행위에서 우리 마음의 본성과 우주의 본래를 확인하기만 하면 되는 것이다. 그리고 행차는 각자의 색깔대로 하면 되지 않을까 한다.

각자의 입장, 각자의 행차 중에서 본성을 확인하기 위해서는 차인 자신이 깨어 바라볼 때라야 비로소 가능하다. 깨어 바라본다는 말은 모든 선禪의 기본 공식이다. 깨어서 화두를 바라보면 활구의 선이 되는 것이요, 깨어서 행차를 하면 그것은 초의가 말하는 신비의 경지인 독철獨啜의 행차가 되는 것이다.

독철의 행차를 오늘의 용어로 말한다면 혼자 마시는 차 '혼차'나, 홀로 마시는 차 '홀차'가 되겠다.

육우와 초의의 차 정신

○

초의의 『동차송』에 보면 차 마시는 사람의 숫자에 대하여 언급하고 있는 부분이 있다. 그곳에서 초의는 "홀로 마시는 차는 신비로움이요, 둘이 마시는 차는 수승함이며, 서넛이 마시는 차는 아취가 있다. 대여섯은 넘치는 것이며, 칠팔 명이서 마시는 차는 그저 베푸는 것일 따름이다. [獨啜曰神 二客曰勝 三四曰趣 五六曰泛 七八曰施]"라고 말한다.

대학시절에 나의 은사이신 한기두 교수는 초의의 신神·승勝·취趣·범泛·시施에 대하여 설명해 주셨다. "홀로 마시는 차의 맛은 신비롭고, 둘이 마시는 차의 맛은 빼어나며, 셋이 마시는 차의 맛은 아취가 있다. 네 사람을 지나 대여섯이 되면 분위기가 별로이지만 다 통틀어서 '좋을 뿐好'라고 해도 좋다."라고 말씀해 주셨다. 그래서 나는 『동차송』을 읽기 전까지 차 마시는 사람 숫자의 표준을 그저 '신승취호'로 기억하고 있었다.

아무튼 초의는 왜 '신'을 최상의 가치로 여겼을까? 초의는 왜 홀로 마시는 독철의 차를 신비롭다고 했을까?

만약, "혼자 마시면 귀찮지 않아서 이런 저런 생각을 할 수 있기 때문에 신이다." 라고 해석한다면 그것은 아직 문안에 들지 못한 차인이다. 아직 제대로 된 차의 고수가 아니라는 말이다.

아마도 홀로 마시는 독철의 차를 신비로운 경지라고 하는 것은 차를 마시는 자, 차, 그리고 차를 마시는 행위라는 세 가지가 사라진 상태를 가리키는 말일 것이다. 그러한 상태를 상징적으로 '독철' 즉 홀로 마시는 것이라고 말한 것이다.

초의의 차를 이 정도로 해석하지 않으면 초의의 후예가 될 자격이 적어진다. 초의의 '독철왈신'의 정신은 육우의 차 정신과 통한다. 그의 『차경』에 보면 차의 정신에 대하여 언급하고 있는 부분이 있다. "차의 효용은 맛이 지극히 차가우므로[寒], 정행검덕精行儉德한 사람이 마시면 잘 어울린다."고 말하고 있는 것이다.

여기에서 정행검덕이 차의 정신이 되어야 한다는 것은 이 책의 앞부분에서 충분히 논하였다. "차는 한寒하고 사람은 검儉해야 한다."는 것으로, '검儉'은 육우 차도의 핵심 이념이 된다.

이를 통해서 우리는 육우와 초의 두 사람의 사상이 통함을 알 수 있다. 초의의 독철은 홀로 마시는 차를 의미하고, 육우의 검박함이란 차를 마시는 숫자가 적을수록, 화려함과 꾸밈이 적을수록, 차인들의 대화가 속되지 않고 담박할수록, 좋은 것이라고 해석할 수 있기 때문이다.

홀차와 조건반사

○

그런 의미에서 오늘은 이 홀차 즉 독철의 차 정신은 무엇인가? 하는 것에 대하여 알아보겠다.

우선, 홀차란 조건반사를 벗어나는 일이라고 생각된다.

소비에트 연방시절의 심리학자 이반 파블로프(1849~1936)는 유명한 조건반사의 법칙을 발견하였다. 그는 개에게 음식을 주면서 종을 울렸다. 종소리는 음식과 아무런 연관이 없지만 개는 종소리를 듣는 동시에 음식을 먹었다.

15일 후에는 파블로프가 음식을 주지 않고 종을 울리기만 해도 개는 혀를 내밀고 침을 흘리기 시작한다. 종이 울리는 것과 식욕을 느끼는 것 사이에 실은 아무런 연관관계가 없었지만 그것들은 이제 서로 조건 지어진 것이다. 음식이 없어도 종이 울리면 개는 음식 먹을 준비를 하는 것이다.

여기까지는 다 아는 사실이다. 파블로프의 조건반사의 법칙은 너무도 유명하기 때문이다. 그런데 여기에 숨은 이야기가 있다.

어느 날 파블로프는 똑같은 방식으로 정반대의 실험을 하였다. 종을 울리지 않고 개 앞에 음식을 두었는데 개가 먹으려 하지 않았던 것이다. 그는 당황했다. 그러다가 종이 울리자 곧바로 음식을 먹기 시작한다. 조건반사의 뿌리가 깊어져 이제는 주와 종이 바뀐 것이다.

우리는 개가 아니므로 이러한 조건반사와는 관계가 없을까? 아닌 것 같다. 우리는 너무도 뿌리 깊은 조건반사의 연상작용을 우리의 내면에 지니고 있는 것 같다. "남자는 울지 말아야 한다." "우리 차회의 차법은 이래야 한다." 하는 등의 연상작용 말이다.

이러한 연상작용을 가지고 있는 상태에서 그 연상작용과 반대의 다른 조건이 나오면, 사람들은 그것이 설사 괜찮은 조건일지라도 일단 외면부터 한다. 왜냐하면 종이 울리지 않았기 때문이다.

이 또한 종鍾의 종從이 된 현상이라 하겠다. 개만이 아니라 우리 사람들도 살펴보면 조건반사라는 종의 종노릇을 하고 사는 것은 아닐까.

홀차는 가면을 벗는 것

○

그렇다면 어떻게 살아야 할 것인가? 답은 간단하다. 그냥 그대로 종소리에 조건반사하면서 살면 된다. 사람들은 아무튼 일정부분 조건반사로 살아왔고, 그것 또한 의미가 없다고 할 수는 없을 것이니까.

그러나 만약 조건반사의 종노릇은 하지 않겠다고 결심한다면 어떻게 해야 할까? 그것도 간단하다. 나의 가면을 벗어던지고 저 안에 있는 본래의 나를 찾는 데에서부터 출발해야 한다. 이것이 조건반사라는 종의 종노릇으로부터의 탈출이다.

조건반사로부터 벗어나는 방법, 그것을 초의는 '독철'이라 불렀다고 생각한다. 독철 즉 '홀차'란 일단 조건반사로부터 벗어나는 것을 의미하므로 그것은 페르소나를 벗는 것이라고 말하고 싶다. 페르소나persona는 특히 심리학에서 사용하는 용어인데, 가면을 말한다. 이 말은 person과 어원이 같다. 사람은 원래 가면의 모습을 하고 산다는 말이다.

사람은 홀로 태어났다. 그런데도 웃기는 건, 홀로 태어난 인간이 홀로를 참으로 힘들어한다는 점이다. 사회학·심리학에서는 홀로 있음에 대하여 많은 실험을 하였다. 그리고 결론을 내렸다. "사람들은 대체로 홀로를 두려워한다."는 것이다.

'쇼쌩크 탈출'이라는 영화가 있었다. 죄수들에게 오페라 아리아를 틀어준 주인공에 대한 최고의 형벌은 독방수감이었다. 오랜 독방수감에서 풀려날 때 주인공의 창백한 얼굴에 공포에 질린 표정이 생각난다.

독방 수감은 감옥에서 가장 힘든 처벌이라고 한다. 아무런 고문도 하지 않고 그저 어두운 독방에 홀로 둘 뿐인데도 사람은 점차 자신의 지적능력과 에너지를 잃기 시작한다. 3주가 지나면 환상과 환각을 보게 된다고 한다. 독방수감자는 환각에게 말을 걸고 그 환각의 입장에서 답을 한다. 그러나 거기에는 아무도 없다. 무서운 홀로됨이다.

그런데 따져보자. 감옥에만 독방수감자가 있나? 우리 현대인 모두가 독방수감자의 가능성이 있다. 그 독방 가운데 대표적인 것으로 스마트폰이 있다. 어느 날 집에 스마트폰을 두고 오면 그날 하루는 멘붕이다. 손에 일이 잡히지 않는다.

뿐만 아니라 우리는 눈을 뜨고서 잠들기 전까지 스마트폰이라는 작은 사각 독방에서 갇혀 지낸다. 스마트폰이라는 환각에게 말을 걸고 환각이 답한다. 자신이 아닌 ID라는 페르소나를 통해 조건에 반사할 뿐이다.

악플 달고, 신상 털고, 왕따 시키고, 그러면서 정작 자신은 무지 외롭다. 나아가 우리를 독방에 가두는 것은 스마트폰만이 아닌 것 같다. 우리 주변의 모든 조건들이 독방의 조건들인 것이다.

어떻게 보면 우리 모두는 엄마, 아내, 국민, 차인 따위 조건의 종소리에 침을 흘리고 있는 조건반사적 존재인 것 같다. 따라서 대체로 우리 인간은 조건의, 조건에 의한, 조건을 위한, 조건반사적 존재가 아닌가 하는 생각까지도 든다.

홀로됨의 여정

○

조건반사의 가면을 벗으라는 말의 불교적 버전은 석존 열반 전에 마지막법문으로 설해졌다. "내 일찍이 한 법도 설한 바가 없다." 석존은 정각 후 열반에 이르기까지 45년 동안 거의 매일 법을 설하고서도 "나는 한 법도 설하지 않았다."고 가면을 벗는 양심선언을 한 것이다.

그리고는 "너희는 법에 의지하고 너 자신에 의지하여 가라"고 마지막 법문을 설한다. 석존은 절대로 자신의 말에 조건반사 하라고 하지 않았던 것이다. 이런 점에 불교의 위대성이 있다.

우리는 조건이라는 독방수감자가 아닌 홀차의 독철 수행자가 되어야 한다. 독철 수행자가 되기 위해서는 반드시 필요한 조건이 있다.

우리를 규정하고 조건지우고 있는 페르소나에서 벗어나야 한다. 그리고 홀로의 여행에 성공해야 한다. 우리의 내면을 향한 홀로됨의 여정을 통하여 비로소 우리는 자신을 향한 진정한 사랑이라는 말을 할 수 있다.

일단 스마트폰을 끄고, 한 잔의 차를 우려놓고, 홀차를 해보자. 나를 겹겹이 감추었던 모든 가면과 조건반사를 버리고 자신의 내면을 응시하면서 천천히 차를 마셔보자.

이제야 우리는 우리의 내면에서 말하는 진정한 자신의 소리를 들을 수 있을 것 같다. 그리고 이제야 우리는 자신을 진정으로 사랑하는 여정에 들게 될 것 같다.

초의가 말하는 독철의 차, 홀차는, '조건'을 사랑하는 것이 아닌, '자신'을 그냥 사랑하는 차라고 생각한다.

한 잔의 차를 마주하고 나 자신을 바라보자. 조건으로 가려진 내가 아닌, 순수하고 선한 본래의 자신을 바라보자. 홀차는 그러한 상황을 만들어주는 차를 말하는 것이 아닐까. 그러므로 홀차는 고금을 막론하고 자신의 본래를 찾는 사람에게 반드시 필요한 것이라 하겠다.

홀차 즐기기 제1단계

○

홀차를 즐기기 위해서는 일단 물을 끓여야 한다. 물을 끓이며 옷을 벗는다. 이때, 야한 상상은 하지 마시기 바란다. 벗는다는 건 자신의 가면을 벗는 것을 말하기 때문이다.

어느 심리학자는 사람의 마음에 여섯 개의 커튼이 있는데, 목숨을 교환할 친구에게조차도 네 개밖에 열지 못한다고 한 말을 나는 기억한다. 그러면 나는 자신에게는 여섯 개의 커튼을 열까? 아마 그렇지 못하는 사람이 태반일 것이다.

그렇다면 커튼을 여는데 무엇이 문제인가? 바로 두려움이 문제인 것 같다. 두려움을 제거하고 조심스럽게, '모든 조건'이라는 재료로 만들고 '페르소나'라는 라벨이 붙어있는, 그 여섯 개의 커튼들을 하나씩 열고 자신을 바라보자.

조건은 무거운 짐이다. 그 조건을 내려놓아야 한다. 그래야 쌩얼 그대로의 자기 자신을 사랑할 수 있다. 인생은 조건이란 게 있으므로 무거운 것 같다. 조건을 놓고 자신으로 돌아가 보자.

우스갯소리 하나 하자. 어떤 할머니가 보따리를 이고 걸어가는 것을 보고, 지나가던 트럭 운전수가 그를 태워주었다. 그런데 짐칸에 앉은 할머니는 아직도 보따리를 이고 있는 것이 아닌가? 운전수가 "보따리를 내려놓으세요."라고 말하자 할머니, "나 하나 타는 것도 미안한 일인데, 보따리까지 태운다면 너무도 미안하잖우."

우리가 우습게 생각하는 일화이지만 으스스한 이야기이다. 우리도 인생이라는 트럭을 타고가면서, 과연 한 시라도 '조건'이라는 보따리를 내려놓고 사느냐 하는 것이다.

조건이라는 옷을 벗고, 페르소나의 화장을 지우고, 내 안에 들어가는 데에는 유용한 팁이 있다. 우선 손가락으로 탁! 하고 소리를 내고,

내 몸 안에 등불을 켜는 일이다. 그래서 내 몸을 빛의 몸으로 만드는 일이다.

빛의 몸인 자신을 상상하는 일 이것이야말로 밝은 빛으로 어둠을 물리치는 효과가 있다. 빛을 상상하는 것만으로도 페르소나로 인한 두려움의 나를 벗어버리는 데에 꽤 도움이 된다. 조건으로 얼룩진 페르소나로부터 나 자신으로 돌아오는 준비가 된 셈이다.

빛의 몸의 상태에서 하는 행동이야말로 선이 된다는 것을 상기하기 바란다.

홀차 즐기기 제2단계

○

이번에는 언젠가 손님이라는 다른 '조건'들을 접대하려고 아껴둔 차를 꺼낸다. "이 세상에서 가장 귀한 손님이 누구인가?" '나 자신이다!' 자신을 위해서 최고의 차를 꺼내는 것이다.

그리고 남들과 함께 형성한 '조건' 하에 배운 행차의 법식은 냅다 무시하고 가장 편하고 가장 간단하게 차를 우린다. 그리고 자신을 부르면서 한 마디 한다. "사랑하는 ㅇㅇ님 차 한 잔 합시다!"

이 부분에서 주의할 점 한 가지. 절대로 "사랑하는 은하 엄마"라고 말해서는 안 된다. 좀 촌스럽더라도 "사랑하는 순덕님"이 훨씬 좋다.

이제는 대한민국에서 가장 편한 자세로 차를 마신다. 비스듬히 누워서 마시면 어떻단 말인가. 이 때 거울을 보아도 좋다. 아마도 이 세상에서 가장 행복하고 아름다운 얼굴을 볼 수 있을 것이다.

홀차 즐기기 제3단계
○

이제는, 자신의 사유들을 잘라낸다. 사유들을 잘라낸다는 것은 내 생각들 가운데 전혀 쓸 데 없거나 어리석은 것들을 잘라내는 것을 말한다.

어떤 성자는 우리의 생각들 가운데 99%는 다 쓸데없는 것들이라 했다. 심리학자들은 오늘 내가 하고 있는 생각의 90%는 어제 했던 그 생각이라 했다.

내가 급급했던 것들, 특히 나를 조건반사 시켜 남들에게 평가당하는 일들, 반사적으로 침 흘렸던 모든 조건들에 대하여 "이건 내가 아니다" "이건 내가 아니다" 하면서 제쳐가는 일을 하면 되는 것이다.

달마가 양무제를 만나 "모른다[不識]"고 했던 말을 상기하면 좋다. '아니다'라든지 '모른다'는 같은 길로 안내하는 이정표이다. 물론 몸 안이 빛이 가득한 상태라야 효과적이다.

거듭하면서 그 물음에 대한 점검에 들어가면 효과적이다. "아니다 아니다." 혹은 "모른다 모른다"하고 자신의 내면에서 올라오는 생각들을 하나씩 하나씩 자르다 보면 생각이 무척 고요해짐을 느낀다. 찻자리 전면에 농구 골대 사진을 하나 붙여놓고 그 상념들을 던져 넣는 것도 좋은 방법이다.

이 단계에서는 내 마음을 이성적으로 점검하는 것도 유용하다. 즉 지금 이 일을 하느라 엄청 바쁜데, 이것이 과연 50년 후에도 바쁠 만한 일인가? 또는 사흘 후에 내가 죽는다면 지금 이 일에 매달릴 것인가? 하고 생각하면 된다. 그렇다면 지금 나를 지배하고 있는 이 생각은 '아니다'의 대상이다. 그렇다면 현재 내가 하고 있는 거의 모든 생각은 던져 넣어야 할 것들이라는 것을 알게 될 것이다.

자신과의 만남이라는 여정을 떠난 성숙한 독철 수행자가 맞이하는 큰 어려움이 있다. 그것은 자신과 홀로됨에 수반되는 '두려움'이라는 것이다. 그것은 내가 남들에게 감추었던, 심지어 내 자신에게마저 감추었던, 내면의 것들을 마주하게 되기 때문이다.

또한 독철 수행자는 자신의 내면에 감추어 두었던 생각지도 못한 괴물들과 마주치게 된다. 수많은 억압의 기억, 아픔의 기억, 실연의 기억, 이러한 것들이 나에게 총체적 두려움으로 몰려오기 때문이다.

그러나 설사 두려움이 온다 하여도 아픈 경험들을 떠올리고 그걸 일단 바라봐야 한다. 생각·감정·감각 등 이러한 것들이 올라올 때, 그것을 '깨어 바라보는 것'을 위빠사나 수행이라고 한다. 위빠사나 수행은 이제 불교를 넘어서서 보편적인 심리치료로 자리매김하고 있다. MBSRMindfulness-Based Stress Reduction이라는 마음챙김을 기반으로 한 스트레스 저감기법이 대표적이다. 감정이나 감각 등은 바라보기만 하여도 치료가 되는 것이다.

그리고 바라보는 게 심심하거든, 또는 너무 심한 아픔을 동반한 기억들이 튀어나오면, "아니다" "아니다" 하면서 그 기억과, 그에 수반

된 감정들과 이별하는 것도 좋은 방법이다. 그것은 지워야 할 감정들을 차례지어 나오게 하는 방법이기도 하다.

날마다 조금씩 하다보면 자신도 모르는 사이에 마음은 점차 고요해지고, 자신의 생각은 점차 두려움에서 벗어나고 있다는 것을 알게 된다.

감정과 생각들을 지우는 이 방법은 명상에서 반드시 거쳐야 하는 과정이며, 또한 행할 경우 또한 머지않아 극복 가능한 기법이다.

왜냐하면 이러한 마음 현상은 외부의 존재가 들어오는 것이 아니라 조건반사 된 자신이 본래의 자기를 가림으로써 나타난 내면적인 것들이기 때문이다. 또한 그것들은 언젠가는 다할 날이 있는 유한한 것들이기 때문이다.

홀차 즐기기 제4단계

○

이제는 등불을 켜서 빛의 몸이 된 상태에서 그냥 차 마시는 행위를 깨어 바라보자. 세상에 '그냥'이란 말처럼 고귀하고 멋있는 말이 있을까. 이때의 그냥은 소위 멍 때리는 것과는 구분되는 것이다. 빛의 몸으로 차 마시는 행위를 깨어 바라보는 것이니까 말이다. 내 친구 한 사람은 목각을 취미로 하는데 그가 가장 많이 목각을 한 글씨는 '그냥'이라고 한다. 난 그 친구가 그냥 좋다.

빛의 몸이 되어 차 마시는 행위를 깨어 바라보다 보면, 두려움이 사라지고 고요해지는 단계에 이르게 된다.

점차 내면이 고요해지다가 어느 날 정말 고요해지는 날이 온다. 『반야심경』에서 말하는 '마음에 걸림이 없고 걸림이 없으므로 두려움이 없어서, 뒤바뀐 헛된 생각을 멀리 떠나는[心無罣礙 無罣礙故 無有恐怖 遠離顚倒夢想] 상태가 현실화되는 것이다.

두려움이 사라지고, 뒤바뀐 헛된 생각이 떠나고, 그리고 본래의 나를 만나게 된다. 이건 참으로 신나는 일이며, 이 세상 어느 것보다 황홀한 일이다.

그리하여 이제는 고요한 기쁨의 단계에 이르게 된다. 고요한 것은 알겠는데, 고요한 데에서 기쁨이 나올까? 그렇다. 그렇게 되면 점차 홀로 있는 것 자체가 기쁨을 준다는 사실을 알게 된다. 행복감이 스멀스멀 기어 올라오는 것 말이다. 물론 이러한 단계에 이르기 위해서는 엄청난 힘이 필요하다. 명상이 아무나 하는 것이 아닌 이유이다.

그러나 우리는 오랫동안 차를 해 왔다. 고요함에 익숙할 만큼의 수준에 이르렀다. 우리 차인들 모두 선명상가가 될 수 있는 바탕이 마련된 것이다. 이러한 고요한 기쁨은 우리의 행복하고 새로운 삶에 밑거름이 된다.

나는 자신의 몸 안이 빛으로 가득 차고 모든 조건반사에서 벗어나 본래의 나를 진정 사랑하게 되는 상태를 영적인 오르가슴이라고 표현한다.

이렇게 명상을 한다면 우리는 행복할 것이며, 사물을 바라보는 통찰력이 생길 것이며, 자유롭게 될 것이며, 더 영원한 곳으로 초월하는 삶으로 이끌게 될 것이다. 독철 홀차는 바로 선명상을 가리키는 말인 것이다.

사실 고요한 행복감이 선의 최종 단계는 아니다. 『대념처경』이라는 불교 위빠사나 선의 교과서를 보면, 고요와 평정함에 머물러 분명한 바른 알아차림과 바른 지혜가 있음을 온몸으로 경험하여 행복한 것은 네 가지 선정의 단계 중에서 제3선三禪의 단계라고 말한다. 수행자는 그 이후 행복감마저도 사라진 '순수한 평정의 알아차림 상태'인 제4선四禪에 도달해야 한다는 것이다.

그러나 차인들이 차를 마시면서 하는 선명상은 짜릿한 행복감을 동반하는 상태만으로도 충분하며, 이후 전문 수행자의 길은 개인에 따른 선택사항이 될 것으로 본다. 초의가 추구하였던 독철의 신神은 벌거벗은 자신과 만나는 데에서 나타나는 행복한 신비로움이다.

4

찻잔의 절반은 비워두자

차반향초茶半香初

○

한 때 나의 스승이신 한기두 교수님이 어느 날 나에게 차를 주시더니
뜬금없는 질문을 하셨다. "차 맛이 몇 가지냐?" 헤아려본 나는 답하
였다. "다섯 가지입니다." "아냐 다시 세어봐." 나는 헤아렸다. 단맛·
신맛·쓴맛·떫은 맛·짠맛… 아무리 헤아려 보아도 맛은 다섯 가지
뿐이었다.

다섯이라고 다시 말씀드리자 스승님께서는 말씀하셨다. "뒷맛이
있잖아? 차는 뒷맛이 최고여!" 나는 그제야 충청도가 고향인 스승님
의 뜻을 헤아렸다. 차의 맛 중에서 가장 좋은 맛은 모든 차를 다 마신
후에 남는 담담한 맛이로구나 하고.

아마도 육우의 차도에서 말하는 '검'을 맛과 대비시킨다면 이 뒷맛

에 해당하지 않을까 하고 생각한다. 뒷맛은 담담한 맛이다. 커피 맛이나 소주의 맛은 자극적인 맛이어서 첫 맛에 짜르르함을 알 수 있다. 그러나 차 맛은 천천히 음미해야, 그리고 한참 지난 후에 비로소 은근하게 느끼는 담담한 맛이다. 두 시간쯤 지난 후에 갑자기 입안에 차향이 도는 차가 좋은 차라는 말이 있을 정도이다.

추사가 그야말로 기운생동하게 쓴 글씨 '차반향초茶半香初'는 차를 절반쯤 마시더라도 향기는 처음 그대로라고 풀이하는 것이 많은 사람들의 해석이다. 그러나 정통 해석은 '차를 절반쯤 마시고 이제 향을 피운다'는 뜻이라고 한다.

그런데 그 글을 달리 해석할 수도 있을 것이다. "차를 절반쯤을 마셔야 비로소 향기를 느낄 수 있다" 물론 그렇게 해석하면 현실감이 많이 떨어진다. 그렇지만 한편으로 그러한 해석을 못할 건 또 뭐냐 하고 생각도 해 본다.

통상적으로 우리는 차를 마시기 전에 그 향기를 마신다. 그리고 후각을 통해 느껴지는 향기는 그 차의 맛에 절대적인 영향을 미친다. 코를 막고 차를 마셔보면 차의 맛을 거의 알 수 없다는 것이 그 증거이다.

그러므로 "차를 절반 정도 마셔야 비로소 향기가 느껴진다."고 한다면 그것은 결단코 차를 상당히 마신 후에 입안에 도는 뒷맛의 향기를 가리키는 것임에 틀림없다. 그 뒷맛, 담담한 맛이야말로 차 맛의 정수인 것 같다.

절반의 뒷맛! 그것은 커피나 소주, 오미자차 등에서는 절대로, 절대로 만날 수 없는 맛이다.

　육우의 검倹을 맛으로 표현한다면 담담한 맛, 뒤에 남는 맛을 가리
킨다고 보아도 좋지 않을까 생각해 본다.

찻잔의 절반은 비워 두자

○

나태주 시인의 「풀꽃」이라는 시를 보자.

　〈풀꽃〉

　자세히 보아야 예쁘다.

　오래 보아야 사랑스럽다.

　너도 그렇다.

　몇 년 전 언젠가 광화문 길을 걸었다. 교보문고의 건물 외벽에 좋은
시들을 써서 걸어놓고 있었는데, 그 때 〈풀꽃〉 시가 걸려 있었다. 당
시 우리나라 사람들이 가장 좋아하는 시로 뽑혔다 한다. 이제는 국민
시가 되다시피 한 그의 시를 〈차〉라는 제목으로 다시 바꿔 본다.

　〈차〉

　반만 채워야 예쁘다.

　오래 같이해야 사랑스럽다.

너도 그렇다.

사람들에게 "인생에서 원하는 것이 무엇인가?" 하고 물으면 대개 행복을 원한다고 말한다. 맞는 말이다. 그렇다고 "행복이 무엇인가?" 하고 물으면 얼른 답하는 사람이 별로 없다. 왜냐하면 우리는 대개 너나없이 행복하고자 원하기는 하는데, 행복이 무엇인가 하고 생각 해 본적이 거의 없기 때문이다.

행복의 정의를 잘 모르면 어떤 때 행복한지 예를 들어 보자고 말해 보면 좋을 것이다. 답변이 쏟아진다. 맛있는 음식을 먹을 때, 향기로 운 차와 함께할 때, 재미있는 영화를 볼 때, 로또에 당첨되었을 때, 첫사랑과의 설렘, 자식이 서울대 들어갈 때….

행복이란 여러 가지 정의가 가능하겠지만 네이버 사전에 보니까 "생활에서 충분한 만족과 기쁨을 느낌. 또는 그러한 상태."라고 되어 있다. 그런데 나는 이렇게 생각한다. '기쁘고 흐뭇한 느낌의 연속적 인 자극상태'라고.

행복이란 실은 복합개념이다. 그러나 '즐거운 느낌'이라는 자극이 있어야 행복하고, 그것이 연속되어야 행복하다. 그리고 그러한 느낌 은 호르몬으로 전달되어야 하기 때문에, 연속적인 자극이 되어야만 행복의 상태는 지속가능해 진다.

따라서 사람의 행복상태는 지속하기 어렵다. 현실에서는 연속적인 자극상태가 가능하지 않기 때문이다. 누구나 어느 상태에 이르면 행 복할 거라고 생각한다. 그렇지만 정작 그 상태에 이르렀을 때는 행복감이 그다지 오래 지속되지 않는다. 새로운 자극이 연속적으로 필요한 것이 행복의 속성이기 때문이다.

모두가 행복을 원하면서도 그 행복은 실은 영원히 지속될 수 없는 것이므로, 그래서 인생은 고해인 것이다.

고해를 헤쳐 나가기 위하여 우리 차인은 어떻게 하면 좋을까? 오늘의 제언은 "찻잔의 절반은 비워 두자."는 것이다.

흔히 불교에서 궁극적인 번뇌를 탐진치로 말하는데, 그 탐진치가 생기는 조건은 아상我相에 기반을 두고 있다. 그 아상은 '나'와 '나의 것'으로 구성된다. 그 근본을 다스리지 않고서는 현실적인 고의 탈피는 어렵다.

오늘은 이 원리를 대입해서 차인들이 차를 마실 때, 행복해지는 조건들을 생각해 보기로 한다. 그것은 찻잔의 차를 반만 채우는 것으로 차인의 행복도를 높이자는 것이다.

찻잔을 반만 채우면 어떻게 될까? 허전할까? 아니다. 왜냐하면 그 반은 다른 것으로 채우면 되기 때문이다. 그래서 나의 찻잔의 절반은 비움으로 남겨두자는 제안을 하고 싶다.

찻잔의 절반은 향기로

○

나의 찻잔은 절반만 채우고 나머지 절반은 여유로 남겨두자는 생각을 하면서 먼저 떠올린 것은 『대지』라는 소설을 써서 유명한 펄 벅의 말이다.

커피를 왜 절반만 채우는지 아나?

나머지 반은 커피 향으로 채우기 때문이라네.

가득 찬 찻잔은 향기를 머금을 공간이 없다. 우리는 찻잔에 차를 따를 때 절반만 따르고 나머지 부분은 향기로 채워지기를 기다리는 것도 좋겠다.

마찬가지로 차인들의 인생이라는 찻잔에도 물질이나 욕구는 절반만 채우고 나머지를 비워 둠으로써 지혜라는 향기로 채울 필요가 있는 것 같다. 우리의 내면은 비울 때 왜소해지는 것이 아니라, 그 반대로 커지는 특성이 있다.

가만히 생각해 보면 우리들이 지닌 끊임없는 갈망 즉 '욕구'의 주어는 대체로 '나'가 아니고 '나의'인 것 같다. 여기에서의 '나의'란 대체로 남들이 모두 다 추구하는 세속적 욕구라든지 형식과 체면 등으로 가득 찬 '나'라는 것이 주어이다. 불교에서는 '나'와 '나의'를 통틀어 아상我相이라고 한다.

우리들이 차를 마실 때만은 그러한 세속적 욕구를 좀 덜어내고, '내 것' 대신 비움이라는 향기로 채워보는 것이 필요해 보인다. 그래서 우리들이 차를 마실 때만은, 찻잔을 절반만 채우면서 세속적 욕구로 가득 찬 나를 반쯤은 덜어내는 계기로 삼았으면 좋겠다는 것이다.

히사마츠 신이치(久松眞一, 1889~1980)의 『다도의 철학』을 보면 '자기'라는 핵심적 개념이 등장하지만 거기에서 등장하는 자기라는 말은 통상적인 '나'와는 구분되는 개념으로 '무상無相의 자기'를 말한다. 즉 '나라고 하는 상이 없는 나'라는 뜻이다. 상이 없다는 말은 대승불교에서 말하는 높은 차원의 개념인데, 기본적으로 물질이나 명예와 동일시하지 않는 근본적 자기를 가리킨다고 말할 수 있다.

차인의 인품이란 무상의 자기를 지향하는 인품이어야 하고, 무상의 자기를 지향한다는 것은 세속적인 욕망을 비움에서 시작한다. 그런 까닭에 일반적으로 찻자리에서의 대화에서 세속적 이로움과 세속적 명예 등에 대한 이야기는 삼가도록 되어 있는 것이다.

절반의 미학은 여백의 미학이다. 동양화에서는 색칠하지 않고 남겨둔 공간을 여백이라 하여 중시한다. 인품에서도 여백이 필요하다. 인품의 향기는 여유라고 할 수 있다.

찻잔을 절반만 채운 여유로운 차인은 나머지를 여유로움이라는 인품의 향기로 채움으로써 더욱 행복해질 것 같다.

찻잔의 절반은 용서로

○

다음으로, 절반을 채운 나의 찻잔의 나머지 절반은 용서로 채워 보는 것도 어떨까 하고 제안해 본다.

차를 앞에 두고 내 마음을 가라앉히면 어떤 단어가 눈앞에 떠오르는가? 이런 저런 분주한 생각들을 가라앉히고 나면 고요한 기쁨이 솟아나게 되는가? 천만에, 그렇지 않다.

놀라운 일은 차를 한 잔 앞두고 마음을 고요히 하면 불쑥 솟아나는 것이 행복함이 아니라 아팠던 기억이라는 사실이다. 일반적으로 쓰라렸던 일이나 후회스러운 일에 대한 기억들은 마음이 고요하면 맨 먼저 고개를 들게 마련인 것이다.

이게 일반 사람들의 생리요, 마음의 구조이다. 그 때 자신이 상대에게 힘들게 했던 기억보다는 상대로 인하여 힘들었던 상처가 더 강하게 떠오른다.

이 때 필요한 것이 용서이다. 우리 차인은 절반만 차를 따르고 그 절반의 차를 마시면서 나머지 절반은 용서로 채울 필요가 있다.

그렇다면 왜 온전한 용서를 하지, 절반의 용서를 하자고 하는가? 그것은 생각만 해도 가슴이 쩌르르 하고 입술이 깨물리며 아려오는 상처를 단번에 용서한다는 것은 예수나 붓다 같은 성자들의 수준에서나 가능한 이야기이기 때문이다.

만약 우리가 한꺼번에 용서하기가 어렵다면 절반씩이라도 용서를 해 보자는 것이다.

다음의 글은 웨스트민스터 대성당의 지하 묘지에 있는 한 영국 성공회 주교의 무덤 앞에 적혀 있는 글이다.

내가 젊고 자유로워 상상력의 한계가 없을 때,
나는 세상을 변화시키겠다는 꿈을 가졌었다.

좀 더 나이가 들고 지혜를 얻었을 때,

나는 세상이 변하지 않으리라는 것을 알았다.

그래서 내가 살고 있는 나라를 변화시키겠다고 결심했다.

그러나 그것 역시 불가능한 일이었다.

황혼의 나이가 되었을 때 나는 마지막으로,

내 가족을 변화시키겠다고 마음을 먹었다.

그러나 아무도 달라지지 않았다.

이제 죽음을 맞이하기 위해 누운 자리에서 나는 깨닫는다.

만일 내 자신을 먼저 변화시켰더라면…,

나는 다음 번 인생에서는 더 많은 실수를 저지르리라.

긴장을 풀고 몸을 부드럽게 하리라

이번 인생보다 좀 더 우둔해지도록 변화하고,

좀 더 용서하는 사람으로 변화하리라.

이 주교처럼, 나도 이 나이가 되도록 깨달은 진리는 '상대는 거의 변하지 않는다는 사실'인 것 같다. 사람의 타고난 품성이란 쉽사리 변화하기 어렵다.

그렇다면, 정말 상대가 변화할 수 없다면, 그래서 세상이 변화할 수 없다면, 별 수 없이 내가 변화하는 수밖에 없다. 내가 먼저 변화하는 것이 차인의 태도일 것이다.

차인이 변화하기 위해서는 우선 홀차가 필요할 것 같다. 그것도 찻잔은 절반만 채우고 나머지는 용서로 채우는 홀차 말이다.

내가 용서해야

○

이혼했다가 같은 상대와 다시 합치는 경우가 있다. 그러나 그 경우 해피엔딩 하는 경우가 많지 않다고 한다. 왜냐하면 두 사람은 똑 같이 서로 상대가 변화했을 것이라는 기대를 하고 만나기 때문이다.

두 사람은 똑 같이 상대의 변화를 예상하고 다시 결합하기는 했다. 그러면서도 자신은 변화하지 않았다. 그리고 상대가 변화해 주기를 기대하고 있다. 그럴 경우 반드시 실망을 하게 마련이다.

웨스트 민스트 주교의 묘비명은 이어서 다음과 같이 말한다.

내가 인생을 다시 시작한다면

초봄부터 신발을 벗어던지고

늦가을까지 맨발로 지내리라.

"초봄부터 신발을 벗어던지고 늦가을까지 맨발로 지내리라"고 한 것은 나이키 운동화가 없어서, 맨발이나 슬리퍼차림으로 살겠다는 것이 아니다. 증오의 신발, 원망의 신발, 네 탓의 신발을 벗어버리고,

맨발로, 내가 변화하고 내가 용서하여 주변의 인연들을 대하겠다는 다짐으로 해석해야 한다.

혜민스님은 자신의 저서『멈추면 비로소 보이는 것들』에서 용서는 상대를 위한 것이 아니라 자신을 위한 것이라고 말한다. 왜냐하면 용서가 없으면 원망으로 가득 찬 상대를 내 안에 장기투숙하게 하는 것이므로, 그것은 내가 너무 고비용이 드는 일이라는 것이다.

그러나 어떻게 일시에 모든 원망을 용서할 수 있을까? 성인이 아닌 한은 누구나 쉽게 원망과 증오를 버리지 못한다. 그러므로 용서도 훈련과 연습이 필요하다.

절반의 용서란 의외로 간단하다. '나', 또는 '내 입장'으로 가득 찬 나만의 생각에서, 절반을 뚝 잘라내어 상대에게 여지를 부여하는 것이다. "지가 그래?"에서 "지도 그럴 수도 있지." 이렇게 생각하는 순간, 절반의 용서가 가능해지는 것이다. "그땐 그럴 수밖에 없는 이유가 있었겠지!"라고 생각하며 절반이 담긴 홀차를 하는 것이다.

차인들의 세계처럼 벽이 많고 차인들의 세계처럼 말이 많은 동네가 또 있을까 하는 생각을 해 본적이 있다. 제발 우리 대학원 출신 차인들은 다른 사람에 대하여 입을 삐쭉이는 일 좀 줄이면 좋겠다. 입은 반듯해야 예쁘다는 사실을 상기하면서 말이다.

"무척 잘 산다."는 말이 있다. 이것은 '척 없이 잘 산다'는 말이다. 차인이라 해서 척 없이 살 순 없겠지만 척을 절반으로 줄일 수는 있을 것이다.

만약 우리의 내면에 증오와 원망이 있다면, 그래서 척이 있다면,

우리는 절반만 채워진 차를 마시면서 원망과 척을 절반으로 줄이는 '반 척의 연습', 즉 '용서의 연습'을 해야 한다.

그런 점에서 우리 차인들은 너무 너무 유리한 여건이 조성되어 있다. 하루에 열 번도 더 차를 마실 수 있으니까.

디오게네스의 청어

○

만약 우리가 찻잔에 차를 절반만 채우고 나머지를 비워 놓을 수 있다면 그 절반은 평정으로 채우는 것도 좋겠다.

그리스의 철학자 디오게네스를 아시는가? 통 속에 사는 그를 알렉산더 대왕이 찾아가 원하는 것을 물으니, 햇볕이나 가리지 말아달라는 말로 유명한 통쾌한 사나이가 디오게네스다. 얼마나 그럴듯했으면 그를 만나고 돌아가는 길에 알렉산더도 내가 대왕이 아니었더라면 디오게네스가 되었을 것이라고 했을까.

그 디오게네스는 그리스 철학의 여러 유파 중에서 퀴니크학파 Kynikos의 대표자로 분류된다.

어떤 사람이 그러한 디오게네스를 찾아가서 행복을 얻는 방법을 물었다. 물론 통 앞의 햇볕은 가리지 않으면서 말이다. 그러자 디오게네스는 심드렁하게 말한다.

"청어 한 마리를 끈에 묶어 그것을 질질 끌고 아테네 시내를 하루종일 돌아다니게." 어떤가? 디오게네스는 그 사람을 놀렸던 것일까?

아니면 정답을 말해 줬을까? 내 생각으로는 디오게네스가 친절하게 바른 답을 말해 주었다고 본다.

질문한 사람은 지성인이고, 아테네의 유지급인사일 게 분명하다. 그런 정도의 사람이 아니고서야 행복에 대한 깊은 사유 혹은 디오게네스에게 와서 묻는 일 따위는 없을 것이니까.

그런 인사가, 뻔히 아는 얼굴들을 마주쳐야 하는 아테네 시내에서 청어 한 마리를 끈에 묶어 끌고 하루 종일 다닌다면, 아테네 시내가 뒤집힐 것이다. 요즘 같으면 인터넷 실시간 검색 1위를 즉시 석권할 것이다. 아무개가 맛이 갔다고….

그런데 디오게네스의 가르침은 바로 거기에 포인트가 있다. 미친 놈이라 하든, 맛이 갔다고 하든, 다른 사람들이 어떻게 보든지 간에, 그들의 수군거림에 전혀 동함이 없어야[無恥] 비로소 마음의 행복이 가능할 것이라는 말이다.

외면의 평판에 신경쓰지 않아야 내면의 행복[自足]이 가능할 것이라는 것이 디오게네스의 의도였던 것이다. 청어를 끌고 다니라는 것은 디오게네스 식의 익살 섞인 선문답일 따름이다.

외부의 조건에 신경이 쓰이는 한 우리의 내면적 평정은 불가능하다. 왜냐하면 다른 사람들의 평판이란 항상 반반으로 갈리게 마련이기 때문이다. 댓글도 선플과 악플이 반반으로 나뉘어 달리게 마련인 것처럼 모든 사람들의 눈도 마찬가지로 둘로 나뉜다.

그러한 이치로 볼 때, 청어를 끌고 다니는 퍼포먼스에 대한 악플에 초연할 수만 있다면, 일단 시비를 초월할 수 있는 자격을 갖춘 인물이라 할 것이다. 그리하여 행복의 문을 연 인물이라 할 것이다.

찻잔의 절반은 평정으로

○

그러나 진정으로 마음의 평정을 원하는 사람이 있다면 구태여 청어를 끌 필요도 없다. 디오게네스는 외부의 시선에 신경을 끄라는 그 가르침을 몸소 실천하며 통 속에서 살았기 때문에 개 같다는 평가를 받았지만, 우리 차인들은 그렇게 힘들게 시비를 넘어설 필요는 없을 것 같다.

차를 마시면 되기 때문이다. 그것도 절반만 채운 차를.

우리의 일상생활에서 마음의 평정을 유도할 도구로 차만한 것이 없다. 만약 당시에 디오게네스가 차를 알았다면 청어를 끌고 다니는 대신 차를 마시라고 권했을 것임에 틀림없었을 것이다.

만약 진정한 차인이 있어 절반의 차를 마시면서 마음의 평정으로 나머지 절반을 채우고자 하는 사람이 있다면 그 사람에게 특별한 팁을 제공하겠다. 이건 바로 차를 마시면서 하는 선법禪法이 되겠다.

그 방법이란 매우 단순한 것이다. 일단 습관처럼 생각 없이 차를 따르거나 마시지 말아야 한다. 그 반대로 차를 마시는 것에 대한 모든 과정을 깨어 바라보는 마음 챙김이 동반해야 한다.

물을 끓인다. 차관에 차를 넣는다. 물을 붓는다. 그리고 차를 따른다. 이 때 주의할 점은? 반만 채우는 것! 그리고는 찻잔을 든다. 차의 색깔을 음미한다. 차의 향기를 마신다. 차를 머금는다. 그러한 모든 과정을 뚫어지게 깨어 바라보면서 행하라는 것이다. 이것이 석존이 말한 사띠sati 선법이다.

자동항법을 수동항법으로

○

1980년대로 기억하는데, KAL기가 항로를 이탈해서 날아가다가 소련 영토 시베리아의 호수 얼음판 위에 불시착한 일이 있었다. 그 때 한국의 언론에서는 기장이 기가 막히게 비행기를 조종해서 무사히 얼음판 위에 착륙했다고 보도했다. 그런데 왜 항로를 이탈했는가에 대하여는 알려진 바가 없었는데, 후에 비행기를 자동항법 장치로 해 놓고 승무원들이 포커를 하다가 일이 터졌다는 설이 한동안 돌아다닌 적이 있다.

그럴 리야 없었을 것이라 생각하지만 만약 비행기를 자동항법 장치만 믿고 그대로 두었다가는 일이 생길 수 있겠다. 마음공부에도 가장 좋지 않은 것은 마음의 자동항법 장치에 맡겨두는 것이다. 그래서 마음의 평정을 얻는 마음공부는 '마음의 자동항법 장치'를 해제하고 수동항법 장치로 바꾸는 것으로 비유할 수 있다. 이건 명상을 가지고 '스트레스를 저감시키는 기법[MBSR]'을 창시한 존 카밧진Jon Kabat-Zinn 이 한 말이다.

그냥 익어져서 습관처럼 하는, 영혼이 없는 행차는 차선일미의 선법이 아니다. 따라서 차를 마시면서 차선일미를 즐기려면 모든 동작 모든 마음가짐을 하나하나 분명히 알아차리는 것이 중요하다.

만약 차를 마시면서 모든 행차 동작에 대하여 깨어 바라보는 것이 가능하게 된다면 우리는 이윽고 평정不定에 이르게 된다. 평정을 불교에서는 사(捨, Upekṣā)라고 한다. 한역할 때는 버릴 사捨를 써서 뭔가를 버리는 것으로 오인할 여지도 있지만, 원래의 뜻은 어느 것에도 머무는 것이 없는 평정의 경지라는 뜻이다. 그 상태에 머무는 것이 차선 일미인 것이다.

차를 마실 때 우리 차인들은 찻잔에 차를 반만 채워 마셔 보자. 그리고 그 나머지는 때로 여유를, 용서를, 그리고 평정을, 채워 마셔보자. 그렇게 되면 우리 삶의 행복도가 대폭 상승할 것이다.

V

일기일회와 화경청적

1

일생에 단 한 번의 찻자리

일생에 단 한 번

○

오늘의 주제는 '일기일회一期一會'이다. 일기일회란 대충 말해서 '이번이 딱 한 번', 뭐 이런 뜻이리라. 딱 한 번이란 시간공간적인 개념이 동시에 적용될 수 있는 것인데, 아마도 일기란 일생이란 말이고, 일회란 한 번이란 뜻으로 본다면 '일생에 단 한 번'이라는 의미로 생각하면 좋을 듯하다.

문제하나 내겠다. 사람이 사는 중에 몸무게가 가장 많이 나갈 때는 언제일까? 그것은 철들 때라고 한다. 아재개그 수준의 난센스 퀴즈이기는 하지만 우리에게 생각할 여지를 주는 말이기도 하다.

사실 철든 사람이란 철鐵:Fe이 많이 든 사람이라는 뜻이 아니고 사시사철 변화를 아는 사람이라는 뜻이다. 나아가 우주 순환의 이치를 아는 사람이라면 정말 철든 사람이라 할 것이다.

만약 우리가 철이 제대로 든다면 인생의 모든 것은 일기일회가 될 것이다. 모든 사건의 순간은 일생에 딱 한 번의 기회이며, 모든 만남은 생애 딱 한 번의 만남임을 철저히 알고 소중히 여기게 될 것이다.

이 자리에 우리가 이렇게 모여 공부를 하는 일도 일상적으로 늘 있는 것 같지만 사실은 일생에 오직 한 차례뿐이다. 일생에 한 차례, 온 우주에서 단 일 회만 발생하는 유일한 사건이 오늘의 만남인 것이다. 오늘 이 순간이 지나면 다시는 같은 순간 같은 사건은 오지 않는다. 그래서 일생 모든 순간이 일기일회이다.

일기일회의 철학적 의미는 한 마디로 지금 이 순간은 영원한 시간이며, 지금 이 공간은 무한한 공간과 연결되어 있다는 데에서 출발한다. 다시 말한다면 영원한 시간 무한한 공간이 '나'라고 하는 한 점에 요약되어 있다는 말이다. 그러므로 일기일회는 "내가 우주의 중심이다" 라는 것으로 해석할 수도 있을 것 같다.

『천자문』에 보면 '하늘 천 따지 감을 현 누루 황, 집 우 집 주 넓을 홍 거칠 황'으로 시작된다. 하늘은 검고 땅은 누르며, 우주는 넓고 거칠다는 뜻이다. 여기에서 우주는 똑같이 집 우[宇], 집 주[宙]라고 하지만 우는 공간이며 주는 시간을 말한다.

즉 우주는 스페이스Space만이 아니고 타임Time까지 포함한 개념이다. 이렇게 본다면 행동철학으로서의 일기일회란 '나를 우주의 중심에 놓자' 라는 말이라고 생각해도 그다지 나쁘지 않을 듯하다.

칸트의 물음

○

철학자 칸트(I Kant, 1724~1804)는 자신의 일생에 걸친 철학적 명제를 세 가지로 요약한다. "나는 무엇을 알 수 있는가? 나는 무엇을 할 수 있는가? 나는 무엇을 바랄 수 있는가?" 그런데 이 세 가지 물음은 궁극적으로 "인간이란 무엇인가?" 라는 네 번째 물음으로 귀결된다고 그는 말한다.

나는 누구인가? 라고 하는 물음은 신기하게도 불교의 본질과도 너무도 일치한다. 자신의 본성을 알고 거기에 계합하는 것을 목표로 삼는 것이 불교이다. 원불교의 창시자 소태산이 깨달음 이전에 몰두했던 화두도 '나는 누구인가?' 라는 하나의 물음에 불과했다.

"나는 누구인가?"라는 물음은 필연적으로 "나는 어떻게 살아야 하는가?"라는 행위의 물음으로 연결된다. 우리가 불교를 하든, 차도를 하든, 옷을 짓든, 교육을 하든, 어떤 행위를 하든지 간에 우리는 "나는 누구인가?" 라는 물음에서 출발해야 하고, 그 물음으로 돌아가야만 하는 이유가 여기에 있는 것이다.

일기일회란 '나는 누구인가?' 라는 물음에서 출발하고, 나는 누구인가? 라는 물음에 대한 답을 향하여 '깨어있음'으로 나타나는 그 무엇을 전문적인 용어로 '일기일회'라고 하는 것이다.

다시 말하면 일기일회란 나는 누구인가? 라는 물음에 의해 깨어있는 상태에서 나투어지는 '단 한 번'이라는 의식이다.

사람을 부자와 가난한 사람, 높은 신분과 낮은 신분, 어린이와 늙은이 따위로 뭔가 나누는 것은 온당치 못하다. 사람은 근본적으로 평등한 존재이기 때문이다.

그러나 단 하나, 깨어 바라보는 사람과 깨어있지 못한 사람으로 나뉘는 것은 타당하다고 본다. 왜냐하면 삶의 근본적 과제를 수행하고 있는 사람이냐 그렇지 못한 사람이냐로 구분될 수 있기 때문이다.

깨어있지 못한 사람은 그저 밥 먹고 자식 낳고 살기 위해 돈 벌고 그렇게 살아가는 사람이다. 이 세상의 태반이 그런 사람들이다. 그들도 사람은 사람이다.

그러나 여기 모여 있는 우리는 적어도 그러한 것에 가치를 두는 사람들이 아니다. 깨어있는 사람이어야 하기 때문이다. 깨어 있는 사람이란 항상 "나는 누구인가?"하는 본성에 대한 물음을 지니고 '지금 이 순간'에 깨어 바라보며 사는 사람을 말한다.

나는 누구인가? 라는 물음에 대하여 지금 이 순간 되물을 때에 선명하고 즉각적으로 '나는 ○○이다.' 라는 답이 떠오른다면 그 분은 진정한 철학적 대가요 종교적 각자이며 진정한 차인이라 할 수 있을 것이다.

그러나 대부분의 우리는 그러한 답이 얼른 떠오르지 않는다. 그래서 우리가 차를 마시는 것은 중요하다. 차는 그러한 물음에 도달하는 데에 더할 나위 없이 좋은 도구이기 때문이다.

현재에 주목함

○

시간이란 실체가 없는 것이다. 특히 과거와 미래란 더욱 더 관념 속에 있을 뿐 실체가 없는 것이다. 나아가 시간과 공간에 관한 철저한 통찰의 철학서 『금강경』에서는 말한다. "과거심도 불가득이요 미래심도 불가득이요, 현재심도 불가득이다[過去心 不可得 未來心 不可得 現在心 不可得]."이라고 말한다.

과거심도 미래심도 현재심도 얻을 수 없다는 것이다. 『금강경』에서 말하는 시간관은 과거 미래뿐만이 아니라 현재마저도 부정한다. 사실 따지고 본다면 현재라고 부르는 순간을 설정하는 것은 불가능한 것이다.

그 없고 없는 경지를 체득한 사람, 즉 과거 미래 현재라는 시간적 관념을 벗어난 사람을 『금강경』에서는 부처라고 부른다. 반대로 실체가 없는 과거와 미래에 얽매어 사는 사람들을 중생이라고 부른다.

사실 시공의 지배를 받는 지구의 중력에 갇혀 사는 우리들의 세계에서는 생각 속에서조차 시간과 공간의 제약을 벗어나기란 무지 어려운 일이다. 그래서 망망대해를 헤엄치던 눈먼 거북이가 어쩌다 바다 위로 고개를 내밀 때에 나무토막을 만나는[盲龜遇木] 확률에 비교하여 부처의 길에 드는 일이 어려운 일이라는 비유가 생긴 것이다.

'현재도 없는' 경지를 이자리에서 논하는 것은 어려운 일이기 때문에 '일기일회'를 주제로 하고 있는 우리는 우선 과거도 미래도 아닌, 하늘 아래 첫 동네인 '현재'에 주목할 수밖에 없다.

현재에 깨어있을 수 있다면 그 사람은 일생이라는 시간 속에 존재하면서도 늘 현재에 있게 될 것이기 때문이다.

'일기일회'에서의 시간은, 어떠한 상황에서도 '현재'이어야 한다는 것이다. 일기일회에서의 시간은 언제나 현재 이순간이다. 마찬가지로 마음공부의 대상도 현재 이 순간이다. 차인들의 마음공부는 차를 마시는 그 순간순간이 대상이 되는 것이다.

그렇다면 공간은 어떠할까? 시간과 공간의 철학서 『금강경』에서는 다시 말한다. "모든 형상이 모두 허망한 것이니, 만약 모든 형상이 참된 형상이 아님을 알면 곧 여래를 보게 될 것이다[凡所有相 皆是虛妄 若見諸相非相 則見如來]." 이 유명한 말씀은 공간 또한 실재하지 않음을 시사하고 있다.

그러나 차인들이 말하는 일기일회에서의 공간은 시간과 마찬가지로 그 없음에 바탕을 두고 있으면서 '여기'에 포인트를 두는 것이 좋겠다.

그렇다면, 우리가 일기일회의 의식으로 깨어 있을 때, 흐르는 시간 속에 있지만 항상 현재가 될 때에, 공간 또한 어느 공간에 있든지 그 공간 또한 '여기'가 된다.

이를 화려한 우주철학의 교과서 『화엄경』에서는 일즉다 다즉일[一卽多 多卽一], 하나가 여럿이며 여럿이 하나이며, 한 순간에 영원함이 있고 한 공간에 우주가 있다고 말한다. 또한 인드라망[因陀羅網]이라 불리는 장엄한 우주의 그물 마디마디에 영원한 시간 영원한 공간이 함께 있다고 표현한다. 이러한 것들이 불교의 시간관이요 공간관이라 할 만하다.

그런데 그 가르침은 다소 허황되어 보이고 이해가 어렵다. 달리 예를 들어 말해보자. 지구는 우주의 도서관이다. 우주과학에서는 우주의 나이를 137억년으로 보고, 지구의 나이를 46억년 가량으로 본다. 그런데 46억년짜리 지구가 137억년 우주의 모든 정보를 다 지니고 있다.

그 뿐이 아니다. 우리 인간은 불과 300만 년 전에 지구에 출현했다. 그런데 우리 인간의 DNA에는 그 이전 137억년의 모든 정보를 다 갊아 가지고 있다. 100년도 못사는 우리 인간과 저 어마어마한 우주는 별개가 아니라는 이야기다.

이 한 인간이 하찮은 존재가 아니라 저 온 우주의 모든 정보를 우리의 DNA에 다 저장하고 있는 엄청난 존재라는 것이다. 그렇다면 한 티끌에 온 우주가 있다는 일미진중함시방一微塵中含十方이라는 『화엄경』의 말씀이 결코 거짓이나 허황된 이야기가 아니라고 하겠다.

그러한 이야기를 요즈음은 물리학계의 프랙털이론과 연결하여 말하는 사람도 있다.

깨어있음과 일기일회

○

일기일회의 철학적 의미는 바로 그러한 시간과 공간에 바탕을 두고 있다. 나의 본성은 시간과 공간을 통하여 온 우주의 중심이 되는 엄

청난 존재인데, 단 나의 본성에 깨어 있을 때의 이야기이다. 그때라
야 비로소 일생에 딱 한 번이라는 일기일회에 대한 인식이 가능하다.

한 때 나는 이런 시를 쓴 적이 있다.

이름 모를 한 송이 꽃봉오리가 떨고 있네.
향기로운 우주가 몸을 열고 있네.

한 송이 꽃이 피는 것과 우주가 몸을 여는 것과 무엇이 다른가? 나
의 본성과 우주의 본성이 무엇이 다른가? 두 가지는 같다는 말이다.
그래서 석존은 '천상천하유아독존'이라고 큰소리쳤다. 석존 자신의
유아독존이라고 써 놓고 우리 모두가 유아독존이라는 말로 읽어야
한다.

깨어있는 사람에게 시간은 늘 현재이며, 공간은 늘 여기이다. '지
금 여기'에서 일기일회는 빛을 발한다.

조주는 '끽차거喫茶去, 차나 한 잔 마시게!' 라고 말한다. 그것은 음
료인 차 한 잔을 마시라는 것이 아니라, 한 잔의 차를 통해 깨어 바라
보라는 당부로 해석할 수 있겠다.

깨어 있지 않은 이에게 조주의 말은 평범하기 짝이 없는 언어가 된
다. 그러나 깨어있는 이에게 조주의 끽차거는 우레 같은 법문이 된
다. 조주가 말하는 끽차거는 일기일회의 조주식의 버전인 셈이다.

일상적이고 편향된 시간과 공간의 관념으로부터 벗어날 때, 내가
이르는 곳마다 '여기'가 되고 내가 머무는 때마다 '지금'이 된다. 그와

같이 '지금 여기'에 깨어 있을 때, 나는 우주의 중심이 되고, 나의 삶은 일기일회가 될 것이다. 그 삶, 그 상황을 일러 진실의 순간이라 말할 수 있다.

임제(臨濟義玄, ?~866)가 수처작주 입처개진隨處作主 立處皆眞하라 , "이르는 곳마다 주인이 될 것이며 서는 곳마다 진실의 순간이 되라."라고 말하였다. 수처작주 입처개진은 일기일회의 임제식 버전인 셈이다.

고은의 경우를 볼까? 시인은 〈티끌에 대하여〉라는 시에서 말한다.

한 톨의 티끌이 기억한다.
그 누구의 삶으로도
대신할 수 없는
나의 삶을

하나의 티끌과, 한 방울의 물, 그리고 나의 삶이 같다는 것이다. 인간의 세포에 있는 DNA가 137억년의 모든 정보를 갊아 가지고 있다고 하니까, 고은 시인은 "한 티끌이 나의 삶을 기억한다."고 화답하는 격이다.

결론적으로 "우주적이며 불멸의 존재인 내가, 지금 여기에서 우주적이며 불멸의 존재인 너를 딱 한 차례 만난다." 이것이 일기일회의 철학적 존재증명이다.

차 마시는 상황에 대입한다면 일기일회는 '그 내가 그 너와 그 차를 마시는 불멸의 찰나'라고 할 수 있다. 여기에 대하여는 칸트도 딱

지를 걸 수 없을 것이다.

버킷리스트와 일기일회

○

'버킷리스트'라는 것이 있다. 요즈음 '죽기 전에 해야 할 10가지' 이런 식의 리스트를 작성하는 것이 유행처럼 되어버렸다. 버킷리스트라는 말은 중세 유럽에서 자살이나 교수형을 할 경우 목에 줄을 건 다음 딛고 서 있던 양동이[Bucket]를 발로 찼던 관행에서 유래했다고 한다. 다소 섬뜩한 어원이기는 하지만 아무튼 양동이에 올라간 사람이 마지막 떠올릴 후회스러운 일들을 미리 적어두고 해두자는 취지가 버킷리스트라고 한다.

우리는 누구나 버킷리스트를 작성해도 좋다. 그러나 버킷리스트의 제1번은 불멸의 존재, 우주적 존재인 '나', 그리고 '지금 여기'를 인식하는 일이어야 하지 않을까. '지금 여기 의식'은 일기일회의 다른 말이다. 이때의 나란 에고의 나가 아닌 '무상의 나'이어야 하는 것은 물론이다.

일기일회 의식에 투철해야 소위 『금강경』에서 말하는 '응무소주이생기심應無所住而生其心'이 된다. 그 '응하여 집착한 바 없이 그 마음을 낸다.'는 말씀이야 말로 일기일회의 『금강경』식 버전이다. '응무소주이생기심'의 경지에 이르러야 차를 내놓으면서 '차나 마시게[喫茶去]'를 일갈─喝할 자격이 있게 된다.

우리가 지금 여기에서 집착없이 그 마음을 낸다면 그러한 차원에서의 시간이란 우리가 경험할 '새로운 틀' 속의 '새로운 삶'이 된다는 것을 알 수 있을 것이다.

'지금 여기'에 깨어있는 의식을 지니고 있는 불교인, 차인이 되어야 본성의 영역에 바탕을 둔 '나'가 현현한다. 본성의 영역에 도달한 내가 생각하고, 그러한 내가 말하고, 그러한 내가 차 마실 때, 그것이 일기일회가 되는 것이다.

이 대목에서 정현종 시인의 '방문객'이라는 시가 떠오른다.

사람이 온다는 건

실로 어마어마한 일이다.

한 사람의 일생이 오기 때문이다.

오늘 우리의 만남도 천상천하유아독존인 나와, 천상천하유아독존인 여러분과 일기일회로 만나는 것임을 분명히 알아야 할 것이다.

한 잔의 차에서 일기일회를 발견해야 차인의 찻자리는 그 진정성을 발휘한다.

죽음의 기술과 일기일회

○

일기일회의 철학적 의미는 이제 대충 알 것 같다. 그렇다면 우리 차인들이 일기일회의 실천을 어떻게 할 것인가? 이것은 물을 필요도 없다. 답은 하나일 수도 없을뿐더러 너무도 다양할 수 있을 것이니까.

그러나 분명한 것은 일기일회의 삶을 살 때, 어떤 모습으로 살든 무척 행복한 삶이며 사랑으로 충만한 삶일 것임은 분명할 것이다.

일기일회의 태도를 정하는 데에 대하여 몇 가지 제안을 드려 보겠다.

일기일회의 실천 방향에서 첫 번째는 나의 모든 행위에 죽음을 염두에 두자는 것이다. 행복한 찻자리를 머릿속에 상상하고 있는 여러분께 왜 죽음을 이야기하는지 의아하지 않은가? 그러나 나는 삶은 항상 죽음과 양면적인 것이라고 보고 있으며, 죽음을 떠난 삶은 그다지 의미롭지도 않다고 생각한다.

철학을 행위에 적용하면 도덕 혹은 윤리라고 하는 것이 된다. 그런데 일기일회를 논하지 않더라도, 도덕이나 윤리라는 이름으로 가르쳐야 할 것은 죽음의 기술과 사랑의 기술이 아닐까 싶다.

그런데 사람들은 죽음의 기술에 관해서는 그다지 중시하지 않는다. 아니 일부러 회피하는지도 모르겠다. 일부 건물의 경우는 4층이나 4호실이 아예 없거나 F층 따위로 슬쩍 피하여 표기하고 있는 것을 본다. 사람들이 4는 사死를 연상케 하는 재수없는 숫자라고 여기고 있는 탓이다.

그러나 죽음은 매우 중요한 일이며, 우리가 가진 관념처럼 더럽거나 무서운 것도 아니다. 앞서 말한 본성에서 논할 때는 더욱 중요한 일이 된다. "어떻게 죽을 것인가?"와 "어떻게 사랑할 것인가?" 하는 두 가지 명제는 결국은 "어떻게 살 것인가?"의 문제 가운데 하나인 것이기 때문이다.

따라서 "어떻게 죽을 것인가?" "어떻게 사랑할 것인가?" "어떻게 살 것인가?"의 세 가지 질문은 삼위일체가 되어 인간의 실존을 규정한다. 여기에서 말하는 죽음은 모든 것이 사라진다는 허무의 포인트가 아니고 진정한 삶으로 회향廻向하는 적극적인 모멘텀이 된다. 기쁨과 다행함과 창조의 원동력이 된다는 것이다.

어처구니는 없지만 너무도 당연한 한 마디를 해보자. 죽음이 없다면 삶은 얼마나 무의미해질까? 사람이 만약 500년씩 1,000년씩 산다면 얼마나 끔찍할까? 유한하므로 삶은 의미가 있고, 죽음이 있으므로 삶은 찬란해질 수 있는 것이다.

『열반경』이라는 초기 경전에는 석존의 마지막 열반에 이르는 즈음에 대하여 상세히 묘사하고 있다. 석존이 아난다에게 1겁 혹은 겁이 다할 동안 이 세계에 머물까? 하고 묻는데, 아난다는 세 차례에 걸쳐 아무런 대답을 하지 않았다는 대목이 나온다. 이로 인하여 석존은 이 사바세계에서 오랫동안 머무는 것을 포기하고 80세를 일기로 생을 마감하게 되었다는 내용이 있다. 그러나 그 이야기는 상징적으로 해석해야 한다.

1겁은 어마어마하게 긴 세월이다. 사방이 10리가 되고 높이도 10리나 되는 장방형 큰 바위에 천녀天女가 백년에 한 차례씩 내려와 날개옷의 깃을 스치고 가는데, 그 바위가 다 닳아 없어지는 세월이 1겁이라는 묘사가 나오는 정도니까 계산할 수 없는 긴 시간이겠다.

만약 실제로 석존이 1겁은 그만 두고라도 1,000년만 산다 하더라도 이 세상은 아마 재앙으로 가득찰 것이다. 세상은 그를 본떠 죽지 않으려는 사람으로 가득차고, 많은 사람들은 어떻게 하면 오래 사는 법을 익힐 것인가에 몰두할 것이다. 그로써 불교의 본질과는 너무도 거리가 먼 세상이 오게 되고 말 것이다.

무상無常 즉 변화야말로 불교의 출발이다. 무상의 절정은 죽음이다. 죽음을 생각하는 불교인은 지금 이 순간을 허송할 수 없다. 본성을 일깨우고 그 깨어있는 상태에서 창조적인 삶을 영위해야 한다.

창조적인 삶이라는 그 말을 불교인들은 딱 줄여서 말하기 즐겨한다. '상구보리 하화중생上求菩提 下化衆生' 혹은 '성불제중成佛濟衆'이 그것이다.

물론 불교에서는 우리의 삶을 일회적인 것으로 보지 않는다. 윤회와 인과의 원리에 의하여 끊임없는 삶이 되풀이된다고 보고 있다. 그러나 윤회에 의하여 다른 삶이 시작된다 해도 그 삶과 현재의 삶은 분명히 다른 것이다. 따라서 지금 여기의 삶은 너무도 소중한 것이다.

죽음을 생각하는 차인은 지금 이 순간을 허송할 수 없다. 이 순간 평상심을 유지하며, 영원의 실상을 함께 하는 노력을 해야 한다.

그렇게 될 경우, 오늘 나와 차를 마시는 대상이 있다면 그 상대와의 찻자리는 일생에 단 한 차례이며, 우주에서 일어나는 단 하나의 이벤트임을 알게 될 것이다.

사랑의 기술과 일기일회

○

일기일회 실천 방향의 두 번째는 나를 사랑하는 일을 최상의 기쁨으로 삼자는 제안을 하고 싶다.

한 때 전 국민을 힐링열풍으로 몰아가고 있는 혜민스님의 트위터 내용이다.

> "부족한 나를 내가 사랑해 주세요. 이 세상에 살면서 이렇게 열심히 분투하는 내가 어떤 때는 참 가엾지 않아요? 친구는 위로해 주면서 왜 나는 내 스스로를 그렇게 함부로 대하는지…. 나를 사랑한다 해주세요."

혜민스님이 힐링열풍의 주역인 이유는 다른 데 있는 것이 아니고, "나를 사랑해 주세요."라는 한 마디에 있다고 생각한다. 그의 글이 지닌 공효功效에 비하면 그의 경지가 유아有我의 수준에 떨어져 있다는 일부 불교인들의 비판은 의미가 적다.

옛날 빠삐용이라는 영화가 있었다. 스티브 매퀸이라는 배우가 빠삐용 역할을 했는데, 억울하게 갇혀 온갖 고생 끝에 탈출에 성공한다는 실화에 바탕을 둔 영화이다. 나는 뗏목에 의지하여 파도치는 바다를 헤엄쳐 나가는 그 영화의 마지막 장면을 잊지 못한다.

영화 내내 빠삐용은 억울함을 호소하기 아니면 탈출을 시도하기를 끝까지 반복한다. 어느 날 억울한 옥살이에 대한 호소를 하자, 재판관이 그에게 다시 감옥행을 언도하면서 그 이유를 말해 준다. "네

죄는 인생을 낭비한 죄야.”

인생을 낭비한 죄로부터 자유로운 사람이 몇이나 될까. 최근 TV에서 방영한 그 영화를 다시 보면서 내 자신을 반성했던 기억이 난다. 나도 나 자신을 사랑하지 못하고 인생을 낭비한 죄인이라는 느낌이 절실하게 다가오던 것을 느꼈던 것이다. 빠삐용 영화를 보면서 나는 이해인 수녀의 시가 생각났다.

내 인생에서
단 하루만이 일생이라 생각하니
저 너머에서
행복이 걸어왔다.

그녀는 하루를 일생으로 보니 행복했다고 말한다. 참 좋다. 그러나 우리는 이 순간을 일생 아니 영생과 같은 것으로 보고 나를 사랑해야 할 것 같다. 그렇다면 순간순간이 너무 행복할 것이다.

프랑스의 철학자 미셸 푸코는 훌륭한 삶이란 결국 ‘자기의 배려’에 불과한 것이라고 말한다. 모든 사랑은 자기에 대한 사랑으로 귀결되어야 한다. 철저한 자기 사랑이 충족되지 않을 때, 다른 대상에 대한 사랑은 뒤틀려 표현된다.

자기애가 충분한 사람은 타인애도 원만하고 완전할 수 있지만, 자기애가 부족한 사람은 ‘타인애他人愛’라는 포장 속에 자기애의 보상작업에 몰두하기 마련이기 때문이다.

이제 숨기지 말고 나를 사랑하는 일에 나서야 할 것 같다. 나 자신을 사랑할 차례가 지금 바로 앞에 왔다. 나를 정말 사랑해야 나를 진정 초월할 수 있는 것이다.

막스테누이와 일기일회

○

내 책상에는 막스테누이라는 이름을 가진 서양란의 일종이 있다. 꽃이 피면 초콜릿 향내가 한 달은 가며, 잎사귀 하나마다 손가락 마디만한 물주머니가 달려있는 슬기로운 난이다. 재작년 제자인 라복임 박사가 선물한 것인데, 작년에는 꽃이 피지 않더니 금년에는 꽃을 피워 달콤한 초콜릿 향기가 연구실에 가득하다.

마침 나에게 그 난을 선물한 라 박사가 와서 그 사실을 말했더니, "교수님, 혹시 겨울방학에 연구실을 비우신 적이 있나요?"하고 묻는 것이었다. 생각해 보니 약 한 달가량 산사에 머물렀던 기억이 났다. 그러자 그녀는 말했다. "이 난은 겨울의 찬 기온을 한 달 이상 겪지 않으면 이듬해에 꽃을 피우지 않습니다."

우리의 삶은 막스테누이 난을 생각하게 한다. 상처받지 않는 사랑은 가치가 적을 수도 있다는 생각도 든다. 고통을 겪지 않은 삶은 진정한 삶이 될 수 없다는 생각도 해 본다.

흔히 우리는 "상처받지 않은 사랑이 어디 있으랴"라고 시인이 노래하면 즉시 이루어지지 않은 안타까운 첫사랑을 떠올린다.

그러나 우리는 그보다 앞서 일찍이 한 번도 제대로 사랑한 적이 없는 정말 안타까운 사랑의 대상을 떠올려야 한다고 생각한다. 바로 자신 말이다. 고통받고, 넘어지고, 실망하고, 그리고서도 이제껏 살아온 자신을 말이다.

나도 생각해 보면 일찍이 자신을 그토록 사랑해 본 적이 없는 것 같다. 그래서 나는 앞으로 나 자신을 더욱 사랑하면서 살아가려고 한다. 나 자신을 사랑하는 데 낭비하지 않으면서 인생을 살아가려고 한다.

초의는 『동차송』에서 '신승취범시神勝趣泛施'를 말한다. 혼자 마시면 신, 둘이 마시면 승, 셋이 마시면 취, 너댓 사람이 마시면 범이라고 말한다. 앞에서는 여러 해석을 하였으나, 홀로 마시는 차를 '신스럽다' 라고 해석해본다면 그것은 내가 신이 된 기분이랄까 뭐 그런 정도의 느낌으로도 볼 수 있겠다.

세상에 내가 신이라는 말처럼 나를 사랑하는 말이 있을까? 차도에서 가장 으뜸으로 꼽아야 할 경지는 내가 나를 사랑하며 마시는 것이라고 새겨본다. 초의는 그것이 차를 마시는 가장 으뜸의 가치라고 치고 있는 것이다.

오늘부터 차를 마실 때, 각자 자신을 향하여 마음으로 최상의 예를 갖추어 가볍게 절을 하고, 가장 품격 있고 정성스럽게 자신에게 차를 대접하기 바란다.

우리는 흔히 자신이 가지고 있는 차 중에서 최고의 차는 남에게 선물하고 자신은 하찮은 차부터 마시는 경우가 있다. 오늘부터 그런 생각 바꾸어 차 상자를 뒤져 아끼고 아끼던 최고의 차를 꺼내, 최고의 나를 위해, 차를 우려 홀차로 드시기 바란다.

이것이 차인이 자기 자신에게 행하는 일기일회의 차가 아닐까?

사랑은 채우는 기술

○

일기일회를 실천하는 방향의 또 하나는, 지금 내가 대하는 사람을 내 인생 최고의 선물로 생각하자는 것이다.

우리가 만약 돼지꿈을 꾸었다면 무엇을 할까? 대부분 로또복권을 구입하려고 할 것이다. 그러나 마음만 바꾸어 보면 만나는 사람이 복권이라는 사실을 알게 될 것이다. 로또는 가장 가까이 사는 사람이라는 사실을 알아야 한다.

남자와 여자와 관련한 잠언이 있어 웃은 적이 있다.

"쇼핑할 때 남자는 꼭 필요한 물건 1만 원짜리를 2만 원에 사온다. 여자는 별로 필요하지도 않은 물건 2만 원짜리를 1만 원에 사온다." "여자는 남자가 결혼 후 변하기를 바라지만 남자는 변하지 않는다. 남자는 결혼 후 여자가 안 변하기를 바라지만 여자는 반드시 변한다."

이 밖에도 남녀 사이에 수많은 잠언이 있지만 가장 절실한 잠언은 "모든 부부는 최고의 상대를 만났으면서도 부정하며 산다."는 사실일 것이다. 각자의 집안에 있는 로또를 인생 최고의 선물로 생각하시기 바란다. 앞으로 여러분은 가까이 계신 분을 부를 때, 웬수! 이렇게 부르지 마시고 '나의 로또!'라고 부르면 좋겠다.

칸트는 평생 독신으로 생을 마쳤다. 그도 실은 젊은 시절에 한 소녀에게 마음을 빼앗긴 적이 있었는데 결혼에 이르지를 못했다. 그녀에게 구혼을 하는 것이 내면적 도덕률에 합당한지 아닌지, 그 마음이 이성理性에서 나온 것인지 오성悟性에서 나온 것인지 고민하고 있는 사이에 이웃집 남자가 채 가버렸기 때문이다.

그는 이렇게 말한다. "네 의지의 준칙이 항상 동시에 보편적 입법으로서 타당하도록 행위 하라." 칸트는 인간과 행위에 대하여 엄정하고 빈틈없는 잣대를 들이댔던 것이다. 그래서 보편적 법칙과 동일하게 자신의 행동의 준칙을 맞추려 하였으므로 사랑을 목전에서 놓친 것이다.

그렇지만 그가 아름다움을 멀리한 것은 아니다. 그는 평생 동안 예쁜 여성은 반드시 자신의 왼쪽에 앉혔는데 그 이유는 자신의 오른쪽 눈에 비해서 왼쪽 눈이 잘 보였기 때문이라 한다. 칸트처럼 후회하다가 이성을 왼쪽에 두고 보는 일이 없도록 곁에 있는 최상의 선물을 잘 가꾸시기 바란다.

모든 예술품은 그것을 만드는 사람에 의해서 완성되는 것이 아니다. 어떤 예술가도 자신의 작품에 100%의 온전한 아름다움을 집어넣을 수 없다. 작가는 자신의 작품에 절반의 혼만을 불어 넣을 수 있으며, 나머지 절반은 소장자에 의하여, 감상하는 자에 의하여 채워진다.

사랑도 마찬가지이다. 사랑하는 자에 의하여 채워지는 것이 사랑이다.

지금 여기에서 단 한 번

○

일기일회를 우리의 삶에 적용하면, 지금 이 순간이 내 인생 최고의 순간이며, 지금 여기가 내 인생 최고의 자리이며, 지금 만나는 인연이 내 인생 최고의 인연이 된다.

그러므로 지금 여기에서 지금의 인연과 최고의 순간을 만들자는 것이 일기일회의 의미가 되겠다.

운문이 어느 보름날 법회에서 등단하여 이렇게 말한다. "15일 이전의 일은 묻지 않겠다. 15일 이후에 대해 한 마디 해보라.[十五日以前 不問汝 十五日以後 道將一句來]" 지난 과거사는 그만 두고 앞으로 어떻게 살아야 하는가 하는 물음이다.

대중들 사이에 대답이 없자 선사 스스로 이렇게 답한다. "날마다 좋은 날이다[日日是好日]." '일일시호일' 이야말로 운문식의 일기일회이다.

나는 운문의 말을 바꾸어 이렇게 답하고 싶다. "순간순간이 좋은 순간이다[時時是好時]." 지금 이 순간이야 말로 바로 일기일회이니까.

지금 바로 앞에 있는 로또를 사랑할 일기일회이니까. 그리고 그와 더불어 한 잔의 차를 마실 수 있으니까.

2
화경청적의 의미

우리 삶의 목표

○

아이아코카라는 미국의 기업 경영자가 있었다. 그는 1970년에 포드 사 사장이 되었으나 포드 2세와의 의견 충돌로 1978년 해임되었다. 그 후 크라이슬러사가 위기에 빠지게 되었는데 그 재건을 위해 사장 (1978)과 회장(1979)으로 취임하게 된다. 그리고 크라이슬러사를 수렁에서 건져냄으로써 일약 세계적으로 각광을 받는 인물이 되었다.

그런데 아이아코카가 크라이슬러 사령탑을 맡고서 한 일은 딱 두 가지였다고 한다. 첫째는 강도 높은 구조조정, 둘째는 밤낮을 가리지 않고 쉴 새 없이 회사의 구성원들을 만난 일이다.

회사의 구성원들을 만난 그는 단 세 가지를 물었다. ① 이 회사의 목표는 무엇인가? ② 당신 인생의 목표는 무엇인가? ③ 회사의 목표와 당신의 목표와의 관계는 무엇인가?

정신이 바짝 들게 하는 질문이다. 사원들 각자는 평소에 이러한 물음에 대하여 별로 생각해 보지 않고 살았지만, 그들은 물음으로 인하여 점차 자신이 지향해야 할 목표를 생각하게 되었고, 회사의 목표를 성취하기 위해 강한 단결심을 갖게 되었고, 그리고 마침내 회사를 일으켜 세우게 되었다.

우리는 차를 공부하거나 불교를 연구한다. 그러면 똑같은 물음을 우리 자신에게 해야 한다. ① 차 혹은 불교의 궁극적 목표는 무엇인가? ② 나의 인생의 목표는 무엇인가? ③ 차 혹은 불교의 궁극적 목표와 나의 목표와의 관계는 무엇인가?

일치하면 좋다. 그러나 만약 중간에 분명치 않은 것이 있다면 그 장애를 제거해야만 한다. 그래야 기업으로 말한다면 생산성이 향상되고 재무구조가 개선된다. 인생으로 말한다면 우리들 삶의 지향점이 뚜렷해지고 행복해진다.

오늘 나는 아이아코카처럼 여러분들이 지닌 인생의 목표를 개별적으로 물을 여유는 없다. 그러므로 내가 생각하는 차의 목표를 말하고자 한다. 차의 목표는 불교의 목표와 다를 것이 없다.

나는 개인적으로 불교의 목표와 차의 목표가 일치한다고 보는 '차선일미'를 믿는 사람이다.

글쓰기 버릇

○

오늘은 화경청적和敬淸寂에 대하여 말하고자 한다. 화할 화, 공경할 경, 맑을 청, 고요할 적, 이 네 가지 글자에 대하여 말하겠다.

흔히 화경청적을 차 정신의 정화精華라고 말한다. 대부분의 사람들은 화경청적에 대하여 일본의 무라타 주코村田珠光라는 인물이 처음 근경청적謹敬淸寂이라는 말을 사용한 것에서 유래하는 것으로 알고 있다.

그러나 화경에 대하여는『유마경』에 관련된 내용이 있다.『유마경』은 유마거사가 병이 들어 누워있는데, 석존이 주변의 인물들에게 문병을 가라고 하지만 거의 모든 사람들이 사양하면서 유마거사의 법문이 소개되는 형식으로 전개되는 경이다. 장자선덕長子善德이라는 인물에게 유마거사가 한 법문 중에서 보시에 관한 내용을 소개하는 것이 나온다.

그 중에서 '육화경으로써 질박하고 정직한 마음을 일으킴(於六和敬 起質直心)'이라는 곳이 나온다. 화경해야 할 여섯 가지 마음이라는 뜻이다.

일설에는 송나라의 백운수단(白雲守端. 1025~1072)의 글에 사람의 인품을 묘사하면서 '화경'을 말한 대목이 있다. 또한 선사의 문하의 유원보劉元甫가 총림차선叢林茶禪의 네 가지 요체로 '화경청적'을 들면서 차의 정신을 선적으로 설명하였다고도 전해진다.

이처럼 중국에서도 '화경'이나 '청적', 혹은 화경청적을 따로 사용한 용례가 있다고도 한다. 특히 청적의 경우는 불교의 열반을 의미하는 경우가 많으므로 동아시아의 문화·사상적 전통에서 화경청적은 보편적으로 사용되던 개념임에 틀림없다.

아마도 차선일미 등 차와 선이 일본으로 전해지는 과정에서 그러한 정신 역시 함께 전해졌을 가능성도 없지 않아 보인다.

화경청적은 고금을 통틀어 보편적인 차의 정신으로 꼽히며 차인들의 정신적 이념이 되어 왔다. 참 좋은 글이다. 이는 차의 이념으로써만이 아니라 써서 벽에 걸어두고 인생의 좌우명으로 삼아도 조금도 부족함이 없다.

이 '화경청적'은 여러 가지로 해석이 가능하다. 좋은 글이란 여러모로 해석할 수 있는 것을 말하기 때문에 많은 상징성을 함의하고 있는 글일수록 수준 높은 글이라 하겠다.

인류 역사상 최고의 베스트셀러는 성경이라고 한다. 성경을 비롯한 경전류는 읽을수록 맛이 나고, 여러 모로 해석이 가능하므로 오랫동안 사랑받는다. 반면에 만화책은 두 번 이상 읽기가 싫다. 만화의 메시지는 상징성이 적고 단순하기 때문이다.

나는 평소 글을 쓰기 전에 머리를 맑게 한다. 명상을 한다든지 잠을 잔다든지 하여 머리를 청정화하고 몸을 최적화한다. 그리고 주제를 적어놓고 무심히 쳐다본다. 그러면 투둑투둑 생각들이 떨어져 나오기 시작한다. 그러면 그 생각들을 주워들고 정리한다. 그게 나의 글쓰기 버릇이다.

오늘의 강연을 위해 나는 이 화경청적 네 글자를 물끄러미 바라보다가 떨어져 내린 생각들을 주웠다. 그 생각들을 정리하여 화경청적이 나에게 주는 의미들을 말하겠다.

화경청적의 의미

○

화경청적의 네 글자를 써 놓고 처음 눈에 들어온 것은 네 글자 하나 하나의 개별적 의미이다. 화는 참으로 좋은 의미를 지녔다. 나는 '화 和'자를 바라보기만 해도 기분이 좋다. 화는 관계의 철학이다. 모든 관계에서 화는 중요하다.

화합·화동·화해·조화·화기애애…, 화와 관련된 언어들은 모두 그 분위기에서 부드럽고 기분 좋은 기를 발산한다. 우리가 차를 함께 하면 화하게 된다. 화하게 되면 행복해 진다. 불교 또한 현실적으로는 화를 지향한다.

불교교단을 '상가(saṃgha, 僧伽)' 또는 '사막가 상가(samagga-saṃgha, 和合僧)' 라고 하는데 이는 '화합 또는 평화를 실현하는 무리'라는 의미이다. 원래 상가란 보통명사이었으나 점차로 불교교단의 집단을 가리키는 언어로 변화하게 되었다.

그리하여 B.C. 3~4세기경 마우리야Maurya왕조에 이르러서는 상 가라고 하면 일반적으로 불교교단을 가리키는 것으로 정착되었다. 한역경전에서는 이를 '승가僧伽'라고 음사하여 사용하였으며, 뜻으로

의역하여 '중衆'이라고도 하였다. 한국인들이 쓰고 있는 '승' 또는 '중'이라는 표현은 여기에서 유래하는 것이다. 스님은 승님의 연화된 호칭이다.

경敬 또한 좋은 기를 발산한다는 점에서는 마찬가지이다. 특히 유가에서 경은 수양의 핵심적인 사상으로 정착되어 있다. 정주학程朱學에서는 '거경居敬'이라는 말을 중시하는데, 이는 '마음을 성찰하여 성실하게 기거동작을 절제한다.'는 의미로 사용되고 있다.

『논어』에서 '거경'이라는 말이 처음 나오는데, 후일 맹자는 그것을 '그 마음을 보존하고 본성을 함양하는 것.'이라고 풀이하고 있다. 생각할수록 참 좋은 말이다. 경건하면서도 진지한 선비의 정신을 보는 듯하다.

청淸은 맑음을 뜻하는데, 여기에는 내면의 맑음과 외면의 맑음이 있다. 내면의 맑음은 본성을 닦아서 맑고 고고한 인품을 이루는 것을 의미한다. 외면의 맑음은 청빈하며 정돈됨을 의미한다 하겠다. 우리 삶의 덕목 가운데 '맑음' 만큼 좋은 것이 있을까. 맑음은 우리의 객기를 가라앉게 하고 품성을 가다듬게 하는 훌륭한 이념이다.

적寂은 고요함이다. 고요함은 어떤 의미에서 차나 불교를 막론하고 그 궁극이라 할 만한다. 성품의 모습이면서 인품의 본래라 할 수 있겠다. 적은 열반의 다른 이름이다.

화경청적의 순환성

○

그런데 또한 가만히 살펴보니 화경청적의 네 글자는 순환성이 있다는 것을 발견하겠다.

마치 봄·여름·가을·겨울과 같다는 생각이 들었다. 화는 봄, 경은 여름, 청은 가을, 적은 겨울에 대입해도 좋을 것 같다. 계절은 가만히 있을 때보다 순환할 때 의미가 있다. 봄이 가고 여름이 가고 가을이 가고 겨울이 순환할 때에 조화가 있는 법이다.

계절이 하나 혹은 둘일 경우 그곳에 사는 사람들은 감성에 한계가 생긴다. 예를 들어 에스키모 인들은 흰색에 대한 20여 가지의 표현 방법이 있다. 흰색에 관한 그들 감성의 섬세함을 따라잡을 수 없다. 그들은 일 년의 대부분을 흰색 속에서 살기 때문이다. 반면에 그들은 다른 색깔에 대해서는 언어가 거의 없다.

사철을 다 가지고 있는 우리에게 화경청적은 사철과 같이 순환의 이미지를 가지고 다가온다. 그리고 계절의 느낌들을 다 가지고 있다. 화는 봄의 벚꽃처럼 피어나는 이미지이다. 경은 여름처럼 일체만물이 생명력을 발산하는 모습으로 생각할 수 있다. 온 힘을 다하는 생명들을 보면 옷깃을 여미고 싶을 만큼 경건해진다. 청은 맑음이요, 가을의 이미지이다. 그런가 하면 적은 고요함이요, 순백에 싸인 겨울 같다.

한편, 화경청적을 순환의 이미지로 볼 때, 그것은 그대로 인생의 모습이다. 화경청적을 인생에 적용시켜 바라보는 지혜를 가진 사람은 자신의 처한 길목에서 자신이 해야 할 일을 알게 될 것이다.

화경청적을 봄여름가을겨울, 생로병사와 같이 순환의 입장에서 볼 때, 이를 우리 삶의 거울로 삼을 수 있는 틀이 탄생한다. 우리 각자는 자신이 처하고 있는 나이와 환경과 대비하여 화경청적 중에서 어떤 글자를 자신의 인생의 이미지로 삼을 것인가를 한번 생각해 보아도 좋을 것으로 생각된다.

순환성과 찻자리

○

이번에는 화경청적이 지닌 순환의 이치를 찻자리에 대입하여 생각해 보겠다. 차를 마실 때에 화라고 하면 주인과 손님이 화한다는 뜻만으로 생각된다. 그러나 그 화는 경으로 이어져야 한다. 경이 전제되지 않는 화는 그저 상대의 비위나 맞춰주는 것과 같은 얄팍하고 경망스러운 화함에 그칠 수 있다.

그런데 경의 마음은 어디에서 나올까? 맑고 깨끗함에서 나온다. 그런 의미에서 청, 즉 맑음이 필요하다. 그런데 진정한 맑음은 조용하며 마음이 차분해야 가능하다. 그래서 고요한 적이 필요하다.

불교적으로 본다면 이 순환을 거꾸로 보아도 좋다고 생각한다. 만약 어떤 사람의 분위기를 적에서 청, 청에서 경, 그리고 경에서 화를 산출해 낼 수 있다면 그건 참으로 농익은 인품이 될 것이다. 순관順觀으로 볼 때 적寂은 목표가 되고, 역관逆觀으로 보면 적은 출발이 된다.

같은 이치로 나는 우리의 삶에서 목표인 동시에 출발이 되어야 하는 것은 아이러니컬하게도 죽음이 되어야 한다고 믿는다. '어떻게 죽을 것이냐'는 뒤집어 생각하면 '어떻게 살 것이냐' 하는 말이 된다. 우리가 마주치는 많은 삶의 기로에서 '어떻게 죽을 것이냐'를 떠올리면 아이러니컬하게도 삶의 지표가 선명해짐을 알 수 있다는 말이다.

이와 같이 화경청적은 작게는 찻자리의 모습, 크게는 사철의 변화, 더 크게는 인생의 생로병사를 담고 있다.

화경청적의 이념을 통하여, 나 자신이나 여러분들은 참으로 화경청적으로 살아가고, 화경청적으로 늙어가는 스스로의 모습을 창조하면 좋겠다는 생각을 한다.

화경청적의 기거동작

○

화경청적 네 글자를 바라보면서 다시 느낀 생각이 있다. 그것은 행주좌와行住坐臥의 기거동작에도 통하는 이념이라는 것이다. 행주좌와는 움직이고 멈추고 앉고 눕는, 즉 우리의 행동거지 모두를 망라할 때 사용하는 말이다. 이 행주좌와에 화경청적을 대입할 수 있다는 것이다.

행行할 때 우리는 화해야 한다. 모든 인연을 대할 때에 화하라는 말이다. 행한다고 함은 연기緣起의 원리 속에서 살아가는 우리가 다른 인연과 관계를 맺는 것을 의미한다.

다른 인연과 관계를 맺을 때에 주의해야 할 것은 화함을 실현해야 하는 것이다. 만나는 모든 인연을 좋은 관계로 만드는 사람은 그의 인생에서 마침내 성공하는 사람이 될 것이다.

재미있는 것은, 화함을 위한 가장 좋은 방법은 함께 먹을 때와 함께 땀 흘릴 때라는 것이다. 다른 사람과 더불어 먹거나 운동을 하면 쉽게 가까워짐을 느낀다. 화자를 파자破字하면 벼화禾 변에 입구口이다. 쌀과 입이 하나가 될 때에 화한다는 것이다. 먹는 것이 화함에 그리 중요하다.

사람이나 짐승이나 먹는 순간에는 싸우지 않는다. 먹을 때는 더러운 이야기도 하지 않는다. 밥 한번 먹고, 차 한 잔 마시고, 술 한 잔 마실 때, 화하게 된다는 이야기이다. 그러니 "언제 밥 한번 먹자."는 의례적인 인사는 반드시 실현할 일이다.

주住할 때는 경과 연관이 있다. 여기에서 의문이 있다. "경이란 남을 대할 때에 쓰는 말인데 멈출 때에 경해야 한다니?" 그럴 수 있다. 왜냐하면 '경' 중에서 가장 중요한 경은 자신에게 하는 경이어야 하기 때문이다.

『대학大學』에는 신기독愼其獨이라는 말이 나오는데, '그 홀로를 삼가라' 하는 말이다. 이 말은 혼자 있지 말라는 말로 해석할 수도 있지만, 홀로 있을 때에 더 조심하라는 말로 해석해야 한다. 그러면 홀로 있을 때는 누구를 경敬해야 할 까? 당연히 자신을 경해야 한다. 이 세상 어느 존재보다 자신을 소중하게 생각하고 자신을 진정으로 사랑해야 하는 것이다.

나는 주住할 때 경하라는 말을 "홀로 있을 때는 자신을 사랑하라"

는 말로 바꿔 보아도 좋을 것이라 본다. 이 세상 사회문제의 대부분
이 이웃을 사랑하지 못해서 생기는 것이 아니다. 오히려 자신을 사랑
할 줄 몰라서 일어난다고 나는 생각하기 때문이다.

화경청적과 명상

○

좌坐할 때 우리는 청해야 한다. 앉아서 좀 맑아져야 한다는 것이다.
차인이나 불교인을 막론하고 좀 앉아서 맑아질 기회를 일부러 가질
필요가 있다. 앉아서는 무엇을 하는가? 일단 차를 마실 것이다. 또한
대화를 하기도 하고 책을 읽기도 할 것이다.

그러나 앉아서 하는 일 가운데 가장 귀한 것은 명상이라고 생각한
다. 명상은 우리 모두의 공통분모이어야 한다. 흔히 하는 말로 "시간
날 때 운동하려 하지 말고, 운동을 위해 시간을 내라."고 한다. 나는
이 말을 이렇게 바꾸어 말한다. "시간 날 때 명상하려 하지 말고, 명
상을 위해 시간을 내라." 앉아서 하는 명상을 좌선이라 부른다. 좌선
은 우리 불교인들과 차인들에게 필요충분조건이다.

우리는 아이아코카처럼 우리 자신에게 물어야 한다. "차의 목적은
무엇인가?" 또는 "불교의 목적은 무엇인가?" 그리고 "나의 인생의 목
적은 무엇인가?" 그리고 "차 또는 불교의 목적과 내 인생의 목적과의
관계는 무엇인가?" 만약 그 둘 사이의 목적이 일치하는 것을 발견하
게 된다면, 우리는 누가 하지 말라고 해도 좌선을 위해서 시간을 내

게 될 것이다.

끝으로 와臥할 때 우리는 적寂해야 한다. 고요해야 함에도 불구하고 우리는 누워서 뒤척이다 하루의 온갖 일을 복기하고, 그 한 사람 한 사람을 기억 속에서 끌어내어 원망하고 확인사살까지 한다. 그리고도 분이 풀리지 않아서 씩씩거리다가 거실로 간다. 차를 마시러? 아니 소주 마시러!

그러지 말고 우리는 누울 때는 죽는 연습을 하는 것이 효과적이다. 죽는 연습은 퍽 간단하다. 누워서 우선 큰 숨을 조용히 몇 차례 쉰다. 폐 속에 있는 숨을 다 내쉬고는 사지가 천근만근이 되도록 늘어뜨려 바닥에 닿는 느낌이 들게 한다.

그리고 나의 의식이 28층 아파트에서 엘리베이터를 타고 점점 낮아져서 1층에 당도하게 한다. 그 1층에는 내가 들어갈 상상의 관이 놓여 있다. 관에 들어가는 사람은 씩씩거릴 필요가 없다. 관에 들어가는 사람은 소주도 필요 없다. 그 이후는 말할 필요도 없겠다.

왜 28층인가? 불교에서는 하늘의 층이 28층으로 되어 있다고 본다. 뿐만 아니라 우리의 생생한 의식일 때 우리의 뇌파 수는 초당 진동수가 28진동에 가깝다. 10진동을 다른 이름으로 깊은 잠이라 말하고, 1진동을 다른 이름으로 열반이라고 한다고 나는 생각한다.

화경청적과 파격

○

'화경청적'이 일반 차도에서 사용될 때는 인간의 마음, 또는 인간 사이의 마음가짐으로 이해되어 왔다. 예를 들면 '화和'란 손님과 주인이 잘 화합한다는 의미로서 격의 없이 주객이 화합하는 모습을 말한다.

그러나 '화'가 단지 '화합' 뿐이라면 친하고 익숙해져서 흐트러지기 쉽기 때문에 거기에는 '화' 만이 아니라 '경'이 함께 하지 않으면 안 되는 것이다. 또한 '청'은 마음을 깨끗하게 가져야 한다는 의미이며, '적'은 조용하며 차분해야 한다는 의미로 사용된다.

그러나 화경청적만으로 끝나는 것이 아니다. 화하고 경하고 청하고 적하면 그것으로 차도의 궁극일까? 아니다. 그것으로만 끝나지는 않는 것이 차의 세계라고 생각한다. 거기에다 격을 깨는 재미도 있어야 한다.

고요한 적정 중에서 그 고요함을 깨뜨리는 파적破寂의 묘가 차에 있게 마련이다. 행차에도 정해진 격식 중에 파격破格의 요소가 있어야 지루하지 않다. 일본의 행차에서 사용하는 붉은 수건 '후쿠사'를 접을 때 너무 각이 맞게 접으면 안 되는 것도 같은 이치일 것이다.

김홍도(金弘道, 1745~1806?)의 작품에는 어딘가 한구석에서 정상과 어긋나는 파격이 숨어있어 보는 재미를 더한다.

나는 차를 대접 받을 때에 무서울 정도로 정확하게 각과 순서를 유지하는 행차의 모습을 보면 숨이 막히려 한다. 조금 비뚤어지기도 하고 다소 투박스럽기도 한 찻자리라야 재미도 있고, 미소도 나온다.

그게 파격이다.

파격은 팽팽한 긴장의 해소요, 본성으로 회향하게 하는 모티브가 될 수 있다.

찻자리와 마찬가지로 사람의 인품도 파격이 있을 필요가 있다. 농익은 인품이란 화경청적 하면서도 어딘가 빈틈이 있어 보이고 여유가 있어 보이는 파격이 함께 하면 좋을 것 같다.

3

화경청적과 나의 삶

화쟁

○

이번에는 화경청적을 짝지어 말 짓기를 해보도록 하겠다. 그렇게 되면 아주 재미있는 말들로 변화하는 것을 알게 된다.

첫째, 화자에 가장 어울리는 다른 한 자를 붙이면 '다툴 쟁' 자이다. 그것은 '화쟁和諍'이라는 말이 된다.

화쟁은 원효를 생각나게 한다. 원효는 자신의 저서 『화쟁론』에서 모든 쟁론을 화하게 하는 원리를 제시하였다. 그것은 모두가 각자의 개성을 잘 드러내면서 근본적인 면에서 서로 일치해야 한다는 것이다.

흔히 화하려고 한다면 개인의 개성을 접고 상대 혹은 전체의 분위기에 맞춰주어야 하는 것으로 생각할 수 있다. 그것은 개성을 무시한 전체주의가 되기 쉽다.

그러한 전체주의적 사고에서 불행한 세계사가 출현하는 것을 우리는 역사에서 많이 보았다. 그러나 원효의 입장에서 말하는 화쟁은 개성을 충분히 드러내는 데에서 출발한다. 그것은 한편 화엄華嚴의 도리이다.

화엄의 의미는 '꽃으로 장엄하는 법계'라는 의미이다. 그런데 그 화엄의 세계는 장미나 백합 따위의 화려한 단일 꽃으로 장식한 세계가 아니다. 패랭이꽃 봉숭아 그리고 안개꽃 등 온갖 잡화雜花로 장엄하는 것이 화엄이다.

김지하 시인이 우리 대학의 석좌교수 시절에 그분의 강의를 들은 적이 있었는데, 앞으로는 소외된 자와 여성의 시대요 개벽의 시대가 되는데, 그때 화엄의 원리가 드러날 것이라고 했다. 그에 의하면 한민족의 화엄은 잡스럽게 조화로운 세계를 말한다는 것이다.

내가 개인적으로 음악 중에서 가장 매력 있게 생각하는 장르는 재즈이다. 왜냐하면 재즈는 내 마음대로 늘여 노래를 부르는데 마지막에서는 정해진 박자로 끝나도록 되어있기 때문이다.

그러나 재즈보다 더 매력적인 것은 우리의 춤이다. 박자도 동작도 전혀 같은 것이 없는데, 흥이 난다는 점에서이다. 화엄무는 방탄소년단이 추는 칼군무가 아니고 각자의 스타일로 추면서도 전체적으로 조화된 막춤이라고 하면 어떨까.

찻자리에서의 화쟁이란 근엄하며 진지한, 그래서 일사불란하게 통일된 행차보다는 자연스럽고, 때로는 부조화스럽게 보이지만 전체적으로 보면 조화된 상태가 '화쟁의 찻자리'라고 본다.

평양의 행사에서 자주 볼 수 있는 매스게임은 규격화·통일화·일사불란화에는 성공했는지 모르지만 보는 사람을 엄청난 긴장감으로 유도한다. 화쟁은 긴장과는 반대이어야 한다. 화쟁은 통일이 아니고 조화이기 때문이다.

어떤 사람들은 차를 마시는 행차行茶를 통일했으면 하는 의견을 가진 사람도 있다. 나는 개인적으로 원광인들의 행차법을 개발하는 것도 좋다고 생각한다.

그러나 만약 한편에서 원광 행차법을 개발했다고 해도 그것으로 차계를 천하통일해야 한다는 생각을 해서는 안 된다. 각자 자신들이 익힌 행차법으로 자연스럽게 즐기면 좋지 않을까하고 생각한다.

보경

○

경에다 붙이는 다른 글자는 '넓을 보'이면 좋겠다. 그러면 보경普敬이 된다.

보경은 널리 공경한다는 뜻이다. 널리 공경하는 방법은 무엇인가? 상대를 하느님 공경하듯 하는 것이 보경이다. 또한 일부는 빼고 나머지만 공경하는 것이 아닌, 모든 상대를 너르게 공경하자는 것이 보경의 의미이다. '보'라는 말은 '너르다'는 말도 되지만 "모두를 위에 둔다."는 뜻도 있다.

모두를 공경하려면 나는 어떻게 되는가? 자신은 낮은 곳에 임하지 않으면 안 된다. 내가 낮은 곳에 있을 때 모든 이들이 높게 되고, 그리고 참된 평화가 이루어진다. 불교의 첫 출가에서 가장 중요한 것은 하심下心이라고 하고, 천주교에서는 가장 중요한 이념을 순명順命이라한다. 모두가 보경의 다른 이름이라 할 만하다.

노자는 '상선약수上善若水'라 하였다. 최고의 선은 물과 같다는 뜻이다. 물의 성질은 아래로 흐르는 것이다. 물처럼 낮은 곳으로 낮은 곳으로 내려오는 것이 보경의 자세이다. 내가 내려와야만 상대인 사람을 하늘처럼 모실 수 있다. 하늘처럼 모실 때 천도교에서 말하는 것처럼 '사람이 곧 하느님[人乃天]'이 되는 것이다. 인내천은 상선약수의 천도교식 버전이다.

보경은 우리 모두가 참으로 보감으로 삼아야 할 준칙인 것 같다. 당연히 불교인들도 그렇다. 일부 출가 불교도들은 자존심이 세어 보인다. 자존심은 사람이 살아가는 데에 중요한 요소이기는 하지만 만약 너무 세다면 문제가 된다.

일반적으로 어떤 사람이 안에 콤플렉스가 많이 있을 때 밖으로 나타나는 것을 자존심이라 한다. 반면 안에 자신과 실력이 듬뿍 들어 있을 때에 밖으로 드러나는 것은 자존감이라고 표현한다. 보경은 자존심은 버리고 자존감으로 모든 이들을 대하는 준칙이라 하겠다.

차를 한다는 것은 나는 낮아지고 상대를 한없이 높이는 보경의 몸짓이다. 불공은 나는 낮아지고 대하는 상대를 부처로 대하는 보경의 다른 이름이다.

너와 내가 같은 것은 사실 평등은 아니다. 너와 내가 똑 같은 것 그것을 균등이라고 한다면, 평화의 평平자를 쓰는 평등은 내가 낮아지면서 상대를 높임으로써 이루어지게 되는 같음을 말한다. 진심으로 상대를 높일 경우 나는 가만히 두어도 자연스럽게 높아지게 되어 있기 때문이다. 내가 낮아질 때 그것이 진정한 평등인 것이다.

차를 하면서 내가 높아지려 한다면 그것은 잘못된 차인이다. 불교를 하면서 아상我相이 높아진다면 그것은 잘못된 불교도이다. 내가 나를 한없이 낮추는 하심下心을 행하는 순간 상대는 나를 높이는 상심上心으로 나를 대하게 된다.

우리들 중에서 혹시 다른 사람으로부터 차를 대접받으면서 상대보다 비천하다는 느낌을 받은 적이 있다면 그것은 잘못된 찻자리이다. 반대로 자신이 차를 대접받으면서, 차를 제공하는 사람의 지극히 겸손하고 공경하는 자세를 접한 적이 있다면 그것은 옳은 찻자리라 하겠다.

청허
○

청淸자에는 '빌 허虛'가 붙어야 제격이다.

수원에 있는 삼성전자 공장에 들어가면 모두가 하얀 방진복을 입고 먼지가 제로화된 상태에서 작업을 한다고 한다. 그러면 맑은 환경이라고 하겠다. 그러나 진정한 의미에서의 맑음은 방진복으로 유지되는 맑음 가지고는 어림도 없다. 아무리 순수한 물이라 해도 돌멩이를 던지면 파문이 일고 그림자가 일렁이는 법이다.

아이러니컬하게도 우리들의 현실적 삶은 오히려 너무나 맑고 깨끗함을 추구하는 데에서 문제가 생기기도 한다. 어떤 기생충 학자가 우리 몸에서 기생충이 사라지면서 인간의 면역력에 심각한 결여가 나타났다고 말하는 것을 들었다. 어린애들을 너무 씻기고 씻긴 결과로 아토피가 생긴다고도 한다. 이처럼 진정한 맑음은 물리적 현실세계에서는 가능하지도 않을 뿐만 아니라 의미가 충분하지도 않다.

화경청적에서의 청은 현실의 청을 말한 것이 아니다. 현실의 청은 먼지 없는 청이 될 수 없고 되어서도 안 된다. 화경청적에서의 청은 허공과 같은 맑음을 가리킨다. 진실한 청, 맑고 맑은 것으로는 허공을 따를 수 없다. 바람도 머물 수 없는 허공이야말로 맑음의 대명사이다. 그래서 청에는 허가 붙는 것이 제격이다.

청허淸虛는 서산대사(西山大師 休靜, 1520~1604)의 법호였다. 오래전 도올 김용옥 선생의 『나는 불교를 이렇게 본다』라는 책을 읽은 적이 있다. 그 책에서 도올은 역사상 서산대사야말로 소심하기 짝이 없는 인물이라고 평을 하였던 것으로 기억한다. 임진왜란 당시 병권과 민심을 쥐었던 서산이 한양으로 쳐들어가서 심약한 선조를 내려 앉히고 불교를 국시로 하는 새로운 나라를 세웠다면 나라도 새로웠을 것이고, 불교도 탄압받지 않았을 것이라는 것이다.

일견 일리가 있다. 그러나 청허인 서산대사의 생각에는 정권을 잡고 불교를 앞세우고 할 생각이 아예 없었던 것이 아닐까. 7년 전쟁으로 도탄에 빠진 백성들을 거듭된 혼란으로 고통으로 몰아넣는 일보다, 맑은 바람처럼 묘향산으로 돌아가는 것이 그에게는 어울리는 일이었을 것이다. 그것은 마치 성품의 본래자리에 돌아가는 것과 같은 것이었을 것이다.

차를 따를 때에 허공처럼 맑게 따를 수는 없을까? 부처님께 절을 올릴 때에 허공처럼 맑게 나를 바칠 수는 없을까? 이건 내가 평소에 유념하는 내용이다.

서예 전공 교수님과 함께 서예전을 간 적이 있었다. 그분은 어떤 글씨를 보더니 "속티가 나서 못쓰겠다."고 말하는 것이었다. 혹여 나는 속티 나게 차를 배우고 있지는 않은가? 혹여 나는 속티 나게 불법을 배우고 있지는 않은가? 혹여 나는 속티를 덕지덕지 더 바르기 위해서 차를 하고 있지는 않은가? 함께 생각해 볼 일이다.

차를 하는 것은, 불교를 하는 것은, 끊임없는 비움의 연속이어야 한다. 차는 비워서 채우는 것이다. 차관을 비워야 찻잔이 찬다. 찻잔을 비워야 차를 마시는 것이 된다. 마찬가지로 내 마음을 비워야 진정 차를 한다는 것이 되는 것이다. 비워야 맑아진다. 불상 앞에 절하는 것도 마찬 가지이다. 우리는 부처님께 절을 하되 청허배淸虛拜를 하는 것이 옳다고 본다.

그런데, 한 단계 더 깊이 들어가면, 진정한 맑음이란 대상적인 것도 대상과 분별되는 주체적인 것도 아님을 알게 된다. 물심·내외·주객 따위의 상대적 형상을 초월한 것이라야 진정한 맑음이라 할 만하다. 그 경지는 이미 차도 불법도 이미 넘어선 경지라 할 수 있다.

그 맑음은 우리 모두의 향수, 노스텔지어이다. 그것이 바로 청허의 본래 의미이다. 청허야 말로 우리의 성품자리요, 우리의 찻자리요, 우리의 인생 자리인 것이다.

적정

○

적에다 한 자를 더 붙인다면 그것은 '고요할 정[靜]'자가 좋을 것 같다. 그러면 적정[寂靜]이 된다.

적정은 열반 즉 니르바나의 다른 이름이다. 열반은 모든 것이 사라지는 끝이 아니라 모든 것이 그대로 있는 상태에서의 자유를 의미한다. 우리가 죽어서 가는 것이 아닌, 살아서 도달하는 해탈을 말한다.

자유·해탈 나는 이 말을 듣기만 해도 설렌다. 자유인이 되고 싶은 게 나의 인생의 목표이기 때문이다. 몇 년 전 나는 TV 채널을 돌리다가 '힐링 캠프'라는 프로그램에 고정시켰다. JYP 박진영이 나왔기 때문이다. 나는 그 때 그의 말을 들으면서 엄청 감동했다.

자신의 회갑식에서 브레이크 댄스를 하고 싶다는 박진영은 일찍이 자신의 인생 목표를 '자유'로 설정하였다. 그리고 20억을 벌기로 작정을 했다. 20억을 벌면 자유로울 것 같았다. 그런데 너무나 쉽게도 그 목표를 달성하고 말았다. 그의 소속사가 부도가 나는 바람에 자신이 소속사 사장이 되었고, 그의 노래 '그녀는 예뻤다'가 때늦게 히트를 해버린 까닭이다.

갑자기 목표에 이르자 그는 허무해지기 시작하였다. 그래서 새로운 목표를 설정했다. 이번에는 명예를 얻으면 삶이 의미가 있을 것으로 생각되었다. 그래서 생각 끝에 미국에서 본토인들의 무대에 흑인음악을 가지고 경쟁에 뛰어들었다. 얼마 후 그는 목표를 초과달성하였다. 빌보드 차트에 자신의 노래를 3개나 올린 것이다. 엄청난 성공을 거두었고, 그는 유명인사가 되었다. 그러나 허무함이 가시지 않았다.

이번에는 봉사를 하기로 하였다. 그렇게 하면 삶이 의미가 있을 것으로 생각하였다. 그래서 많은 봉사를 하였다. 마침내 자신의 삶이 99에 이르렀다는 생각을 하였다. 그런데도 그는 허무함이 가시지 않았다.

그는 나머지 1%야말로 진리 혹은 조물주의 영역이 아닌가 생각하게 되었고, 그 세계를 아는 것이 진정한 삶의 의미를 찾는 일이라고 생각하게 되었다고 하는 것이었다. 그래야 진정 자유롭게 될 것 같다는 것이었다.

나는 그 프로그램을 보면서 한편으로는 나이 40에 저 경지에 이른 사람이 있다는 사실에 부러웠고, 한편으로는 저런 식으로 살아가는 사람이 있구나 하는 사실에 기뻤다.

만약 우리의 삶에 목적이 있다면 그것은 '얼의 진화'에 있다고 나는 생각한다. 그 얼의 진화라는 목적은 참 자유를 지향하는 것이다. 불교식으로 말하면 적정이요, 열반이다. 우리의 삶은 그곳을 향한 여정이어야 한다.

차를 하는 것은 밖을 향하자는 것이 아니다. 즉 보여주려는 것이 아니다. 차는 안을 향하여 해야 하는 것이다. 즉 보여지는 것이어야

한다. 불교 또한 진정한 해탈·열반 즉 적정을 지향하는 데에 의미가
있다. 그러므로 적정이란 개별적·특수적인 것이 아니라 전체적·보편
적인 것이다.

이는 집중을 통해 나타나게 된다. 외면이 아니라 내면을 바라보고
집중할 때 적정에 도달할 수 있다. 깨어 바라보며, 집중하는 것은 선
禪의 기본 강령이다.

집중을 통하여 일심에 이르려 하는 점에서 본다면 화경청적은 매
우 유용하다. 차를 즐기는 것은 깨어 바라보는 것을 위한 것이어야
한다. 그리하여 마침내 적정에 이르기 위한 것이어야 한다.

화경청적과 삶

○

화경청적의 모든 항목은 어떤 면에서 인간 본래의 마음에 대한 다른
표현이다. 바꾸어 말하면 화경청적은 한 마음으로 귀결되는 것이다.
즉 화경청적은 내 본연 마음의 현상적 현현顯現이다.

그러므로 화경청적에 의지하여 우리는 한 마음으로 돌아가야만
한다.

『임제록』에 보면 "일념의 마음이 쉬는 곳을 보리수라 한다."고 말하
고 있다. 심신이 스스로 도에 계합함이 선과 차도의 핵심인 것이다.
펼치면 화경청적의 네 가지이지만, 줄이면 마음 하나로 요약된다.

삶 또한 마찬가지이다. 펼치면 희로애락이 천만 갈래로 전개되지

만 줄이면 마음공부를 통한 얼의 진화 과정이어야 한다.

화경청적은 차의 본연이요, 우리가 정말 추구해야 할 삶의 정신이다. 차를 하는 것과 내 마음을 찾는 선은 너무나도 닮았다.

그래서 차선일미가 아닌가 싶다. 그래서 인생이 아닌가 싶다.